Manual de História Oral

3ª edição,
revista e atualizada

Verena Alberti
Com a colaboração de Marco Dreer Buarque e
Vanessa Matheus Cavalcante

Manual de História Oral

3ª edição,
revista e atualizada

FGV
EDITORA

Copyright © 2013 Verena Alberti

Direitos desta edição reservados à
EDITORA FGV
Rua Jornalista Orlando Dantas, 37
22231-010 — Rio de Janeiro, RJ — Brasil
Tels.: 0800-021-7777 — 21-3799-4427
Fax: 21-3799-4430
e-mail: editora@fgv.br — pedidoseditora@fgv.br
web site: www.fgv.br/editora

Impresso no Brasil / *Printed in Brazil*

Todos os direitos reservados. A reprodução não autorizada desta publicação, no todo ou em parte, constitui violação do copyright (Lei nº 9.610/98).

Os conceitos emitidos neste livro são de inteira responsabilidade da autora.

2ª edição revista e atualizada — 2004;
3ª edição revista e atualizada — 2013;
1ª reimpressão — 2017; 2ª reimpressão — 2019; 3ª reimpressão — 2021; 4ª reimpressão — 2023.

Coordenação editorial e copidesque: Ronald Polito
Revisão: Marco Antonio Corrêa e Tathyana de Cassia Silva Viana
Editoração eletrônica: FA Editoração Eletrônica
Capa: Adriana Moreno

Ficha catalográfica elaborada pela
Biblioteca Mario Henrique Simonsen

Alberti, Verena
    Manual de história oral / Verena Alberti. — 3. ed. rev. atual. — Rio de Janeiro: Editora FGV, 2013.
    384p.

    Primeira edição publicada com o título: História oral: a experiência do CPDOC.
    Inclui bibliografia.
    ISBN — 85-225-0473-3

    1. História oral. I. Fundação Getulio Vargas. II. Título.

CDD — 907.2

Sumário

Apresentação da terceira edição   11

Apresentação da segunda edição   13

Apresentação da primeira edição: "Quinze anos de história oral: documentação e metodologia", por Aspásia Camargo   17

Introdução 23

Parte I — Da implantação de programas de história oral 35

1. O projeto de pesquisa 37
    1.1 A escolha do método   38
    1.2 A escolha dos entrevistados   39
    1.3 O número de entrevistados   45
    1.4 A escolha do tipo de entrevista   47
    1.5 O papel do projeto de pesquisa em programas de história oral   50

2. Formação da equipe 53
    2.1 Pesquisadores   53
    2.2 Consultores   56

2.3 Técnico de som   57

2.4 Estagiários   58

2.5 Profissionais envolvidos no processamento
das entrevistas   58

2.6 Editores especializados   60

Apêndice — Cronograma de trabalho   60

Parte II — Gravação e preservação das entrevistas   63

3. Cuidados com a fonte oral   64

3.1 Trajetória de um depoimento gravado   64

3.2 A questão da tecnologia a empregar   67
3.2.1 Um pouco de história da técnica   68
3.2.2 A tecnologia digital   70

3.3 Gravação em vídeo   75

3.4 Cuidados a observar   77

3.5 Conservação das gravações, na área de acervo   80

4. Gravação e preservação digital — capítulo de autoria de
Marco Dreer Buarque   88

4.1 Gravação e preservação de áudio   90
4.1.1 Fitas magnéticas analógicas ou digitais   90
4.1.2 Gravações digitais   92

4.2 Gravação e preservação de vídeo digital   98

4.3 O uso de metadados   105

4.4 Riscos associados ao uso de CDs e DVDs   111

4.5 Armazenamento e controle de temperatura e umidade em
áreas de acervo   116

4.6 Sistemas de armazenamento digital   119
4.6.1 Como manter a longevidade
dos arquivos digitais   125

4.6.2 Como manter a integridade
dos arquivos digitais   126

4.7 Estratégias de acesso a arquivos digitais   128

4.8 Ferramentas de auxílio à transcrição de entrevistas   132

4.9 Gravação e preservação de áudio e vídeo no PHO do
Cpdoc   134

4.10 Digitalização dos documentos sonoros e audiovisuais do
PHO do Cpdoc: um estudo de caso   143

4.11 Fontes na internet   150

Parte III — A entrevista   157

5. O início da pesquisa   157

5.1 Pesquisando o objeto de estudo   157

5.2 Roteiro geral de entrevistas   160

5.2.1 Exemplo de roteiro geral de entrevistas   162

6. Preparação de uma entrevista   167

6.1 Primeiras providências   167

6.1.1 Seleção do entrevistado   167

6.1.2 Escolha dos entrevistadores   168

6.1.3 Contato inicial   169

6.1.3.1 Informando sobre a cessão de direitos da
entrevista   171

6.2 Roteiro individual   172

6.2.1 Biografia do entrevistado   173

6.2.1.1 Quando o estudo prévio da biografia não for
possível   175

6.2.2 Cruzando biografia e roteiro geral: elaboração do
roteiro individual   176

6.2.3 Roteiro parcial: desdobramento do roteiro
individual   183

6.2.3.1 Síntese: os roteiros, em trabalhos com história oral   186

6.3 Ficha da entrevista e caderno de campo   187

7. Realização de uma entrevista   189

7.1 A relação de entrevista   189

7.2 As circunstâncias de entrevista   195
  7.2.1 Local   196
  7.2.2 Duração   197
  7.2.3 Apresentação dos entrevistadores   198
  7.2.4 Pessoas presentes à entrevista   199
  7.2.5 O gravador   203

7.3 A condução de uma entrevista   205
  7.3.1 O papel dos entrevistadores   206
  7.3.2 Como conduzir a entrevista   212
  7.3.3 Auxiliando no tratamento da entrevista gravada   217

7.4 Retornando ao caderno de campo   222

8. Encerramento de uma entrevista   224
  8.1 Quando encerrar   224
  8.2 Como encerrar   226
  8.3 Carta de cessão   229

Parte IV — O tratamento do acervo   235

9. A base de dados — coautoria de Vanessa Matheus Cavalcante   235
  9.1 Concepção e desenvolvimento   236
  9.2 A base do Programa de História Oral do Cpdoc   239
    9.2.1 As subtabelas   240
    9.2.2 A tabela principal: cadastro de entrevistas   244
      9.2.2.1 Os subcadastros da tabela principal   250

9.2.3 Relatórios   255
9.2.4 Alimentação   262

10. Instrumentos de auxílio à consulta   262
   10.1 O sumário   262
      10.1.1 O formato   264
      10.1.2 Quem faz e quando   264
      10.1.3 Como fazer   266
   10.2 Os índices   273
      10.2.1 Índice temático   274
      10.2.2 Índice onomástico   280

11. O processamento: passagem para a forma escrita   281
   11.1 Transcrição   283
      11.1.1 Quem faz   284
      11.1.2 Como fazer   285
   11.2 Conferência de fidelidade da transcrição   294
      11.2.1 Quem faz e quando   295
      11.2.2 Procedimentos de auxílio   297
      11.2.3 Pesquisas paralelas   299
      11.2.4 A correção da transcrição   310
      11.2.5 A adequação do oral para o escrito   317
   11.3 Copidesque   330
      11.3.1 Quem faz e como   332
      11.3.2 Normas gramaticais e de redação   333
      11.3.3 Adequando o texto para a leitura   335

Apêndice — A participação do entrevistado no processamento   348

12. Liberação para consulta   351

Apêndices

Apêndice 1 — Rotinas de produção e gestão do acervo   359
Apêndice 2 — Guia para realização de entrevistas   363

Apêndice 3 — Relatório de entrevista   371

Apêndice 4 — Rotinas de preservação das entrevistas em áudio e vídeo   375

Apêndice 5 — Ficha para preenchimento da cessão de direitos sobre depoimento oral   377

Apêndice 6 — Normas para elaboração de sumários de entrevistas   379

Apêndice 7 — Normas para transcrição e conferência de fidelidade de entrevistas gravadas   383

Apresentação da terceira edição

Esta é a terceira edição de um livro publicado pela primeira vez em 1990 e revisto e publicado pela segunda vez em 2004. Dessa vez, a distância em relação à última edição é um pouco menor: nove anos, em vez de 14. Mas as principais mudanças continuam dizendo respeito à tecnologia de gravação e preservação das entrevistas, assunto que vem se tornando cada vez mais espinhoso e difícil de acompanhar sem a estreita parceria com profissionais das áreas de arquivo e de tecnologia da informação e comunicação (TIC). Um novo capítulo foi escrito sobre o assunto, e o *Manual de história oral* tem agora 12 capítulos, em vez de 11, distribuídos em quatro partes, em vez de três. Novos autores estão contribuindo para a empreitada: Marco Dreer Buarque, autor do capítulo 4, e Vanessa Matheus Cavalcante, coautora do agora capítulo 9. Ambos foram ou são analistas de documentação e informação do Programa de História Oral (PHO) do Cpdoc, que conhecem bem.

Outras mudanças mais amenas ocorreram ao longo do texto, pois, com o tempo, fiquei reticente quanto ao uso de conceitos como "versão" e "discurso", preferindo substituí-los por "narrativa" ou "o que se fala". Uma reflexão sobre essa mudança pode ser encontrada no texto que apresentei na mesa-redonda "Questões metodológicas", no XI Encontro Nacional de História Oral realizado no Rio de Janeiro, em julho de 2012, e que foi publicado no n. 15 da revista *História Oral*.[1]

Esta nova edição reproduz alguns dos documentos internos utilizados em pesquisas específicas e na prática de trabalho do PHO do Cpdoc, com destaque para os que estão reunidos no Apêndice, ao final do livro. Esses documentos podem ser úteis como exemplos ou como sistematização de passos que podem ser seguidos. Alguns deles foram gerados com a ajuda de Bernardo de Paola Bortolotti Faria, também analista de documentação e informação do PHO, e dos dois colaboradores já citados.

De resto, a ideia inicial permanece a mesma: relatar o "como fazemos", sempre com a perspectiva de que se trata de uma entre muitas possibilidades, a qual está sujeita a mudanças (haja vista as novas edições necessárias) e a adaptações, inclusive no próprio Cpdoc. O *Manual* é resultado das práticas de uma equipe que também tem mudado ao longo desses quase 40 anos de existência do PHO, fundado em 1975, e se vale da constante troca de experiências e conhecimentos nos encontros da Associação Brasileira de História Oral (ABHO) e da Associação Internacional de História Oral (Ioha), entre outros.

---

[1] ALBERTI, Verena. De versão a narrativa no Manual de história oral. *História Oral*. Revista da Associação Brasileira de História Oral, v. 15, n. 2, p. 159-166, 2012. Disponível em: <http://revista.historiaoral.org.br>. Acesso em: 1º jan. 2013.

Apresentação da segunda edição

Há alguns anos o *Manual de história oral* do Cpdoc encontrava-se esgotado. Publicado em 1990, foi bastante consultado por pesquisadores interessados na implantação de programas e no desenvolvimento de pesquisas de história oral no Brasil. Muitos leitores e colegas perguntavam-me quando sairia a segunda edição. Não era uma tarefa fácil, porque muita coisa mudou nesses 14 anos, principalmente em matéria de tecnologia. Para se ter uma ideia, a primeira edição do manual foi escrita à máquina elétrica, numa época em que as entrevistas eram transcritas também à máquina e, após as etapas de conferência da transcrição e do copidesque, eram novamente datilografadas. De acordo com a primeira edição do manual, a última etapa do processamento das entrevistas era a revisão de datilografia! Mais grave é a defasagem em relação à tecnologia de gravação. Em 1990, a recomendação era de que o acervo de segurança de um programa de história oral fosse gravado em fitas de rolo. Hoje em dia, já não se acha mais no mercado esse equipamento.

A segunda edição do manual precisou, pois, de uma revisão cuidadosa. Algumas práticas de trabalho do Cpdoc modificaram-se no período e exigiram uma adequação do texto. Se em 1990 estávamos apenas cogitando de não transcrever mais todas as entrevistas liberadas para o público, hoje a consulta direta à gravação já é procedimento usual. A instituição de uma base de dados para o controle do acervo e o acesso às informações sobre as entrevistas pelo Portal do Cpdoc também alteraram nossa rotina. Paralelamente, o chamado movimento da história oral no Brasil dinamizou-se e hoje contamos com diversas instituições de ensino e pesquisa que se dedicam ao assunto, além de nossa Associação Brasileira de História Oral (ABHO), responsável pelos encontros nacionais e regionais que possibilitam uma constante troca de experiências e de reflexões. Esse novo quadro tornou obsoletas duas listagens que se encontravam ao final da primeira edição do manual: a extensa bibliografia de história oral e a relação de instituições que trabalhavam com a metodologia no Brasil. Informações atualizadas podem ser obtidas hoje nos encontros acadêmicos, nas inúmeras publicações, entre elas a revista *História Oral* da ABHO, ou pela internet, por exemplo.

Assim como na elaboração da primeira edição, a revisão e a atualização do manual de história oral do Cpdoc só foram possíveis devido à experiência que pude acumular no trabalho com essa metodologia. Por isso, devo ao Cpdoc e a sua equipe de pesquisadores e profissionais a oportunidade de ter escrito este livro. Agradeço à instituição na pessoa de sua diretora Marieta de Moraes Ferreira, com quem tenho trocado muitas reflexões sobre o campo da história oral, pois além de realizar pesquisas e publicar textos na área, foi presidente das associações Brasileira e Internacional de História Oral. Devo um reconhecimento especial a minha colega Ignez Cordeiro de Farias, que me ensinou a trabalhar com história oral e com quem divido as preocupações com o acervo de depoimentos do Cpdoc. Os pesquisadores do Centro que enriquecem nosso acervo com as entrevistas produzidas em seus projetos e que contribuem para a reflexão sobre a metodologia através de seus textos e de sua participação nos encontros acadêmicos também são interlocutores constantes e me auxiliaram a conceber este manual. O mesmo devo dizer dos profissionais envolvidos com as atividades de conservação e difusão das entrevistas, como o técnico de som e os responsáveis pela passagem das entrevistas para a forma escrita, desde os transcritores até os editores especializados, que preparam os depoimentos para publicação.

Apresentação da segunda edição

Os estagiários e auxiliares de pesquisa do Programa de História Oral também contribuíram com sua atuação nas tarefas de preparação e tratamento das entrevistas.

Ao longo desses anos, participei de muitos encontros e cursos de história oral no país e no exterior. Em todos eles pude ampliar o conhecimento sobre as potencialidades da metodologia e aprimorar a percepção sobre possíveis dúvidas e demandas do público interessado em história oral. Também aprendi muito com os colegas da ABHO, que desde a fundação da entidade, em 1994, vêm se dedicando a manter dinâmico e crescente o chamado movimento da história oral no Brasil.

A todas essas pessoas e instituições devo a possibilidade de ter elaborado tanto a primeira como a segunda edição deste livro.

Apresentação da primeira edição
Quinze anos de história oral: documentação e metodologia

Aspásia Camargo (em dezembro de 1989)

Em 1990, o Programa de História Oral do Cpdoc completará 15 anos, e teremos a alegria de comemorar a data com a realização de um velho sonho: a publicação de um manual que sintetize a sua bem-sucedida experiência.

Quando o criamos, em 1975, contávamos apenas com um pesquisador (eu mesma) e um estagiário, e o nosso propósito era bem pragmático: registrar o depoimento de muitas pessoas que colaboravam conosco na localização e na cessão de arquivos e documentos e que acorriam também ao Cpdoc em busca de um diálogo e da possibilidade de trocar ideias sobre as grandes transformações da década de 1930, das quais haviam sido atores ou testemunhas. Delas extraímos as primeiras listas de potenciais entrevistados. As surpreendentes histórias que delas ouvíamos eram em sua maioria ignoradas do grande público e dos especialistas, e nos pareciam de extrema relevância para melhor compreender o nosso país. Naquele momento, em que se iniciava um processo de abertura política, estes contatos criaram um estímulo a mais para compreendermos o nosso passado recente, ainda envolto em brumas, e o tumultuado curso de nossa história contemporânea. Confirmaram, acima de tudo, nossa crença na necessidade de consolidar um poder civil e democrático, de maneira sólida e duradoura.[1]

O convívio estreito com os políticos da época cedo nos revelou a dimensão de nossa própria ignorância. Não apenas acerca de fatos desconhecidos ou mal registrados, mas sobretudo acerca do contexto global — cultural, sociológico e político — no qual problemas estruturais do país vieram à tona, e diagnósticos e estratégias de ação foram formulados, moldando nítidas linhas de demarcação entre diversos personagens, tendências, instituições, regiões, e entre vencedores e vencidos de diferentes batalhas. A importância do grande pacto político-social que se construiu ao longo dos anos 1930 parecia ainda mais relevante na medida em que esclarecia e iluminava períodos posteriores de nossa história, através do fio condutor da vida longa e intensa dos personagens que participaram também de eventos significativos mais recentes — muitos heróis de 1930 estiveram à frente dos movimentos de 1964.

Daí nasceu uma combinação original e decisiva para garantir o êxito de nosso programa: a combinação entre as técnicas recém-difundidas da *história oral* (constituída por um *conjunto* sistemático, diversificado e articulado de depoimentos gravados em torno de um tema) e o velho método de *história de vida*, que, a nosso ver, garantiria à história oral o rigor, a fidedignidade e a riqueza que a técnica por si mesma não possuía: nada mais consistente do que uma longa vida que se decifra, com a chancela de um gravador.[2]

Nos últimos 15 anos, o Programa de História Oral do Cpdoc prestou alguns serviços à memória histórico-política brasileira, crian-

---

[1] A esse respeito, ver CAMARGO, Aspásia. O ator, o pesquisador e a história; impasses metodológicos na implantação do Cpdoc. In: NUNES, Edson (Org.). A *aventura sociológica*: objetividade, paixão, improviso e método na pesquisa social. Rio de Janeiro: Zahar, 1979. p. 276-304. E também CAMARGO, Aspásia. The actor and the system: trajectory of the Brazilian political elites. In: BERTAUX, Daniel (Org.). *Biography and society*: the life history approach in the social sciences. California: Sage Publications Inc., International Sociological Association, 1981. p. 191-201.

[2] Ver CAMARGO, Aspásia. Elaboración de la historia oral en Brasil: el proceso de transición visto a través de las historias de vida de los dirigentes políticos. *Secuencia*. Revista Americana de Ciencias Sociales, Mexico, Instituto Mora, v. 4, p. 114-122, jan./abr. 1986.

Apresentação da primeira edição

do um precioso banco de dados de utilidade acadêmica e pública. E certamente contribuiu também para revitalizar e dar credibilidade à combalida história política, desacreditada nas últimas décadas em virtude do culto dos grandes homens, dos métodos de descrição superficial dos acontecimentos e da ascensão vertiginosa da história das mentalidades e da história social. De certa maneira, podemos dizer que o Programa de História Oral, indissociável da pesquisa documental e arquivística, apostou na estruturalidade da história e na dimensão social dos eventos, da vida e do desempenho de seus protagonistas, tanto quanto no caráter voluntarista e transformador da ação política em sua busca incessante de mudar e atualizar as estruturas a que está aparentemente subordinada, ou submetida.

Ao longo desse processo, conseguimos alguns outros ganhos importantes: além de alertar, dentro da comunidade internacional voltada para o estudo da história oral, para os êxitos e a importância de uma história oral da política — antes tão discriminada —, foi possível fornecer ao debate uma contribuição metodológica, no sentido de garantir rigor e *status* científico para gravações que, em geral, a partir da tradição americana, ocorriam de maneira pouco sistemática e mais espontaneísta. Esse mesmo rigor foi por nós imprimido às histórias de vida, que, na tradição europeia, eram identificadas com o subjetivismo e os fluxos "intrapsíquicos". Foi possível também, de certa forma, romper o enclausuramento acadêmico que transformava a entrevista em simples suporte documental — e duvidoso — da pesquisa social e histórica, para mostrar a riqueza inesgotável do depoimento oral em si mesmo, como fonte não apenas informativa, mas, sobretudo, como instrumento de compreensão mais ampla e globalizante do significado da ação humana; de suas relações com a sociedade organizada, com as redes de socialibidade, com o poder e o contrapoder existentes; e com os processos macroculturais que constituem o ambiente dentro do qual se movem os atores e os personagens deste grande drama ininterrupto — sempre mal decifrado — que é a história humana. O conjunto de *diálogos* com Cordeiro de Farias, Amaral Peixoto, Juracy Magalhães, Afonso Arinos e José Américo, publicados por diferentes editoras e produzidos pelo Cpdoc, é bom exemplo desta linha de pesquisa.[3]

De certa maneira, o que pudemos fazer foi demonstrar e aprofundar a importância da contribuição americana no sentido de organizar *programas* — e não apenas entrevistas avulsas e circunstanciais — segundo uma lógica que inclui pressupostos éticos, procedimentos sistemáticos, técnicas de preparação dos pesquisadores e de abordagem do entrevistado, formas adequadas de trabalho da equipe, de recuperação do documento e, sobretudo, o compromisso com a *complementaridade* das entrevistas, de maneira a garantir aquilo que todo programa de história oral tem de mais precioso: a possibilidade de reconstituir a história através de suas múltiplas versões; captar a lógica e o resultado da ação através de seu significado expresso na linguagem do ator; ou seja, desvendar o jogo complexo das ideologias com a ajuda dos instrumentos que nos são oferecidos pela própria ideologia.

Nesse sentido, como dissemos e repetimos em um sem-número de debates em centros, universidades, encontros e congressos no Brasil e em outros países, a história oral é legítima como *fonte* porque não induz a mais erros do que outras fontes documentais e históricas. O conteúdo de uma correspondência não é menos sujeito a distorções factuais do que uma entrevista gravada. A diferença básica é que, enquanto no primeiro caso a ideologia se cristaliza em um momento qualquer do passado, na história oral a *versão* representa a ideologia em movimento e tem a particularidade, não necessariamente negativa, de "reconstruir" e totalizar, reinterpretar o fato. A história oral tem também o mérito singular de introduzir o pesquisador na construção da versão, o que significa introjetar no documento produzido o controle sistemático da produção da própria fonte. Tudo isto, que pode parecer discussão meramente formal, pode ser em verdade constatado na prática e na práxis do próprio programa. E nos induz a afirmar que a contribuição da história oral será cada vez maior na sociedade

---

[3] Para essas publicações, ver a bibliografia de história oral compilada ao final deste volume.

Apresentação da primeira edição

do futuro, na qual as fontes não escritas tendem a perder terreno e as fontes orais vão se tornar cada vez mais confiáveis e fidedignas.

Coube a Verena Alberti a missão difícil de consolidar neste volume as práticas e a experiência acumulada em nosso programa, que resultaram tanto dos êxitos quanto dos erros — do aprendizado por nós obtido. É por isso mesmo um trabalho que sintetiza longo e continuado esforço de equipe, ao qual não faltou o seu talento de antropóloga, preocupada com o diário de campo, isto é, com os procedimentos regulares que devem ser seguidos para obter maior fidedignidade e maior quantidade e qualidade de informação. E este talvez seja também um trabalho essencial do programa: pensar a história oral como um esforço *interdisciplinar* e de equipe, no qual não devem faltar os rigores da pesquisa histórica e da etnografia, a visão global da sociologia, e a sensibilidade de abordagem da psicanálise e da psicologia. Este último é aspecto dos mais relevantes, tendo em vista que a entrevista ganha maior dimensão quando resulta da cumplicidade prolongada entre entrevistador e entrevistado,[4] cabendo ao pesquisador construir ao mesmo tempo, com seu entrevistado, uma relação de sensibilidade e de rigor; de adesão no processo de compreender e de crítica atenta no processo de indagar; de reconstituição e questionamento. É esta *cumplicidade controlada*, típica da sociologia qualitativa e dos métodos de história de vida, que garante a dimensão e a consistência do que é revelado.

Finalmente, cabe registrar que este é um manual construído a partir de uma experiência exaustiva, que é o Programa de História Oral do Cpdoc. Seu objetivo é atender aos inúmeros pesquisadores e instituições que têm nos procurado nos últimos anos para solicitar instruções básicas a partir das quais possam construir seus próprios programas. Cabe, no entanto, uma advertência para aqueles que porventura indaguem do alcance e da universalidade dos procedimentos que estamos propondo, visto ser o Cpdoc uma instituição voltada

---

[4] Ver também CAMARGO, Aspásia; NUNES, Márcia. *Como fazer uma entrevista?* Rio de Janeiro: Finep; Cpdoc, 1977. (Técnica de Entrevista e Transcrição; documento de trabalho, 12). (dat.)

para dois campos que foram tradicionalmente marginalizados dentro da história oral: a história política e o estudo das elites.

Devemos esclarecer que tais procedimentos são universais e aplicaram-se tão bem a governadores e ministros de Estado, quanto a lideranças camponesas e militantes operários, também presentes no programa do Cpdoc. O importante é não esquecer que a contribuição da história oral é sempre maior naquelas áreas pouco estudadas da vida social em que predominam zonas de obscuridade, seja no estudo das elites, seja das grandes massas. No primeiro caso, a obscuridade advém do caráter secreto de muitas decisões estratégicas, da marginalização natural dos vencidos e da teia complexa de interesses que comandam o processo decisório na vida pública. No segundo caso, a obscuridade resulta do desinteresse das fontes oficiais pela experiência popular, da ausência de documentos, da teia protetora e autodefensiva que se cria naturalmente em torno dos movimentos populares a partir de suas próprias lideranças.[5] Em ambos os casos, o que aparece através da história oral é o ignorado — ou o parcialmente ignorado. Cabe ao pesquisador desvendar as múltiplas experiências e versões, buscando dar a palavra "final", sempre provisória, para temas relegados ou submetidos ao fogo cruzado dos interesses e das ideologias.[6]

---

[5] A esse respeito, ver também CAMARGO, Aspásia. Os usos da história oral e da história de vida: trabalhando com elites políticas. *Dados* — Revista de Ciências Sociais, Rio de Janeiro, Campus, v. 27, n. 1, p. 5-28, 1984. Trabalho apresentado no X Congresso Mundial de Sociologia, México, ago. 1982.

[6] Ver CAMARGO, Aspásia. História oral: técnica e fonte histórica. In: FUNDAÇÃO GETULIO VARGAS. Centro de Pesquisa e Documentação de História Contemporânea do Brasil. *Programa de história oral*: catálogo de depoimentos. Rio de Janeiro, 1981. p. 19-24 (Introdução).

Introdução

A elaboração de um manual sugere, de antemão, que existe algo a ensinar, certo conhecimento que pode se transformar em instrumento nas mãos de alguns interessados. Um manual geralmente ensina "como fazer" algo, estabelece um universo de procedimentos possíveis e serve de modelo para aplicações práticas. Nesse sentido, ele tem um valor eminentemente instrumental, como uma obra de referência, que auxilia, orienta, mas está situada em um espaço adjacente àquele em que se desenvolve o trabalho propriamente dito.

Neste manual, ensinamos "como fazer" história oral — produzimos um "modelo" de procedimentos que pode ser tomado como referência para o desenvolvimento de trabalhos com história oral. Não é nossa intenção, contudo, atribuir a esse modelo um valor exclusivo, como se não houvesse outras possibilidades de empregar a história oral, ou como se estivéssemos receitando o "certo" e rejeitando o "errado". O modelo que aqui construímos resulta da experiência do Programa de História Oral (PHO) do Cpdoc e também do conhecimento que adquirimos a partir da leitura de outros modelos e de outras experiências. Isso significa que o que "ensinamos" aqui é igualmente para nós um modelo: é produto de uma sistematização de nossa prática de trabalho e da articulação dessa prática com aquilo que, na literatura sobre história oral, diz respeito ao "como fazer".

Assim, se a elaboração de um manual pressupõe a existência de um conhecimento passível de ser transmitido, "ensinado", tal conhecimento não deve ser considerado independente do contexto em que foi constituído.

A história oral pode ser empregada em diversas disciplinas das ciências humanas e tem relação estreita com categorias como biografia, tradição oral, memória, linguagem falada, métodos qualitativos etc. Dependendo da orientação do trabalho, pode ser definida como *método* de investigação científica, como *fonte* de pesquisa, ou ainda como *técnica* de produção e tratamento de depoimentos gravados. Não se pode dizer que ela pertença mais à história do que à antropologia, ou às ciências sociais, nem tampouco que seja uma disciplina particular no conjunto das ciências humanas. Sua especificidade está no próprio fato de se prestar a diversas abordagens, de se mover num terreno multidisciplinar.

Mas o que vem a ser, afinal, esse método-fonte-técnica tão específico? Se podemos arriscar uma rápida definição, diríamos que a história oral é um método de pesquisa (histórica, antropológica, sociológica etc.) que privilegia a realização de entrevistas com pessoas que participaram de, ou testemunharam, acontecimentos, conjunturas, visões de mundo, como forma de se aproximar do objeto de estudo. Como consequência, o método da história oral produz fontes de consulta (as entrevistas) para outros estudos, podendo ser reunidas em um acervo aberto a pesquisadores. Trata-se de estudar acontecimentos históricos, instituições, grupos sociais, categorias profissionais, movimentos, conjunturas etc. à luz de depoimentos de pessoas que deles participaram ou os testemunharam.

Historicamente, essa forma de aproximação do objeto de estudo não é nada recente.[1] Já Heródoto e Tucídides lançavam mão de

---

[1] Sobre a história da história oral, ver, entre outros, TREBITSCH, Michel. A função epistemológica e ideológica da história oral no discurso da história contemporânea. In: FERREIRA, Marieta de Moraes (Org.). *História oral e multidisciplinaridade*. Rio de Janeiro: Diadorim; Finep, 1994. p. 19-43; FERREIRA, Marieta de Moraes. História oral: um inventário das diferenças. In: FEREIRA, Marieta de Moraes (Org.) *Entre-vistas*: abordagens e usos da his-

relatos e depoimentos para construírem suas narrativas sobre acontecimentos passados. Acontece que à época não se tinha o recurso do gravador para registrar tais relatos e, portanto, transformá-los em documentos de consulta. Sabe-se hoje que, desde a Antiguidade até antes do advento do gravador, o recurso a relatos e depoimentos para a reconstituição de acontecimentos e conjunturas não era incomum. No século XIX, entretanto, com o predomínio da história "positivista" e a quase sacralização do documento escrito, a prática de colher depoimentos esteve relegada a segundo plano. Considerava-se que o depoimento não poderia ter valor de prova, já que era imbuído de subjetividade, de uma visão parcial sobre o passado e estava sujeito a falhas de memória.

Foi apenas na segunda metade do século XX — depois de algumas experiências nas primeiras décadas do século, como a de Thomas e Znaniecki, por exemplo — que a história oral se apresentou como potencial de estudo dos acontecimentos e conjunturas sociais. Atribui-se a isso uma espécie de insatisfação dos pesquisadores com os métodos quantitativos, que, no pós-guerra, começaram a ceder lugar aos métodos qualitativos de investigação. O recurso do gravador portátil, a partir dos anos 1950, permitia "congelar" o depoimento, possibilitando sua consulta e avaliação em qualquer tempo e transformando-o em fonte para múltiplas pesquisas. As entrevistas passaram a ter estatuto de documento, o que incidiu sobre a própria definição do que seja o trabalho com a história oral: é necessário atentar para procedimentos técnicos de gravação e de tratamento da entrevista, de

---

tória oral. Rio de Janeiro: Editora da Fundação Getulio Vargas, 1994. p. 1-13; JOUTARD, Philippe. História oral: balanço da metodologia e da produção nos últimos 25 anos. In: FERREIRA, Marieta de Moraes; AMADO, Janaína (Coord). *Usos & abusos da história oral.* Rio de Janeiro: Editora da Fundação Getulio Vargas, 1996. p. 43-62; e THOMSON, Alistair. Aos cinquenta anos: uma perspectiva internacional da história oral. In: FERREIRA, Marieta de Moraes; FERNANDES, Tania Maria; ALBERTI, Verena (Org.). *História oral*: desafios para o século XXI. Rio de Janeiro: Editora Fiocruz, Casa de Oswaldo Cruz; Cpdoc-Fundação Getulio Vargas, 2000. p. 47-65.

suma importância para que o acervo constituído seja aberto à consulta de pesquisadores.

A entrevista adquiriu estatuto de *documento*, mas isso não quer dizer que a história oral tenha se ajustado aos ditames da história "positivista". Ao contrário: trata-se de tomar a entrevista produzida como documento, sim, mas deslocando o objeto documentado: não mais o passado "tal como efetivamente ocorreu", e sim as formas como foi e é apreendido e interpretado. A entrevista de história oral — seu registro gravado e transcrito — documenta uma visão do passado. Isso pressupõe que essa visão e a comparação entre diferentes visões tenham passado a ser relevantes para estudos na área das ciências humanas. Trata-se de ampliar o conhecimento sobre acontecimentos e conjunturas do passado por meio do estudo aprofundado de experiências e visões particulares; de procurar compreender a sociedade através do indivíduo que nela viveu; de estabelecer relações entre o geral e o particular mediante a análise comparativa de diferentes testemunhos, e de tomar as formas como o passado é apreendido e interpretado por indivíduos e grupos como dado objetivo para compreender suas ações.

Assim, não é mais fator negativo o fato de o depoente poder "distorcer" a realidade, ter "falhas" de memória ou "errar" em seu relato; o que importa agora é incluir tais ocorrências em uma reflexão mais ampla, perguntando-se por que razão o entrevistado concebe o passado de uma forma e não de outra e por que razão e em que medida sua concepção difere (ou não) das de outros depoentes. Como método qualitativo e produtora de fontes de consulta, a história oral adquiriu uma especificidade tal que nos permite estabelecer apenas frouxas aproximações com as práticas de coleta de testemunhos de que se tem notícia desde a Antiguidade.

A difusão da história oral no início da década de 1970, nos (e a partir dos) Estados Unidos e Europa, resultou na implantação de vários programas de história oral, bem como de inúmeras pesquisas que dela se valeram como método de investigação. Foi no contexto desse movimento que começaram a ser feitas as primeiras entrevistas no Programa de História Oral do Cpdoc, implantado em 1975. Pio-

Introdução

neiro no Brasil, o programa procurou conjugar duas tendências no desenvolvimento da história oral: de um lado, a norte-americana, que privilegiava a formação de bancos de depoimentos orais, sem que sua produção se subordinasse necessariamente a um projeto de pesquisa, e, de outro, a europeia, que privilegiava a lógica da investigação científica, sem que as entrevistas dela resultantes fossem necessariamente colocadas à disposição de um público de pesquisadores.

Articulando documentação e pesquisa, o Programa de História Oral do Cpdoc se implantou com um projeto de pesquisa específico, "Trajetória e desempenho das elites políticas brasileiras", que orientou a produção das entrevistas e imprimiu uma linha ao acervo aberto ao público. A ideia era estudar o processo de montagem do Estado brasileiro, permitindo inclusive compreender como se chegara ao regime militar então vigente. Com as entrevistas, procurava-se conhecer os processos de formação das elites, as influências políticas e intelectuais, os conflitos e as formas de conceber o mundo e o país. Para alcançar esse objetivo, o mais apropriado era realizar entrevistas de história de vida, que se estendem por várias sessões e acompanham a vida do entrevistado desde a infância, aprofundando-se em temas específicos. Essa linha de acervo continua em vigor até hoje e abarca políticos, intelectuais, tecnocratas, militares e diplomatas, entre outros, desde os que ocuparam cargos formais no Estado até os que, fora do Estado, com ele cooperaram ou lhe fizeram oposição.

Com o tempo, o acervo do Programa de História Oral foi sendo enriquecido também com entrevistas que visavam compreender acontecimentos e conjunturas específicos da história do Brasil. Surgiram então os conjuntos de depoimentos sobre a formação e a trajetória de agências e empresas estatais, sobre a história de determinadas atividades profissionais, sobre a trajetória de instituições de ensino e sobre movimentos sociais, entre outros. Esses projetos produzem em geral entrevistas mais curtas, que denominamos temáticas por se voltarem prioritariamente para o envolvimento do entrevistado no assunto em questão. Atualmente, em 2012, contamos com cerca de 2 mil entrevistas, somando mais de 6.300 horas gravadas, e grande parte desse acervo está devidamente tratada à disposição de pesquisadores.

A difusão da história oral alcançou igualmente outras instituições do Brasil, que inauguraram novas linhas de acervo, ampliando as possibilidades de consulta e estendendo os benefícios do método para variados temas de pesquisa. A partir dos anos 1990, o chamado "movimento da história oral" ampliou-se significativamente, tanto no Brasil como no exterior. Em abril de 1994, foi fundada a Associação Brasileira de História Oral (ABHO), por ocasião do II Encontro Nacional de História Oral. Desde então a comunidade de pesquisadores e interessados no assunto só fez crescer, impulsionada pelos encontros regionais e nacionais. No plano internacional, em 1996 criou-se em Gotemburgo, Suécia, a International Oral History Association (Ioha), com expressiva participação de pesquisadores brasileiros. A comunidade internacional tem se reunido de dois em dois anos, em congressos internacionais aos quais comparecem muitos pesquisadores brasileiros.[2]

Esta, então, em linhas gerais, a "história da história oral". Vejamos, agora, algumas das especificidades que decorrem do emprego da história oral como método de ampliação do conhecimento e como fonte de consulta.

Em primeiro lugar, está claro que ela só pode ser empregada em pesquisas sobre temas recentes, que a memória dos entrevistados alcance. Com o passar do tempo, as entrevistas assim produzidas poderão servir de fontes de consulta para pesquisas sobre temas não tão recentes, mas a realização de entrevistas pressupõe o estudo de acontecimentos e/ou conjunturas ocorridos num espaço de aproximadamente 50 anos.

Outra especificidade decorre do fato de o trabalho com a história oral constituir, desde o início, uma produção intencional de documentos históricos. Assim, em vez de organizarmos um arquivo de documentos já existentes, conferindo-lhes, após criteriosa avaliação, o caráter de fontes em potencial para futuras pesquisas, na história

---

[2] Sobre a ABHO, pode-se consultar a página <www.historiaoral.org.br/>; e sobre a IOHA, a página <http://iohanet.org/>.

Introdução 29

oral produzimos deliberadamente, por meio de várias etapas, o documento que se torna fonte. Veremos como esta especificidade implica uma série de outras.

Em primeiro lugar, dela decorre a estreita relação entre pesquisa e documentação. Impossível, a nosso ver, realizar uma ou mais entrevistas de história oral sem que se tenha um projeto de pesquisa, com hipóteses, objetivos e uma orientação teórica definida. É claro que todo projeto pode e deve ser reformulado, ou até mesmo abandonado, caso a pesquisa assim o venha a exigir. Nenhum projeto deve tolher mudanças ou novas abordagens que se façam necessárias. A função do projeto é antes de tudo a de orientar a pesquisa, que, no caso da história oral, precede e acompanha a tomada dos depoimentos. Senão, como saber que pessoas entrevistar, que perguntas formular e como orientar o tratamento da entrevista?

É por isso que na história oral há sempre casos e casos. Dependendo do projeto e dos objetivos do trabalho, pode ser conveniente a realização de entrevistas que acompanhem a trajetória de vida dos informantes, ou, ao contrário, concentrar as atenções em apenas um período específico de suas vidas. Dependendo do entrevistado, do andamento da entrevista e também dos objetivos da pesquisa, pode-se dar mais ênfase a questões de interesse factual ou informativo, ou a questões de cunho interpretativo, que exijam do depoente um trabalho de reflexão crítica sobre o passado. É possível ainda optar entre diferentes formas de apresentação do depoimento, desde a gravação, passando pela transcrição fiel com as alterações exigidas pela forma escrita, até a edição da entrevista com vistas a sua publicação.

Outra especificidade também resulta da participação direta do pesquisador na produção do documento de história oral. Sabemos que qualquer documento — tanto o escrito quanto o oral, ou ainda o iconográfico ou o sonoro de maneira geral — pode ser interpretado de diversas maneiras pelos historiadores e que os critérios que distinguem a "boa" e a "má" interpretação são divergentes e se modificam conforme se modifica a visão sobre a própria história e o papel dos historiadores. Porque é volitiva, a produção do documento de história oral já inclui um primeiro trabalho de crítica interna e externa do documento, que é feita concomitante à realização da entrevista (o que não exime o pesquisador que irá consultá-la do mesmo esforço). A autoria do depoimento, é claro, não deve gerar dúvidas, uma vez que é o pesquisador-entrevistador quem procura o entrevistado e está diante dele durante a entrevista, sabendo, com certeza, de quem se trata. Apenas duas circunstâncias — certamente improváveis — podem comprometer a autoria de um documento de história oral: a impostura (quando o entrevistado se faz passar por outro) e a adulteração da gravação. (Tais circunstâncias, entretanto, não são exclusivas da história oral, podendo ocorrer na produção de qualquer outro tipo de fonte.) Quanto ao conteúdo do depoimento, tanto o entrevistador, durante a entrevista, quanto o pesquisador que consulta o documento têm condições de perceber falhas, excessos, incorreções e adequações no discurso do entrevistado. Se este último "distorce" o passado em função de sua visão particular, omite informações, evita falar sobre determinados assuntos, isso pode ser percebido ainda durante a gravação da entrevista e, dependendo da relação estabelecida, problematizado com o entrevistado, além de colocado em questão no caderno de campo e incorporado à preparação de novas sessões de entrevista. A participação direta do pesquisador na produção do documento de história oral permite, assim, uma constante avaliação desse documento ainda durante sua constituição.

A entrevista de história oral permite também recuperar aquilo que não encontramos em documentos de outra natureza: acontecimentos pouco esclarecidos ou nunca evocados, experiências pessoais, impressões particulares etc. Nos dias atuais, em que é mais fácil dar-se um telefonema, passar um e-mail, ou viajar rapidamente de um lugar para outro, muitas informações são trocadas prescindindo-se da forma escrita (ou então, no caso da troca de e-mails, deixando-se de preservá-los) — informações inéditas que podem ser resgatadas durante uma entrevista de história oral e confrontadas com outros documentos escritos e/ou orais.

Mas acreditamos que a principal característica do documento de história oral não consiste no ineditismo de alguma informação,

Introdução

tampouco no preenchimento de lacunas de que se ressentem os arquivos de documentos escritos ou iconográficos, por exemplo. Sua peculiaridade — e a da história oral como um todo — decorre de toda uma postura com relação à história e às configurações socioculturais, que privilegia a recuperação do vivido conforme concebido por quem viveu. É neste sentido que não se pode pensar em história oral sem pensar em biografia e memória. O processo de recordação de algum acontecimento ou alguma impressão varia de pessoa para pessoa, conforme a importância que se imprime a esse acontecimento no momento em que ocorre e no(s) momento(s) em que é recordado. Isso não quer dizer — e as ciências da psique já o disseram — que tudo o que é importante é recordado; ao contrário, muitas vezes esquecemos, deliberada ou inconscientemente, eventos e impressões de extrema relevância.

Haveria que dizer muito mais sobre a memória, mas o que gostaríamos de registrar aqui é a peculiaridade da história oral *vis-à-vis* este assunto. Numa situação de entrevista privilegia-se, é claro, a biografia e a memória do entrevistado; mas, diversamente da autobiografia, a presença e o papel do(s) entrevistador(es) acrescentam-lhe outra(s) biografia(s) e outra(s) memória(s). Assim, as duas partes (entrevistado e entrevistadores) constroem, num momento sincrônico de suas vidas, uma abordagem sobre o passado, condicionada pela relação de entrevista, que se estabelece em função das peculiaridades de cada uma delas. E porque a posição do entrevistador é tão relevante nesta criação do concebido sobre o vivido, e a torna inclusive diferente de outras criações, como a autobiografia, por exemplo, é imprescindível contar com sua honestidade, sensibilidade e competência. O entrevistador deve ter consciência de sua responsabilidade como coagente na criação do documento de história oral. Sua biografia e sua memória são outras, e não estão propriamente em questão, mas ambas são decisivas em sua formação de pesquisador; sua memória a respeito do tema e/ou do ator em evidência na entrevista vem em grande parte de suas pesquisas (afinal, é esse seu trabalho), e é preciso que ele tenha consciência da importância desse trabalho para o exercício de sua atividade.

Perguntar-se-á então — e muitos já fizeram esta objeção — de que vale o trabalho de história oral se a subjetividade (a biografia, a sensibilidade etc.) de quem o faz é tão imperiosa. Não estaríamos comprometendo a objetividade necessária a qualquer trabalho científico? É sabido que jamais poderemos apreender o real tal como ele é; apesar disso, insistimos em obter uma aproximação cada vez mais acurada dele, para aumentar qualitativa e quantitativamente nosso conhecimento. Este é o zelo científico, do qual a história também não escapa, mesmo que se discuta a propriedade de chamá-la de ciência. O trabalho do cientista, contudo, é também um ato de criação. A objetividade, então, acaba por condicionar-se à competência, à sensibilidade e à honestidade do pesquisador na crítica interna e externa dos documentos que elegeu e na determinação do peso (ou valor) de cada um deles no corpo de seu trabalho.

Entre tantas especificidades do trabalho com a história oral, resta falar da peculiaridade de seu registro, o fato de constituir um documento oral. Mesmo que seja transcrita, a entrevista de história oral deve ser considerada em função das condições de sua produção: trata-se de um diálogo entre entrevistado e entrevistadores, de uma construção e interpretação do passado atualizada através da linguagem falada. Nesse sentido, é sua característica se desenvolver em meio a recuos e evocações paralelas, repetições, desvios e interrupções, que lhe conferem um potencial de análise em grande parte diverso daquele de um documento escrito: a análise da entrevista tal como efetivamente transcorreu permite que se apreendam os significados não direta ou intencionalmente expressos; permite que o pesquisador se pergunte por que a questão x evocou y ao entrevistado; por que, ao falar de z, recuou para a; por que não desenvolveu a questão c assim como fez em b e assim por diante. Além disso, o caráter oral do depoimento, resguardado pela gravação, fornece ao pesquisador outras possibilidades de investigação, no que diz respeito às particularidades e recorrências do discurso do entrevistado, ao registro de suas hesitações, ênfases, autocorreções etc. Tudo isso, conforme os propósitos da pesquisa e as indagações que se faz o pesquisador que consulta um documento de história oral, pode conter dados significativos, além de permitir uma análise de discurso propriamente dita, que, em se tratando de um acervo de depoimentos, pode engendrar estudos comparativos por gerações, grupos sociais, formação profissional etc.

O trabalho com história oral exige do pesquisador um elevado respeito pelo outro, por suas opiniões, atitudes e posições, por sua visão de mundo enfim. É essa visão de mundo que norteia seu depoimento e que imprime significados aos fatos e acontecimentos narrados. Ela é individual, particular àquele depoente, mas constitui também elemento indispensável para a compreensão da história de seu grupo social, sua geração, seu país e da humanidade como um todo, se considerarmos que há universais nas diferenças. Assim, se trabalhamos com visões particulares e muitas vezes idiossincráticas para ampliar nosso conhecimento acerca da história, é porque de alguma forma acreditamos que a história é um nome genérico para designar *as histórias* vividas e concebidas, diferentes ou parecidas, criadas por pessoas em contato com o mundo. Consequentemente, somos levados a considerar o peso do imponderável e do próprio indivíduo nessa história-histórias que estudamos. Isso não significa que a história, vista sob este ângulo, passa a constituir o somatório de histórias individuais, nem tampouco que devemos abandonar a generalização e a abstração próprias ao pensamento científico em face da preponderância das infinitas versões. Ao contrário, admitir e considerar a pluralidade e a diversidade de versões e experiências no decorrer da análise científica resulta em um conhecimento acurado — porque cuidadoso — a respeito do objeto de reflexão, base para a formulação de abstrações e generalizações.

É característica deste manual o fato de se constituir numa obra eminentemente institucional, que representa e expressa a prática e o conhecimento do Cpdoc com respeito à história oral, desenvolvidos não só em seu Programa de História Oral, como também nos outros setores do Centro, que tiveram e têm participação ativa na constituição, na preservação e na divulgação de nosso acervo de entrevistas.

Do ponto de vista da construção do texto, muito ajudou também o contato com pesquisadores e profissionais que visitaram o programa com o objetivo de conhecer sua prática, e com o público que assistiu a aulas, palestras e seminários de que participei em diversas regiões ao longo desses anos. As questões que traziam e o interesse que demonstravam contribuíram para que eu pudesse tecer um perfil do possível leitor deste livro.

Parte I
Da implantação de programas de história oral

Um programa de história oral se caracteriza por desenvolver projetos de pesquisa fundamentados na produção de entrevistas como fonte privilegiada e, simultaneamente, constituir um acervo de depoimentos para a consulta do público. Pesquisas individuais, como teses acadêmicas, podem produzir um conjunto de depoimentos, mas, ao contrário do que objetiva um programa, tal conjunto não se destina, de antemão, a formar um acervo aberto à consulta. A implantação e a estrutura de um programa de história oral são, portanto, necessariamente mais complexas do que a investigação de um objeto de estudo por meio da metodologia de história oral sem a preocupação de formar um acervo de depoimentos.

Como qualquer pesquisa histórica, aquela realizada por um programa requer, necessariamente, um *projeto de pesquisa*, no qual sejam sistematizados e definidos os objetivos da investigação, o tema, o recorte de análise, as hipóteses, a metodologia etc. Tal projeto tem o propósito de fixar quais questões se colocam ao objeto de estudo e quais os caminhos que a investigação deve percorrer para melhor aproximar-se das respostas.

Ora, esse esforço de sistematização do conteúdo da pesquisa — do *o que*, *por que* e *como* se pretende investigar — não constitui novidade na realização de pesquisas. Para alguns talvez seja novidade a escolha da metodologia de história oral, que imprime algumas especificidades ao projeto: é necessário que as questões colocadas ao objeto de estudo sejam condizentes com o emprego de uma metodologia qualitativa de investigação e que a realização de entrevistas de história oral constitua efetivamente caminho apropriado diante das perguntas que o pesquisador se faz.

Quando se trata da formação de um programa de história oral, devem-se definir também os procedimentos que serão adotados na preservação e na socialização de seu acervo. Isso significa que o projeto de constituição de um programa é necessariamente institucional. Para que o programa efetivamente funcione, é preciso contar com um local apropriado para sua instalação e com uma equipe de trabalho permanente. No local escolhido deve ser possível fornecer condições de trabalho à equipe, gravar entrevistas, acondicionar com segurança o acervo produzido e o equipamento de gravação e atender a pesquisadores. A definição dessas condições no momento de elaboração do projeto é fundamental para determinar o número e o tipo de recursos (de pessoal, de equipamento, de tempo, financeiros etc.) necessários à execução dos trabalhos.

O projeto de implantação de um programa deve dar conta, ao mesmo tempo, dos objetivos da *pesquisa* e da constituição da *documentação*. Sem ele, é impossível resolver que procedimentos serão adotados em todas as etapas a serem cumpridas: quem, como e quantos entrevistar, o que pesquisar e como fazer os roteiros, qual a duração das entrevistas, quantos profissionais estarão envolvidos e quais serão suas especialidades, como preservar e tratar os documentos e, finalmente, como divulgar o acervo.

Nesta primeira parte do manual, trataremos das especificidades de um projeto de pesquisa em história oral, da formação da equipe de trabalho de um programa e do material necessário a seu funcionamento — três questões básicas a serem observadas quando da implantação de programas de história oral. Como, entretanto, as características institucionais não anulam o que há de comum entre programas de história oral e pesquisas que usam a mesma metodologia

Da implantação de programas de história oral

sem a preocupação de constituir acervo, o que se segue também pode interessar aos que pretendem desenvolver pesquisas de história oral em caráter não institucional.

1. O projeto de pesquisa

Fazer história oral não é simplesmente sair com um gravador em punho, algumas perguntas na cabeça e entrevistar aqueles que cruzam nosso caminho à disposição de falar um pouco sobre suas vidas. Essa noção simplificada pode resultar em um punhado de gravações, de pouca ou nenhuma utilidade, que permanecem guardadas sem que se saiba muito bem o que fazer com elas. Muitas vezes tal situação é criada por uma concepção talvez ingênua e certamente equivocada de que a história oral, em vez de meio de ampliação de conhecimento sobre o passado, é, digamos, o próprio passado reencarnado em registros gravados — como se o simples fato de deixar registrados depoimentos de atores e/ou testemunhas do passado eximisse o pesquisador da atividade de pesquisa.

Sendo um método de pesquisa, a história oral não é um fim em si mesma, e sim um meio de conhecimento. Seu emprego só se justifica no contexto de uma investigação científica, o que pressupõe sua articulação com um *projeto de pesquisa* previamente definido. Assim, antes mesmo de se pensar em história oral, é preciso haver questões, perguntas, que justifiquem o desenvolvimento de uma investigação. A história oral só começa a participar dessa formulação no momento em que é preciso determinar a abordagem do objeto em questão: como será trabalhado.

Não é nossa intenção dissertar sobre a elaboração de projetos de pesquisa — isso é matéria que ultrapassa os objetivos deste manual. Entretanto, como a metodologia adotada em uma pesquisa influi diretamente sobre seu andamento, consideramos relevante chamar a atenção para alguns aspectos a serem observados quando da elaboração de projetos de pesquisa que tomam a história oral como método privilegiado de investigação.

1.1 A escolha do método

De modo geral, qualquer tema, desde que seja contemporâneo — isto é, desde que ainda vivam aqueles que têm algo a dizer sobre ele —, é passível de ser investigado através da história oral. Contudo, como qualquer método, a história oral tem uma natureza específica que condiciona as perguntas que o pesquisador pode fazer. Em se tratando de uma forma de recuperação do passado conforme concebido pelos que o viveram, é fundamental que tal abordagem seja efetivamente relevante para a investigação que se pretende realizar.

Deve ser importante, diante do tema e das questões que o pesquisador se coloca, estudar as narrativas dos entrevistados acerca do assunto analisado. Ou mais precisamente: tais narrativas devem ser, elas mesmas, objeto de análise. Assim, uma pesquisa de história oral pressupõe sempre a pertinência da pergunta "como os entrevistados viam e veem o tema em questão?". Ou: "o que a narrativa dos que viveram ou presenciaram o tema pode informar sobre o lugar que aquele tema ocupava (e ocupa) no contexto histórico e cultural dado?".

Sejamos mais claros. Suponhamos que se pretenda estudar a história de determinada empresa. Haveria diversas maneiras de abordar o tema. Uma delas consiste em pesquisar os documentos escritos que a empresa produziu desde sua criação: seus estatutos, as atas de reuniões, as faturas, a correspondência etc. Uma pesquisa sistemática nessas fontes pode resultar na produção de um documento de trabalho que dê conta da trajetória da empresa, seus percalços, o tipo e o número de funcionários empregados ao longo dos anos, as mudanças de rumo, sua relação com o mercado, a estrutura de produção etc. Outra possibilidade consiste em empregar a metodologia de história oral: dirigir o foco de interesse não para aquilo que os documentos escritos podem dizer sobre a trajetória da empresa, e sim para as narrativas que aqueles que participaram de, ou testemunharam, tal trajetória podem fornecer sobre o assunto. Isso pressupõe que o estudo de tais narrativas seja relevante para o objetivo da pesquisa.

Se o emprego da história oral significa voltar a atenção para as narrativas dos entrevistados, isso não quer dizer que se possa pres-

Da implantação de programas de história oral 39

cindir de consultar as fontes já existentes sobre o tema escolhido. Ou seja: voltando ao exemplo acima, caso seja pertinente estudar a história da empresa tomando como foco o ponto de vista dos que dela participaram, o conjunto de documentos escritos que ela produziu serve de apoio para a investigação e de instrumento de análise das entrevistas. Um relatório assinado por um dos diretores da empresa, por exemplo, pode servir de contraponto ao relato que esse mesmo diretor fornece 30 anos depois sobre o mesmo assunto.

Quanto à escolha do método, então, é preciso compreender que a opção pela história oral depende intrinsecamente do tipo de questão colocada ao objeto de estudo. Por outro lado, ela também depende de haver condições de se desenvolver a pesquisa: não é apenas necessário que estejam vivos aqueles que podem falar sobre o tema, mas que estejam disponíveis e em condições (físicas e mentais) de empreender a tarefa que lhes será solicitada.

1.2 A escolha dos entrevistados

Comecemos novamente por um exercício de negação. Assim como dizíamos que a história oral não constitui um fim em si mesma, independente de uma pesquisa, a simples existência de entrevistados em potencial também não justifica seu emprego. Ou seja: não é porque em determinado momento se disponha de "pessoas" interessadas em falar sobre o passado que iremos iniciar uma pesquisa de história oral.

A escolha dos entrevistados é, em primeiro lugar, guiada pelos objetivos da pesquisa. Assim, retomando o exemplo da pesquisa sobre a história de uma empresa, se seu objetivo principal for o estudo das relações trabalhistas estabelecidas em determinado período, será necessário escolher os possíveis entrevistados entre as pessoas que efetivamente podem contribuir nesse sentido, como trabalhadores, diretores da empresa, representantes sindicais etc. Se, por outro lado, o interesse específico repousar sobre as relações entre a empresa e o Estado, a escolha dos entrevistados poderá recair sobre os dirigentes da empresa e altos funcionários do governo, por exemplo. Por fim, se os objetivos da pesquisa forem de âmbito mais abrangente, envolvendo todos os aspectos vinculados à história da empresa, o universo de entrevistados em potencial se alargará consideravelmente, desde empregados e diretores, passando por funcionários do governo e representantes sindicais, eventualmente por membros de outras empresas, até usuários de seus serviços e consumidores de seus produtos, por exemplo.

É no contexto de formulação da pesquisa, durante a elaboração de seu projeto, portanto, que aparece a pergunta "quem entrevistar?". Sua ocorrência é simultânea à opção pelo método da história oral, uma vez que tal opção só é viável se houver pessoas a entrevistar. Se os objetivos da pesquisa forem claros, será possível dar um primeiro passo em direção à resposta, determinando que tipo de pessoa entrevistar (os diretores da empresa, os empregados, os representantes sindicais...?), para então proceder a uma seleção (quais diretores, quais empregados...?).

A escolha dos entrevistados não deve ser predominantemente orientada por critérios quantitativos, por uma preocupação com amostragens, e sim a partir da posição do entrevistado no grupo, do significado de sua experiência. Assim, em primeiro lugar, convém selecionar os entrevistados entre aqueles que participaram, viveram, presenciaram ou se inteiraram de ocorrências ou situações ligadas ao tema e que possam fornecer depoimentos significativos. O processo de seleção de entrevistados em uma pesquisa de história oral se aproxima, assim, da escolha de "informantes" em antropologia, tomados não como unidades estatísticas, e sim como unidades qualitativas — em função de sua relação com o tema estudado (seu papel estratégico, sua posição no grupo etc.).

Escolher essas "unidades qualitativas" entre os integrantes de uma determinada categoria de pessoas requer um conhecimento prévio do objeto de estudo. É preciso conhecer o tema, o papel dos grupos que dele participaram ou que o testemunharam e as pessoas que, nesses grupos, se destacaram, para identificar aqueles que, em princípio, seriam mais representativos em função da questão que se pre-

Da implantação de programas de história oral

tende investigar — os atores e/ou testemunhas que, por sua biografia e por sua participação no tema estudado, justifiquem o investimento que os transformará em entrevistados no decorrer da pesquisa.

O conhecimento prévio do objeto de estudo é requisito para a formulação de qualquer projeto de pesquisa. No caso da história oral, dele dependem as primeiras escolhas que devem ser feitas no encaminhamento da pesquisa: que pessoas entrevistar, que tipo de entrevista adotar e quantas pessoas ouvir (sobre os dois últimos aspectos, ver adiante). Tais escolhas fazem parte da prática da história oral e devem ser objeto de reflexão no momento de elaboração do projeto de pesquisa. Convém então recorrer a fontes secundárias e à documentação primária, se possível, para, conhecendo melhor o tema, imprimir uma base consistente ao recorte. Caso não se disponha de fontes suficientes para esse conhecimento prévio, pode ser adequado realizar algumas entrevistas curtas, de cunho exploratório, que forneçam informações úteis para o processo de escolha.

No projeto de pesquisa convém listar os prováveis entrevistados sobre os quais se pretende investir ao longo do trabalho, justificando, em cada caso, a escolha. Isso pode ser feito acrescentando-se ao nome do possível entrevistado um resumo de sua participação no tema. Tal listagem deve ser tomada como uma relação dos entrevistados *em potencial* daquela pesquisa, já que está sujeita a circunstâncias que podem modificar os rumos do trabalho.

Uma primeira circunstância diz respeito à disponibilidade real do ator selecionado: é preciso considerar a possibilidade de determinadas pessoas se negarem a prestar depoimentos sobre o assunto, bem como que estejam excessivamente ocupadas para cederem parte de seu tempo à realização de entrevistas. Essas circunstâncias forçosamente alteram a listagem inicialmente elaborada e podem resultar na substituição dos nomes antes considerados por outros. Se determinado representante sindical, por exemplo, não se dispuser, de modo algum, a conceder a entrevista, é preciso pensar na conveniência de substituí-lo por outro que, por sua trajetória e atuação, possa ocupar espaço semelhante na investigação do objeto de estudo. Outra circunstância que pode alterar a listagem inicial diz respeito ao surgimento, no decorrer da pesquisa, de nomes antes não considerados. Durante a realização de uma entrevista, por exemplo, pode acontecer de determinado entrevistado chamar a atenção para a atuação de um terceiro, antes desconhecido, cujo depoimento passe a ser fundamental para a pesquisa. Novos atores e/ou testemunhas podem também surgir a partir do estudo mais detalhado da documentação, que pode trazer informações sobre o envolvimento de outras pessoas no tema.

Por fim, é possível que a listagem seja ainda alterada em virtude de o desempenho de certos entrevistados não corresponder às expectativas iniciais. Sua participação no tema pode não ter sido tão profunda quanto parecia — o que, dependendo da pesquisa, pode se transformar em dado significativo porque suscita a reflexão a respeito das razões que levaram os pesquisadores à imagem inicial do entrevistado; sua disposição para narrar e refletir sobre experiências vividas pode ser reduzida; sua memória, assim como a capacidade de articulação do pensamento, podem ser insuficientes para os propósitos da entrevista e assim por diante. Nesses casos, há que decidir, no decorrer da pesquisa, se cabe acrescentar novos depoimentos ao conjunto, para completar as lacunas abertas por esse tipo de insuficiência.

Podemos concluir, então, que a escolha dos entrevistados, por mais criteriosa e justificada que seja durante a formulação do projeto de pesquisa, só é plenamente fundamentada no momento de realização das entrevistas, quando se verifica, em última instância, a propriedade ou não da seleção feita. É nesse momento que se pode avaliar a outra face da escolha, aquela que até então permanecia desconhecida por dizer respeito apenas ao entrevistado, não se deixando apreender pelos critérios do pesquisador antes de iniciada a entrevista. Trata-se do estilo do entrevistado, de sua predisposição para falar sobre o passado, do grau de contribuição daquele depoimento para o conjunto da pesquisa.

Há, portanto, um último fator que incide sobre a propriedade da escolha dos entrevistados de uma pesquisa de história oral, o qual, entretanto, dificilmente pode ser incorporado aos critérios de seleção no momento de elaboração do projeto de pesquisa, pois independe dos pesquisadores e da formulação do objeto de estudo. Estamos falando daquilo que poderíamos chamar de "bom entrevistado".

Da implantação de programas de história oral

Há pessoas que, por mais representativas que sejam para falar sobre determinado assunto, simplesmente não se interessam por, ou não podem, explorar extensivamente sua experiência de vida e discorrer sobre o passado, como talvez sua posição estratégica no tema o fizesse crer. Isso não quer dizer que a escolha tenha sido equivocada. Ao contrário: ela continua plenamente justificada pelos objetivos do estudo e pode se tornar particularmente relevante quando tomamos a própria parcimônia do discurso como objeto de reflexão, quando nos perguntamos por que o entrevistado, que tem todas as razões para prestar um depoimento aprofundado sobre o assunto, não se dispõe a (não sabe, não quer, não pode) falar sobre ele com igual intensidade. O ideal seria poder escolher entrevistados dispostos a revelar sua experiência em diálogo franco e aberto e que, de sua posição no grupo ou em relação ao tema pesquisado, fossem capazes de fornecer, além de informações substantivas e versões particularizadas, uma visão de conjunto a respeito do universo estudado. Como na definição do "bom entrevistado" de Aspásia Camargo:

> Aquele que, por sua percepção aguda de sua própria experiência, ou pela importância das funções que exerceu, pode oferecer mais do que o simples relato de acontecimentos, estendendo-se sobre impressões de época, comportamento de pessoas ou grupos, funcionamento de instituições e, num sentido mais abstrato, sobre dogmas, conflitos, formas de cooperação e solidariedade grupal, de transação, situações de impacto etc. Tais relatos transcendem o âmbito da experiência individual, e expressam a cultura de um povo, país ou Nação, chegando, a partir de categorias cada vez mais abrangentes — por que não? —, ao denominador comum à espécie humana.[1]

No Cpdoc, o objetivo inicial de estudar a trajetória e o desempenho das elites políticas brasileiras fez com que o acervo constituído

---

[1] CAMARGO, Aspásia. *História oral e história*. Rio de Janeiro: Cpdoc, 1977. 17f. p. 4-5 (Trabalho apresentado no I Seminário Brasileiro de Arquivos Municipais. Niterói, Universidade Federal Fluminense, 2-6 ago. 1976).

até o início dos anos 1990 fosse composto predominantemente de entrevistas de pessoas que desempenharam funções relevantes em acontecimentos e conjunturas históricas desde a década de 1920. A escolha dos entrevistados muitas vezes coincidia então com sua predisposição e vontade de falar sobre o passado. Geralmente as pessoas mais velhas, quando estão aposentadas ou se afastaram do centro da atividade política, voltam suas atenções para aquilo que foram ou fizeram. Como consequência, se sentem mais à vontade para falar sobre sua experiência e interpretar o passado, reavaliando inclusive suas posições e atitudes, como uma espécie de "balanço" da própria vida. Além de não correrem mais muitos riscos ao revelarem acontecimentos ou opiniões que, à época em que ocorreram, poderiam comprometer os envolvidos, os entrevistados mais velhos em geral gostam de falar sobre o passado e sobre sua atuação, principalmente se sua experiência puder se perpetuar, na forma de gravação, para além do momento da entrevista.

Voltemos à listagem dos entrevistados em potencial, elaborada durante a formulação do projeto de pesquisa. Já prevendo as alterações que tal listagem pode sofrer no decorrer da pesquisa, pode ser útil ampliá-la propositadamente, incluindo todas as possibilidades de investimento permitidas pelo recorte de análise, ou seja, um maior número de pessoas possível, independentemente de serem entrevistadas em sua totalidade. Ao lado desse universo extenso, devem-se destacar as prioridades: aqueles atores e/ou testemunhas sobre os quais se procurará investir antes de recorrer a alternativas.

Como, entretanto, a realização de entrevistas constitui o centro de um trabalho de história oral, todo planejamento de um programa depende de certo grau de definição da quantidade de entrevistas que se pretende realizar. Dependem desse fator o orçamento, o material, o pessoal envolvido e o cronograma de trabalho, entre outros. Assim, para não prejudicar o planejamento da pesquisa com a adoção de uma listagem por demais extensa e flexível, já que é impossível precisar com rigor quantas e quais pessoas serão entrevistadas, convém deslocar a previsão para a quantidade de horas de entrevistas gravadas que se pretende alcançar ao final do projeto. O número estimado

Da implantação de programas de história oral

de horas gravadas é uma boa base para o cálculo de custos de um projeto de história oral.

1.3 O número de entrevistados

As considerações sobre a escolha dos entrevistados em uma pesquisa de história oral levam naturalmente à questão de quantas pessoas entrevistar ao longo do trabalho. De novo tal decisão depende diretamente dos objetivos da pesquisa. Se ela estiver sendo desenvolvida fora do âmbito de um programa de história oral, o número de entrevistados pode até se restringir a uma única pessoa, se seu depoimento estiver sendo tomado como contraponto e complemento de outras fontes e for suficientemente significativo para figurar como investimento de história oral isolado no conjunto da pesquisa.

Essa circunstância não se aplica, entretanto, àquelas pesquisas, institucionais ou não, que adotam a história oral como metodologia de trabalho, tomando a produção de entrevistas e sua análise como investimento privilegiado. Nesses casos, o que interessa é justamente a possibilidade de comparar as diferentes perspectivas dos entrevistados sobre o passado, tendo como ponto de partida e contraponto permanente aquilo que as fontes já existentes dizem sobre o assunto. Assim, é natural que, quanto mais entrevistas puderem ser realizadas, mais consistente será o material sobre o qual se debruçará a análise.

Isso não quer dizer que se deva passar a realizar indiscriminadamente o maior número possível de entrevistas, como se a simples quantidade pudesse, por si só, garantir a qualidade do acervo produzido. Ao contrário: já dissemos que a escolha dos entrevistados de uma pesquisa de história oral segue critérios qualitativos, e não quantitativos. Ocorre que tais critérios devem levar em conta também quantos entrevistados são necessários para que se possa começar a articular os depoimentos entre si e, dessa articulação, chegar a inferências significativas para os propósitos da pesquisa. Ou seja: uma única entrevista pode ser extremamente relevante, mas ela só adquire significado completo no momento em que sua análise puder ser articulada com outras fontes igualmente relevantes. No caso da metodologia de história oral, essas outras fontes são também e prioritariamente outras entrevistas. O número de entrevistados de uma pesquisa de história oral deve ser suficientemente significativo para viabilizar certo grau de generalização dos resultados do trabalho.

Ora, assim como não se pode estabelecer com precisão quais serão os depoentes de uma pesquisa de história oral no momento de elaboração do seu projeto, é também muito difícil definir, de antemão, quantos entrevistados serão necessários para garantir o valor dos resultados da pesquisa. É somente durante o trabalho de produção das entrevistas que o número de entrevistados necessários começa a se descortinar com maior clareza, pois é conhecendo e produzindo as fontes de sua investigação que os pesquisadores adquirem experiência e capacidade para avaliar o grau de adequação do material já obtido aos objetivos do estudo. Esse processo ocorre em qualquer pesquisa: é o pesquisador, conhecendo progressivamente seu objeto de estudo, quem pode avaliar quando o resultado de seu trabalho junto às fontes já fornece material suficiente para que possa construir uma interpretação bem fundamentada. Assim, a decisão sobre quando encerrar a realização de entrevistas só se configura à medida que a investigação avança.

Como forma de operacionalizá-la, pode ser útil recorrer ao conceito de "saturação", formulado pelo sociólogo Daniel Bertaux.[2] De acordo com esse autor, há um momento em que as entrevistas acabam por se repetir, seja em seu conteúdo, seja na forma pela qual se constrói a narrativa. Quando as entrevistas realizadas em uma pesquisa de história oral começam a se tornar repetitivas, continuar o trabalho significa aumentar o investimento enquanto o retorno é reduzido, já que se produz cada vez menos informação. Esse é o momento que o autor chama de ponto de saturação, a que o pesquisador chega quando tem a impressão de que não haverá nada de novo

---

[2] BERTAUX, Daniel. L'approche biographique. Sa validité méthodologique, ses potentialités. *Cahiers Internationaux de Sociologie*, Paris, PUF, v. 69, p. 197-225, juil./déc. 1980.

a apreender sobre o objeto de estudo, se prosseguir as entrevistas. Chegando-se nesse ponto, é necessário mesmo assim ultrapassá-lo, realizando ainda algumas entrevistas, para certificar-se da validade daquela impressão. O conceito de saturação, entretanto, só pode ser aplicado, segundo Bertaux, caso o pesquisador tenha procurado efetivamente diversificar ao máximo seus informantes no que diz respeito ao tema estudado, evitando que se esboce uma espécie de saturação apenas em função de o conjunto de entrevistados ser de antemão muito homogêneo.

Apesar de ser impossível estabelecer com antecedência o número exato de pessoas a entrevistar no decorrer da pesquisa, a listagem extensa e flexível dos entrevistados em potencial, acompanhada do registro dos que nela são prioritários, já fornece uma ideia do número de entrevistas que podem ser realizadas. Assim, se dissemos ser impossível fixar previamente quantas pessoas serão entrevistadas, isso não quer dizer que a questão escape a qualquer tipo de estimativa. É o recorte do objeto de estudo que vai informar, inicialmente, o número de pessoas disponíveis e em princípio capazes de fornecer depoimentos significativos sobre o assunto. Se tal recorte, por exemplo, recair sobre os dirigentes de uma empresa, o número de entrevistados em potencial nesse universo será de antemão delimitado pelo número de diretores em condições de ceder entrevistas. O que se deve observar é que esse número seja suficientemente representativo para engendrar uma análise comparativa consistente. Se apenas um diretor estiver disponível para prestar o depoimento, é o caso de se pensar em ampliar o recorte, incorporando outras categorias de atores e/ou testemunhas à investigação.

1.4 A escolha do tipo de entrevista

Sempre de acordo com os propósitos da pesquisa, definidos com relação ao tema e à questão que se pretende investigar, é possível escolher o tipo de entrevista a ser realizado: entrevistas *temáticas* ou entrevistas de *história de vida*.

As entrevistas temáticas são aquelas que versam prioritariamente sobre a participação do entrevistado no tema escolhido, enquanto as de história de vida têm como centro de interesse o próprio indivíduo na história, incluindo sua trajetória desde a infância até o momento em que fala, passando pelos diversos acontecimentos e conjunturas que presenciou, vivenciou ou de que se inteirou. Pode-se dizer que a entrevista de história de vida contém, em seu interior, diversas entrevistas temáticas, já que, ao longo da narrativa da trajetória de vida, os temas relevantes para a pesquisa são aprofundados. Podemos concluir desde já que uma entrevista de história de vida é geralmente mais extensa do que uma entrevista temática: falar sobre uma vida, realizando cortes de profundidade em determinados momentos, exige que entrevistado e entrevistador disponham de tempo bem maior do que se elegessem apenas um desses cortes como objeto da entrevista.

Apesar dessas diferenças, ambos os tipos de entrevista de história oral pressupõem a relação com o método biográfico: seja concentrando-se sobre um tema, seja debruçando-se sobre a vida do depoente e os cortes temáticos efetuados em sua trajetória, a entrevista terá como eixo a biografia do entrevistado, sua vivência e sua experiência.

Decidir entre um ou outro tipo de entrevista a ser adotado ao longo da pesquisa depende dos objetivos do trabalho. Em geral, a escolha de entrevistas temáticas é adequada para o caso de temas que têm estatuto relativamente definido na trajetória de vida dos depoentes, como um período determinado cronologicamente, uma função desempenhada ou o envolvimento e a experiência em acontecimentos ou conjunturas específicos. Nesses casos, o tema pode ser de alguma forma "extraído" da trajetória de vida mais ampla e tornar-se centro e objeto das entrevistas. Escolhem-se pessoas que dele participaram ou que dele tiveram conhecimento para entrevistá-las a respeito. Numa entrevista de história de vida, diversamente, a preocupação maior não é o tema e sim a trajetória do entrevistado. Escolher esse tipo de entrevista pressupõe que a narração da vida do depoente ao longo da história tenha relevância para os objetivos do trabalho. Assim, por exemplo, se no estudo de determinado tema for considerado importante conhecer e comparar as trajetórias de vida dos que nele se

Da implantação de programas de história oral 49

envolveram, será aconselhado realizarem-se entrevistas de história de vida. Ou, por outra, se a pesquisa versar sobre determinada categoria profissional ou social, seu desempenho, sua estrutura ou suas transformações na história, torna-se igualmente aconselhada a opção por entrevistas de história de vida.

É possível que em determinado projeto de pesquisa sejam escolhidos ambos os tipos de entrevista como forma de trabalho. Nada impede que se façam algumas entrevistas mais longas, de história de vida, com pessoas consideradas especialmente representativas ou cujo envolvimento com o tema seja avaliado como mais estratégico, ao lado de entrevistas temáticas com outros atores e/ou testemunhas. Isso depende, novamente, da adequação desse procedimento aos propósitos do projeto.

Nos primeiros 20 anos de existência do Programa de História Oral do Cpdoc adotou-se preferencialmente a entrevista de história de vida como método de trabalho, porque o projeto que orientava as atividades visava ao estudo da trajetória e do desempenho das elites políticas na história contemporânea do Brasil. Mesmo nesse contexto, houve casos em que a opção pela entrevista temática se fez necessária. Muitas vezes, o entrevistado não dispunha de tempo suficiente para conceder um depoimento de história de vida, geralmente mais longo do que a entrevista temática. Nesses casos, apesar do interesse em abarcar toda sua trajetória de vida e de tomá-lo como centro da entrevista, éramos obrigados a eleger determinado tema no qual tivesse tido uma atuação destacada — um período, uma função que exerceu, a participação em certo episódio, por exemplo —, a fim de evitar a perda de um registro considerado relevante para o projeto. Em alguns desses casos foi possível voltar ao entrevistado anos mais tarde, em circunstâncias favoráveis para a realização de uma entrevista de história de vida, o que explica em grande parte a existência, no Programa de História Oral do Cpdoc, de duas entrevistas realizadas com o mesmo depoente em períodos distintos.

À medida que o Programa foi diversificando seus projetos, a realização de entrevistas temáticas tornou-se mais frequente. Nessas entrevistas, que se estendem por uma ou mais sessões e podem ter de duas a 10 horas de duração, por exemplo, procuramos dar conta da parte inicial da vida do entrevistado (origens familiares, socialização, formação etc.), a fim de situarmos melhor quem fala e por que optou (ou não) pela trajetória que o levou a participar do tema em questão.

1.5 O papel do projeto de pesquisa em programas de história oral

Tudo o que dissemos até aqui sobre os fatores que devem ser considerados durante a elaboração de um projeto de pesquisa de história oral diz respeito à investigação científica propriamente dita, ou seja: às questões que se colocam os pesquisadores, à abordagem do objeto de estudo e às decisões que devem ser tomadas em função da opção pela história oral. Nesse sentido, tais procedimentos se aplicam a qualquer projeto de pesquisa de história oral, institucional ou não.

No presente item procuraremos acrescentar às considerações já feitas as especificidades de um projeto de pesquisa elaborado no âmbito de um programa de história oral. E a primeira delas diz respeito ao caráter em princípio permanente das atividades de pesquisa. Ou seja, a implantação de um programa de história oral vem acompanhada de projeções de longo prazo; a intenção de constituí-lo é também a intenção de inaugurar um tipo de trabalho que se estenderá por muitos anos, sem previsão de término. Nesse sentido, convém em primeiro lugar que o recorte inicial do objeto de estudo seja suficientemente abrangente para viabilizar o investimento contínuo de realização de entrevistas. Poder-se-ia chamar esse recorte de tema continente, passível de ser desdobrado em temas paralelos, objetos de investigação específica.

No Cpdoc, por exemplo, o Programa de História Oral se instituiu em 1975 com o tema continente "Trajetória e desempenho das elites políticas brasileiras". Essa escolha orientou-se pelo próprio perfil da instituição, que guarda arquivos privados de homens públicos e que prioriza como área de pesquisa a história política do Brasil.

Da implantação de programas de história oral   51

A definição do tema continente de um programa de história oral é uma decisão eminentemente institucional, que transcende interesses conjunturais e pessoais. No interior do projeto inicial do Cpdoc arrolaram-se segmentos como políticos propriamente ditos, militares, elite burocrática; temas como tenentismo, Revolução de 1930, regime militar, além de divisões regionais e geracionais. Com a ampliação das áreas de atuação do Centro, os projetos de história oral passaram a se voltar também para outras direções de interesse político, econômico, social e cultural, de modo que atualmente podemos definir nosso acervo de entrevistas como dizendo respeito a acontecimentos e conjunturas da história contemporânea do Brasil, especialmente a partir dos anos 1930.

É importante que um programa, no momento em que é implantado, defina sua linha de acervo, dada pelo "tema continente" dentro do qual desenvolverá suas atividades. Essa linha conferirá ao programa uma identidade institucional, facilitando inclusive a consulta dos depoimentos produzidos, uma vez que os pesquisadores externos saberão de antemão que tipo de preocupação rege a realização das entrevistas e que tipo de entrevistados poderão encontrar no acervo. Se, ao contrário, um programa produzir suas entrevistas sem se preocupar em manter um mínimo de coerência na escolha dos entrevistados ao longo dos anos e na formulação das questões que orientam as atividades, o resultado pode ser pouco operacional para fins de consulta, uma vez que se terá blocos de entrevista sem relação entre si e com um tema principal, tornando-se difícil identificar o que, afinal, orienta aquele acervo e que universo de atores e/ou testemunhas ele abarca.

Por outro lado, o estabelecimento do tema continente também deve levar em conta o tipo de demanda dos usuários em potencial, tendo em vista as linhas de acervo adotadas em outras instituições, como arquivos, bibliotecas e universidades. É importante verificar se o tema continente realmente contribui para o desenvolvimento da pesquisa histórica e de ciências humanas; se aquele conjunto de documentos produzidos fornece a possibilidade de investimento em assuntos ainda não cobertos por outros acervos, ou se, ao contrário, o tema continente escolhido resultará apenas em uma duplicação de fontes já disponíveis.

Note-se então que o tema continente, além de viabilizar o caráter em princípio permanente do programa, uma vez que pode ser desdobrado em uma gama de temas correlatos, também diz respeito à linha de acervo que se pretende inaugurar, tocando assim em outra especificidade básica do projeto de pesquisa elaborado no contexto de um programa de história oral, qual seja, o objetivo de atender a um público de pesquisadores. Pode-se dizer que esse objetivo e a perspectiva de longo prazo são os dois fatores primordiais que diferenciam o projeto de pesquisa de um programa daquele formulado em caráter não institucional.

Ora, a preocupação com o público deve ser incorporada aos objetivos do projeto de implantação de um programa de história oral e renovada a cada projeto parcial que for elaborado ao longo dos anos. É preciso ter claro que um dos objetivos do programa é o de abrir seu acervo à consulta de pesquisadores externos, que precisam ser informados sobre quem é o entrevistado e sobre os propósitos da entrevista. É por essa razão que a entrevista deve contemplar a história de vida do entrevistado — se não toda, pelo menos a parte da biografia que permite identificar melhor quem fala e de que pontos de vista (como já foi dito: origens familiares, socialização e formação, por exemplo).

Se o objetivo de constituir um acervo para ser aberto à consulta já interfere na formulação das questões a serem investigadas e nos procedimentos de realização das entrevistas, sua influência é ainda maior no planejamento do trabalho que se segue à gravação de cada depoimento. Isso porque é evidentemente necessário que a entrevista seja preservada, além de tratada antes de ser liberada para consulta. É preciso que o programa estabeleça as normas de preservação e de tratamento, produza os instrumentos de auxílio à consulta e providencie a carta de cessão do depoimento, sem a qual a entrevista permanece fechada ao público.

O trabalho da fase posterior à realização das entrevistas, matéria da qual trata a Parte IV deste manual, deve constar do projeto de pes-

Da implantação de programas de história oral · 53

quisa de um programa de história oral, pois incide diretamente sobre o planejamento das atividades, dos recursos humanos, do material necessário, do orçamento e dos prazos. É no momento de formulação do projeto que se deve fixar que procedimentos serão adotados na preservação do acervo e em sua abertura para consulta.

Uma visão geral das responsabilidades envolvidas na produção e na gestão de entrevistas no âmbito de programas de história oral pode ser obtida consultando-se o documento "Rotinas de produção e gestão do acervo", reproduzido no apêndice deste manual (apêndice 1).

2. Formação da equipe

O número e a especialidade dos profissionais que formam a equipe de um programa dependem diretamente das diretrizes fixadas no projeto inicial de pesquisa. Eles devem levar em conta a linha de acervo, os procedimentos adotados na preservação e no tratamento das entrevistas, os resultados esperados, os prazos e os recursos financeiros de que dispõe a instituição.

2.1 Pesquisadores

Um programa de história oral não funciona sem uma equipe de pesquisadores, responsável pelo estudo das fontes primárias e secundárias relativas ao objeto de investigação, pela elaboração do roteiro geral de entrevistas, pela preparação e realização das entrevistas, por parte do tratamento dos depoimentos gravados e pela análise do material produzido, com vistas à produção de documentos de trabalho que sistematizem os resultados obtidos com a pesquisa.

Assim, o primeiro passo de constituição da equipe de um programa deve ser o de providenciar a contratação dos pesquisadores. Os critérios de seleção, além de passarem pela competência e seriedade dos profissionais, devem levar em conta suas áreas de interesse e especialidades. É em função dos objetivos da pesquisa e da abordagem do objeto de estudo que tais critérios podem ser delineados. Se, por exemplo, determinado programa se volta para o estudo da história das empresas de uma região específica, tendo como interesse primordial sua relação com a formação econômica da região, é importante que conte, em sua equipe, com pesquisadores especializados em história econômica. A formação dos pesquisadores selecionados, portanto, deve coincidir com os propósitos do estudo.

Como, entretanto, os objetivos de um programa ultrapassam aqueles de uma única pesquisa, já que seus resultados serão socializados entre os pesquisadores que consultarem o acervo, convém também incorporar à equipe pesquisadores de diferentes especialidades, de modo a abarcar, na produção das entrevistas, um universo diversificado de questões e abordagens. Assim, ao lado do especialista em história econômica mencionado no exemplo, pode ser conveniente contar com pesquisadores especializados em história política ou em ciência política, para procurar entender as articulações entre as empresas e a política local e nacional; com pesquisadores da área de história social ou de sociologia, para estudar as transformações engendradas pelo funcionamento das empresas; ou ainda com pesquisadores voltados para a história das mentalidades ou a antropologia, para apreender possíveis mudanças nas concepções de mundo geradas pelo crescimento econômico. Mesmo que não seja possível incorporar à equipe pessoas efetivamente especializadas em diferentes áreas do conhecimento, é oportuno considerar a relativa diversidade de interesses como fator positivo para o desenvolvimento dos trabalhos.

Convém procurar selecionar os pesquisadores de um programa entre aqueles que possam se adequar à metodologia de história oral, identificando-se com a abordagem qualitativa, e, principalmente, entre aqueles que possam desempenhar a contento a função de entrevistadores (sobre o papel do entrevistador numa entrevista de história oral, ver Parte III). É muito importante que o pesquisador seja capaz de sustentar um diálogo franco e aberto com o entrevistado, respeitando-o como diferente e contribuindo para que seja produzido um depoimento de alta qualidade.

Observados esses critérios qualitativos de seleção, vejamos agora quantos pesquisadores são necessários para que se constitua uma equipe. O trabalho de um programa de história oral é fundamentalmente um trabalho de equipe. Ele exige, como se verá adiante, constantes decisões em conjunto, a serem tomadas em todas as etapas e conforme surjam problemas específicos — e não são poucos os casos que fogem à regra, pois trata-se de uma metodologia que depende fundamentalmente da relação com os entrevistados. Assim, é necessário que os membros da equipe estejam integrados entre si e com o projeto de pesquisa e que discutam periodicamente o andamento das atividades. Para estabelecer seu número, é preciso considerar que os pesquisadores geralmente trabalham em dupla quando estão engajados na preparação e na realização de uma entrevista (sobre a conveniência desse número, ver Parte III), e que cada entrevista pode se prolongar por muitas semanas, especialmente no caso das de história de vida. Durante esse período, cada dupla de pesquisadores estará preparando e realizando sessões de entrevista periódicas, uma ou duas vezes por semana.

Ora, o investimento exigido pelas entrevistas sempre ultrapassa o número de horas despendido em sua gravação: é necessário preparar cuidadosamente cada sessão, elaborando os roteiros parciais; reservar pelo menos o quíntuplo do tempo de gravação para a elaboração dos instrumentos de auxílio à consulta e as tarefas de processamento da entrevista (ver Parte IV), além de prever que geralmente se gasta uma manhã ou tarde inteiras para a gravação de uma sessão (é preciso deslocar-se até o local da entrevista, empreender uma conversação inicial, instalar o equipamento, reservar espaço para as interrupções etc.). Assim, uma sessão que se estenda, por exemplo, por duas horas de gravação, na verdade exige dos pesquisadores mais de 10 horas de dedicação, entre sua preparação, sua realização e seu tratamento. É claro que tal estimativa não tem nenhum caráter fixo e serve aqui tão somente para deixar claro que o investimento do pesquisador ultrapassa largamente a duração de uma entrevista.

Além disso, é preciso considerar que o trabalho realizado muitas vezes não é visível e sofre atrasos significativos, em função de tentativas frustradas de contatar entrevistados, da necessidade de recorrer a outros, quando os que estavam previstos se encontram impossibilitados de dar entrevistas, ou ainda do cancelamento de entrevistas por parte do entrevistado. Pode acontecer, por exemplo, de se interromper por várias semanas um depoimento em decorrência de uma doença ou de uma viagem do entrevistado.

Em função do volume de investimento necessário à atividade de realização de entrevistas, não convém que um pesquisador se ocupe de mais de três sessões por semana. Assim, cada dupla pode, no limite, se ocupar de três entrevistados simultaneamente, se cada um deles estiver fornecendo seu depoimento uma vez por semana. Há que se considerar ainda que, durante a realização de entrevistas, a equipe deve se reunir periodicamente para trocar informações e avaliar o andamento dos trabalhos. Desse modo, se uma dupla estiver engajada em três depoimentos simultaneamente, realizando entrevistas, digamos, às segundas, quartas e sextas-feiras, nos outros dias estará ocupada com as atividades de preparação e tratamento e com as discussões, na equipe, de avaliação do trabalho.

Isso tudo serve de pano de fundo no momento de estabelecer quantos pesquisadores serão necessários à execução dos trabalhos. Considerando os prazos, os recursos financeiros e o número de horas gravadas que se pretende alcançar, é possível chegar a um número de pesquisadores satisfatório, que garanta a execução do trabalho.

Já que o trabalho de um programa de história oral requer o engajamento de uma equipe de pesquisadores que avalie constantemente os resultados alcançados e discuta as questões da pesquisa, e já que as entrevistas são preferencialmente realizadas em dupla, segue-se que o número mínimo ideal de composição da equipe é de quatro pesquisadores, que permite a formação de duas duplas de entrevistadores e garante a prática de trabalho em grupo.

2.2 Consultores

Para completar a qualificação da equipe de pesquisadores de um programa, pode ser útil recorrer à contratação temporária de outros

Da implantação de programas de história oral

profissionais, caso haja necessidade de cobrir áreas de conhecimento específico.

Suponhamos, por exemplo, que em determinado projeto se torne necessário aprofundar os conhecimentos sobre uma área que os pesquisadores não dominam: direito trabalhista, processo de produção de determinada mercadoria, contabilidade, geologia... Nesses casos, pode ser conveniente contratar um especialista no assunto para fins de consultoria, a quem caberá esclarecer os pesquisadores sobre as especificidades da matéria, tornando-os capazes de conduzir uma entrevista sobre o assunto.

Eventualmente, os consultores podem ser chamados a participar de algumas entrevistas. Nesse caso, devem estar a par do projeto que orienta a pesquisa e da especificidade da metodologia empregada, bem como ter os atributos necessários a um bom entrevistador de história oral.

2.3 Técnico de som

Além dos pesquisadores, a equipe de trabalho de um programa de história oral deve contar com um técnico de som, encarregado da gravação e da preservação da entrevista gravada. Para pesquisas cujos propósitos não incluem a constituição de um acervo permanente para consulta, nas quais os depoimentos de história oral são produzidos para uso exclusivo dos pesquisadores diretamente envolvidos no estudo, é possível prescindir do técnico de som, uma vez que qualquer pesquisador é capaz de operar um gravador portátil para registrar entrevistas. Entretanto, havendo necessidade de preservar as gravações para consulta posterior e sendo frequente sua escuta, cabe contar com um profissional especializado para cuidar do acervo gravado.

O técnico de som, além de conhecer o equipamento e ser capaz de otimizar os recursos de que dispõe, deve ter habilidade para organizar o material gravado, ordenando e catalogando os arquivos a fim de viabilizar sua consulta, bem como sua utilização no decorrer do tratamento das entrevistas.

2.4 Estagiários

A equipe de um programa de história oral pode ser reforçada pelo trabalho de estagiários, estudantes de graduação das áreas de história e ciências sociais, ou de outras disciplinas vinculadas ao tema da pesquisa. Trabalhando em um programa, o estagiário adquire experiência e se especializa, podendo inclusive ser treinado com vistas a ser incorporado à equipe tão logo esteja formado. O programa, por sua vez, pode se beneficiar desse tipo de trabalho, designando ao estagiário tarefas que vão desde a participação no levantamento de dados em arquivos e bibliotecas para a preparação dos roteiros das entrevistas, passando pela elaboração de sumários e índices e pela verificação dos dados necessários à conferência de fidelidade da transcrição, e estendendo-se até a catalogação das entrevistas. Evidentemente, tais tarefas devem ser constantemente supervisionadas. A qualidade do trabalho dos estagiários depende, em primeiro lugar, de uma boa seleção e, em segundo lugar, do cuidado com seu treinamento inicial. Assim, cabe aos pesquisadores responsáveis promover a integração do estagiário com a pesquisa, colocando-o a par do projeto, do método utilizado e da prática de trabalho, e avaliando, com ele, os resultados de suas primeiras tarefas, para que possa aprender, na prática, como efetivamente deve proceder. Uma vez bem treinado, a equipe do programa adquire confiança em seu trabalho, e o estagiário passa a se tornar elemento fundamental para o andamento da pesquisa.

2.5 Profissionais envolvidos no processamento das entrevistas

Chamamos de processamento da entrevista o conjunto de etapas necessárias à passagem do depoimento da forma oral para a escrita (a esse respeito, ver Parte IV). Não há dúvida de que a consulta ao documento na forma escrita oferece menos dificuldade do que a audição de sua gravação: a leitura transcorre com rapidez e é mais fácil para o pesquisador selecionar os trechos que lhe interessam. Além disso, a gravação de um depoimento nem sempre é clara e audível, podendo levar a erros de compreensão, principalmente quando são enunciados nomes pró-

Da implantação de programas de história oral

prios desconhecidos do pesquisador. Por outro lado, a transcrição de um depoimento envolve, além de altos custos financeiros, uma série de problemas no que tange à transformação do discurso oral em discurso escrito. Se o usuário do programa estiver interessado nos pormenores da fala do entrevistado — como entonação, dicção, pronúncia, titubeações etc. —, é melhor que consulte a gravação do depoimento.

Como ambas as formas de consulta apresentam aspectos favoráveis e desfavoráveis, a decisão acerca da passagem do documento da forma oral para a escrita deve ser tomada em função dos propósitos e das possibilidades do programa. Nos primeiros 15 anos de atividades do Programa de História Oral do Cpdoc, por exemplo, todas as entrevistas liberadas eram abertas à consulta na forma de texto, passando pelas etapas de transcrição, conferência da transcrição e copidesque, mas, devido aos altos custos e às necessidades de tempo e pessoal disponível para as tarefas, nos anos 1990 passamos a transcrever apenas uma parte das entrevistas, disponibilizando as demais em áudio ou vídeo (o usuário do programa consulta diretamente a gravação).

A passagem das entrevistas da forma oral para a escrita implica contratar profissionais habilitados para as tarefas de *transcrição* propriamente dita e de *copidesque* das entrevistas, atividades que serão aprofundadas na Parte IV. É conveniente que esses integrantes da equipe tenham, além do domínio da língua, algumas noções do tema pesquisado, porque o conhecimento dos assuntos tratados e das designações utilizadas durante as entrevistas pode auxiliá-los a desincumbirem-se de suas tarefas. Como a transcrição e o copidesque são feitos diretamente no computador, é necessário que os profissionais dominem também o processador de texto e o programa de escuta de áudio utilizados pela instituição.

O número desses profissionais varia em função da extensão do projeto, ou, mais especificamente, em função das horas de gravação e do prazo de realização da pesquisa: quanto mais curto esse prazo e quanto mais horas gravadas, maior o número de transcritores e copidesques necessários para o cumprimento desse trabalho. Sua seleção pode ser feita por meio de testes, explicando-lhes previamente como se espera seja empreendida a tarefa. Assim, ao candidato a transcritor poderá ser sugerido que transcreva um trecho de entrevista, enquanto o candidato a copidesque poderá ser solicitado a trabalhar sobre algumas laudas de um trecho já transcrito.

2.6 Editores especializados

A constituição e a preservação de um acervo de entrevistas, sua análise e sua abertura para consulta são as principais metas de um programa de história oral. Muitos projetos podem ter também como objetivo a publicação das entrevistas gravadas, o que permite atingir um público bem mais amplo do que aquele que se dirige ao programa para consultar os depoimentos.

Como as entrevistas muitas vezes contêm trechos repetidos e não obedecem a uma ordem temática ou cronológica (o entrevistado pode pular de assunto, retomar em sessões posteriores um assunto já tratado etc.), a publicação do material tal qual foi gravado pode tornar o texto inadequado para leitura. É possível recorrer então a editores especializados — seja editores de texto, quando a entrevista for publicada em livro, seja editores de imagens, quando a entrevista for tornada pública em vídeo, por exemplo. O editor ordena a entrevista de acordo com uma sequência temporal e/ou temática, retira repetições, reúne trechos que tratam de um mesmo assunto, divide o material em capítulos etc. É necessário que seja uma pessoa hábil em suas tarefas, que domine o português (ou, no caso de vídeos, os equipamentos e as possibilidades de uma ilha de edição) e que respeite as intenções e a fala do entrevistado. O editor dificilmente trabalhará sozinho, pois o processo de edição de entrevistas exige o envolvimento permanente de pesquisadores e estagiários, na revisão do texto, na elaboração de notas e de índices.

Apêndice — Cronograma de trabalho

A elaboração de projetos de pesquisa requer geralmente um cronograma de trabalho, que varia, evidentemente, de acordo com os

Da implantação de programas de história oral

objetivos da pesquisa e o tempo disponível para realizá-la. Deixando de lado as especificidades de cada projeto, vejamos algumas questões relativas ao método de trabalho com a história oral que podem servir de orientação para a elaboração do cronograma de uma pesquisa nessa área.

É preciso reservar uma boa parte do início do cronograma à *pesquisa* e à *elaboração do roteiro geral* de entrevistas, etapa de aprofundamento no tema e de preparação da equipe. Durante esta fase, se estará também procedendo à *seleção dos primeiros entrevistados*, aos quais se chega à medida que o estudo sobre o tema indica com que pessoas convém iniciar a pesquisa. Ao lado dessa seleção, começam os *primeiros contatos* com os entrevistados em potencial, para com eles acertar a realização das entrevistas. Esses contatos podem prolongar-se por um período maior do que o previsto, havendo inclusive o risco de serem frustrados, devendo-se então proceder a novas seleções e contatos.

É conveniente estabelecer os primeiros contatos quando a equipe já estiver razoavelmente preparada para as entrevistas, porque pode acontecer de determinado entrevistado, por restrições de tempo ou outras limitações, só estar disponível para dar seu depoimento imediatamente após o contato. Em outros casos, é possível estabelecer com o entrevistado um prazo para o início das entrevistas, durante o qual os pesquisadores terão condições de estudar aquele caso específico e elaborar o roteiro individual de entrevista.

Como resultado dos acertos efetuados nos primeiros contatos, as próximas etapas a serem previstas no cronograma são a *elaboração dos roteiros individuais*, seguida da *realização das entrevistas*. Esta última exige um segmento maior do cronograma, podendo estender-se até um pouco antes do prazo de encerramento da pesquisa.

Logo após o início da etapa de realização de entrevistas, deve-se registrar o trabalho de *preservação das gravações*, bem como todas as tarefas vinculadas a seu *tratamento* e, se for o caso, à sua *transformação em documento escrito*.

Eventualmente, se constar dos objetivos do projeto a elaboração de um *catálogo* dos depoimentos produzidos no período, deve-se prever, nos últimos meses do cronograma, a preparação dos originais e o trabalho de revisão do material a ser publicado.

Finalmente, caso esteja prevista a *produção de artigos*, ou mesmo de um *livro* sobre o assunto estudado, com base na pesquisa e nas entrevistas realizadas, tal trabalho deve ser evidentemente incluído no cronograma. O mesmo se aplica ao trabalho de edição e *publicação das entrevistas* propriamente ditas.

Apenas a título de exemplo, vejamos como se apresentaria um cronograma de pesquisa para 12 meses, estando prevista a realização de cerca de 35 horas de entrevistas gravadas:

Atividades/meses	1	2	3	4	5	6	7	8	9	10	11	12
Pesquisa e elaboração do roteiro geral de entrevistas	x	x	x									
Aquisição do equipamento	x	x										
Contatos iniciais e elaboração dos roteiros individuais de entrevista		x	x	x	x	x	x	x	x			
Realização das entrevistas			x	x	x	x	x	x	x			
Preservação e tratamento das entrevistas			x	x	x	x	x	x	x			
Passagem para a forma escrita e elaboração de instrumentos de auxílio à pesquisa				x	x	x	x	x	x	x		
Edição das entrevistas							x	x	x	x	x	x
Elaboração de catálogo										x	x	x
Produção de artigo/livro										x	x	x

Parte II
Gravação e preservação das entrevistas

Para implantar um programa ou proceder a uma pesquisa de história oral é preciso, evidentemente, contar com um equipamento de gravação e reprodução de áudio e/ou vídeo, cuja sofisticação dependerá, como sempre, dos objetivos do trabalho. Tomemos como exemplos dois casos extremos: o primeiro consiste na realização de algumas entrevistas de história oral como forma de complementar e aperfeiçoar o material levantado durante uma pesquisa, e o segundo, na formação de um acervo permanente de entrevistas de história oral, a ser consultado por pesquisadores de diversas áreas. O material necessário para cada um dos casos difere em virtude da variação dos objetivos específicos. No primeiro caso, o pesquisador pode empreender seu trabalho contando apenas com um bom gravador portátil, um cartão de memória, um computador, talvez um microfone e um fone de ouvido. No segundo caso, contudo, são necessários equipamentos de gravação portáteis e alguns de maior porte, aparelhos como amplificadores e *mixers*, fones de ouvido e microfones, computadores e espaço de memória para produzir e guardar os arquivos em texto, em áudio e em vídeo e eventualmente manter uma base de dados. Evidentemente, pode haver situações intermediárias; a escolha do equipamento sempre será condicionada pelos propósitos do trabalho.

3. Cuidados com a fonte oral

Em se tratando de uma gravação, em áudio ou em vídeo, a entrevista de história oral requer cuidados especiais tanto para sua produção como para sua preservação. Atualmente, é cada vez mais recomendado trabalhar em estreita colaboração com profissionais da área de tecnologias da informação e comunicação (TIC), seja para gerar documentos de qualidade técnica recomendada, seja para garantir que possam ser consultados no futuro. O pesquisador que decide trabalhar com a metodologia da história oral pode não entender de TICs, mas precisa, sem dúvida, conhecer as especificidades dessa fonte e seus diferentes propósitos de registro e consulta, para saber como e o que solicitar ao profissional de TIC.

3.1 Trajetória de um depoimento gravado

Vejamos, em primeiro lugar, as etapas técnicas a serem cumpridas a partir da gravação de uma entrevista, no contexto de um programa de história oral. Em virtude de sua complexidade e precisão, inclusive diante do volume de material gravado, é conveniente que sejam desempenhadas por um profissional especializado, o técnico de som e/ou vídeo.

Se a entrevista for realizada fora das instalações do programa, na casa do entrevistado ou em seu local de trabalho, digamos, é preferível proceder a seu registro em equipamentos portáteis, mais fáceis de serem transportados e instalados. Se for gravada nas instalações do programa, pode-se usar equipamento de maior porte. De qualquer forma, logo após a realização de uma entrevista, é necessário fazer uma cópia de segurança, a ser guardada em local diferente daquele em que é armazenada a gravação original.

A geração da cópia de segurança é importantíssima. Digamos, por exemplo, que o arquivo original se corrompa, ou que se perca o pendrive ou o computador onde estava guardado. A existência de uma cópia de segurança arquivada em local diferente do primeiro impede a perda irremediável do documento, pois haverá sempre a possibilidade de duplicá-la para viabilizar o tratamento da entrevista e sua consulta.

Se a intenção for constituir um acervo de entrevistas, é preciso se preocupar com dois conjuntos de arquivos sonoros e/ou audiovisuais: um se destina à *preservação* do acervo, enquanto o outro se destina ao uso, ao *acesso*, seja porque será ouvido/visto para ser tratado e processado, seja porque será disponibilizado para consulta. Os arquivos de acesso podem ser gerados em formato comprimido, mas os primeiros devem ser produzidos e armazenados seguindo padrões de guarda de documentos sonoros e audiovisuais.

Imaginemos um exemplo: o programa realiza uma série de entrevistas com José de Sousa. A primeira sessão de entrevista é filmada em fita miniDV e tem duas horas de duração, totalizando duas fitas. Escrevem-se, nas fitas miniDV e em suas caixas, os dados daquela entrevista: nome do entrevistado, data e número da fita. Em seguida, antes mesmo do próximo encontro com José de Sousa, o técnico de som deve capturar a primeira sessão em formato de arquivo, anotando igualmente os dados da entrevista nos metadados digitais. O mesmo procedimento deve ser adotado após as demais sessões. Suponhamos que a entrevista seja concluída ao final da sétima sessão, e que todas as sessões tenham transcorrido ao longo de duas horas. Encerrado o trabalho de captura da gravação, teremos um total de 14 fitas miniDV e 14 arquivos digitais, todos referindo-se à mesma entrevista. Um conjunto será guardado na área de acervo da instituição, em condições recomendadas de temperatura e umidade, e os arquivos digitais serão armazenados digitalmente. Os dois conjuntos são destinados à *preservação*. Do arquivo digital será necessário gerar um terceiro conjunto, dessa vez em formato comprimido, para *acesso*. As derivadas de acesso serão usadas para a elaboração dos instrumentos de auxílio à consulta (sumário e índice temático) e colocadas à disposição do público de pesquisadores.[1] Caso a entrevista seja passada

---

[1] O Conselho Nacional de Arquivos (Conarq) produz uma série de documentos úteis para a gestão de acervos arquivísticos. Ver: <www.conarq.arquivonacional.gov.br>. Acesso em: 1º jan. 2013. Entre eles, encontram-se as *Recomendações para digitalização de documentos arquivísticos permanentes* (2010), nas quais são explicados os termos "matriz digital" e "derivadas

para a forma escrita, o terceiro conjunto ainda será ouvido sucessivamente pelo transcritor, o encarregado da conferência de fidelidade e o copidesque.

Continuando nosso exemplo, digamos que, após realizadas duas sessões de entrevista com José de Sousa, o transcritor já se encarregue de trabalhar sobre as gravações, antes mesmo de concluída a entrevista como um todo. Este procedimento permite que a realização de entrevistas e seu processamento constituam tarefas quase concomitantes. Em seguida, devolvidas ao programa as primeiras gravações e o material transcrito correspondente às duas primeiras sessões de entrevista, o transcritor já pode requisitar as gravações seguintes, enquanto um dos entrevistadores começa a conferir a fidelidade da transcrição escutando as mesmas gravações de acesso. Conforme decorrem essas duas etapas do processamento, o material transcrito e conferido pelo entrevistador já pode ser encaminhado ao copidesque, que, escutando mais uma vez as mesmas gravações, dará a forma final ao texto.

Resumindo-se a trajetória do depoimento gravado, teríamos:

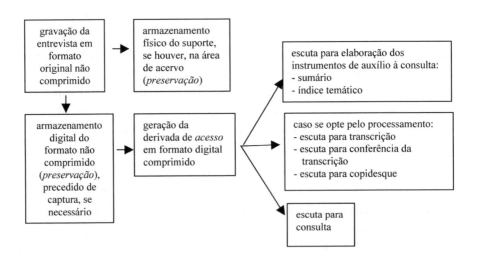

de acesso". Ver: <www.conarq.arquivonacional.gov.br/media/publicacoes/recomenda/recomendaes_para_digitalizao.pdf>. Acesso em: 1º jan. 2013.

Gravação e preservação das entrevistas 67

3.2 A questão da tecnologia a empregar[2]

Até meados dos anos 1990, não havia muita dúvida com relação ao equipamento a ser empregado em um programa de história oral. O mais recomendado era constituir um acervo em fitas cassete e de rolo, arquivadas em locais separados, as de rolo geralmente funcionando como o acervo de segurança. Hoje em dia não há mais dúvidas de que é preciso digitalizar as entrevistas originalmente gravadas em fitas magnéticas analógicas e de que novas entrevistas devem ser gravadas em formato digital.

Há uma especificidade em relação às fontes orais, comumente evocada na literatura sobre o assunto, que torna sua conservação particularmente difícil. Ao contrário das fontes textuais ou mesmo iconográficas sobre suporte de papel, as fontes orais e audiovisuais não podem ser consultadas sem a intermediação de um equipamento. Assim, além de nos preocuparmos com a longevidade do formato com o qual gravamos nossas entrevistas, temos de estar sempre atentos à disponibilidade de aparelhos que reproduzam o som gravado naquele formato.[3]

---

[2] Este item resulta, em parte, do projeto integrado de pesquisa "Modernização do Setor de História Oral do Cpdoc", desenvolvido sob minha coordenação com apoio do Conselho Nacional de Desenvolvimento Científico e Tecnológico (CNPq) entre março de 1997 e fevereiro de 1999. Uma versão resumida do texto foi apresentada no IV Encontro Nacional de História Oral, "Um espaço plural", realizado em Recife, Universidade Federal de Pernambuco, de 11 a 14 de novembro de 1997, e publicada em: MONTENEGRO, Antonio Torres; FERNANDES, Tania Maria. *História oral: um espaço plural*. Recife, Universitária, UFPE, 2001. p. 31-41. Outra versão, contendo novas informações técnicas, foi apresentada no XI Congresso Internacional de História Oral, realizado em Istambul, Turquia, em junho de 2000, sob o título "How to deal with sound archives? Dilemmas on the technical preservation of oral history interviews", e publicada em *Historia, Antropología y Fuentes Orales*, sob o título "¿Cómo abordar el problema de los archivos sonoros? Dilemas sobre la conservación técnica de las entrevistas" (Barcelona, Publicacions Universitat de Barcelona, 2ª Época, p. 113-119, n. 24, 2000).

[3] É claro que, no caso de documentos microfilmados, necessitamos, para a consulta, da intermediação de uma leitora de microfilme. Mas esse equipamento, que basicamente não mudou de formato desde seu aparecimento, não está tão suscetível às mutações do mercado quanto os equipamentos de gravação audiovisual. Ver a esse respeito: VAN BOGART, John W. C. *Magnetic tape storage and handling*. A guide for libraries and archives. Washington;

Essa questão se tornou particularmente dramática nos últimos anos, diante da velocidade com que tecnologias e equipamentos vão se tornando ultrapassados. Os formatos de vídeo Umatic e Betamax já estão obsoletos. O mesmo caminho trilharam a fita DAT-áudio e o mini-disc... A cada ano surgem novidades.

No Cpdoc, até pouco tempo atrás, o acervo de segurança de entrevistas de história oral era todo gravado em fitas de rolo, que continuam em perfeito estado de conservação, mas o gravador de rolo, comum nos anos 1970 e 1980, desapareceu do mercado. De que adianta, pois, a longevidade do suporte se corremos o risco de, em pouco tempo, não conseguir mais reproduzir o que foi gravado?

Como lidar com o risco de obsolescência dos equipamentos e das tecnologias de gravação? Pela própria natureza da questão, não há soluções definitivas e tranquilizadoras. O que devemos fazer, em um primeiro momento, é cuidar para que as informações gravadas continuem em condições de ser reproduzidas e, se for o caso, regravadas em formatos mais novos, antes que os formatos originais se tornem obsoletos.

3.2.1 Um pouco de história da técnica

Os profissionais que trabalham com história oral geralmente não têm muito conhecimento da história das técnicas de gravação sonora e audiovisual. Poucos de nós sabemos, por exemplo, que, desde 1890 até meados dos anos 1950, antropólogos, folcloristas, etnomusicólogos e linguistas utilizavam os cilindros Edison para seus registros fonográficos de campo e que hoje em dia ainda existem cerca de 100 mil documentos de pesquisa nesse formato em todo o mundo.[4] Esses

---

St. Paul: The Commission on Preservation and Access & National Media Laboratory, jun. 1995. p. 1.

[4] Cf. SCHÜLLER, Dietrich. Audio- und Videomaterialien als wissenschaftliche Quellen. Erhaltung und Verfügbarkeit. *Mitteilungen der Anthropologischen Gesellschaft in Wien (MAGW)*, Viena, v. 125-126, p. 103, 1995-96.

Gravação e preservação das entrevistas   69

cilindros eram feitos de uma mistura de diferentes ceras e sua super-fície relativamente mole acabava sendo alterada a cada reprodução. Apesar disso, graças a técnicas especiais de regravação, é possível passar para formatos modernos informações contidas nesse formato histórico, recuperando dados que de outro modo estariam irremedia-velmente perdidos. Em 1995, por exemplo, o Arquivo Fonográfico de Viena regravou, graças ao desenvolvimento dessas técnicas de *re-re-cording*, a coleção Béla Bartók do Arquivo Nacional da Eslováquia.[5]

Depois dos cilindros de cera, a história das técnicas de gravação em áudio registra o gramofone, que reproduz sons gravados em dis-co. Com aparelhagem de gravação impossível de transportar para as pesquisas de campo, o gramofone só foi empregado no registro de gravações de estúdio. Calcula-se que no mundo ainda existam cerca de 10 milhões de discos de laca e 3 milhões de discos de acetato em que foram registradas gravações da indústria fonográfica e de progra-mas de radiodifusão, com uma pequena porcentagem para as grava-ções de instituições científicas. Desde o fim dos anos 1940, os discos de vinil, muito mais estáveis e resistentes, passaram a dominar a in-dústria fonográfica, mas é muito raro que tenham sido usados como suportes de informações de pesquisas científicas.[6]

A invenção da técnica de gravação em fita magnética representou uma verdadeira revolução na constituição de fontes orais. Surgida em meados dos anos 1930 na Alemanha, a fita magnética teve uso restrito até o fim da Segunda Guerra Mundial, quando foi adotada com suces-so nos Estados Unidos, na produção de shows de rádio. No âmbito da pesquisa científica, ela teve sua verdadeira difusão a partir dos anos 1950, com o desenvolvimento dos aparelhos de gravação portáteis, mas há registros de que já em 1937 o Instituto de Pesquisa Musical Alemão de Berlim gravava informações em fitas magnéticas.[7]

Um dado importante na difusão dessa técnica de gravação foi o fato de os gravadores portáteis passarem a ser alimentados a pilha,

---

[5] Ibid.
[6] Ibid., p. 104.
[7] Ibid.

libertando o pesquisador da dependência do fornecimento de energia elétrica. A partir de então, a possibilidade de se fazerem registros sonoros de boa qualidade, em todo lugar e de modo não muito caro fez com que a pesquisa sonora se estabelecesse em praticamente todas as disciplinas. Disso resultou um crescimento enorme de material produzido, exigindo que arquivos, instituições de pesquisa e universidades se adaptassem às novas exigências de conservação e armazenamento.

Para complexificar ainda mais os desafios com que se deparam arquivistas e profissionais preocupados com a conservação de fontes audiovisuais, o registro eletrônico de imagens em fita magnética, isto é, o videocassete, veio ampliar o volume de material produzido na pesquisa sonora. As primeiras gravações em vídeo foram feitas em estúdios em 1956, e logo no início elas não tiveram maior significado na constituição de fontes de pesquisa. Novamente foi a invenção da câmera portátil que difundiu o uso do vídeo para o registro de informação audiovisual. E aqui temos um problema ainda mais sério do que no caso das técnicas de gravação em áudio, porque os formatos de vídeo e os aparelhos necessários à gravação e à reprodução são cada vez mais complexos e mudam com uma velocidade assustadora. Esse é, afinal, o principal paradoxo da modernização tecnológica: enquanto os discos fonográficos permaneceram no mercado cerca de 50 anos, os primeiros formatos de gravação em vídeo se tornaram obsoletos em 10 anos. Além disso, se hoje podemos reconstruir, ainda que de modo oneroso, um aparelho de reprodução do cilindro Edison, isso se torna inviável para um aparelho de vídeo tornado obsoleto, uma vez que não se fabricam mais as peças de reposição.

3.2.2 A tecnologia digital

Segundo os especialistas, a grande vantagem do arquivo digitalizado é a qualidade de reprodução do som. Na gravação, os sinais de áudio ou de vídeo são transformados em dígitos (0 ou 1), que reproduzem a intensidade do sinal a partir de uma amostragem. No momento da leitura, os dígitos são facilmente diferenciados dos outros ruídos (como os ruídos inerentes à fita e ao disco, os ruídos eletrônicos etc.) e apenas eles são reproduzidos. Por esse processo, cópias dos originais podem ser feitas sem nenhuma perda de qualidade. No caso da gravação analógica, ao contrário, os ruídos da fita e eletrônicos são registrados junto com a informação original, que, ao ser copiada, torna-se menos nítida do que inicialmente.[8]

Pouco se pode garantir quanto à longevidade de formatos digitais, mas uma informação não podemos deixar de buscar: a maior ou menor *difusão* de um formato em diversas regiões e instituições do mundo, de modo a nos salvaguardar quanto a possíveis migrações para formatos ainda mais novos.

Essa parece ser uma das razões pelas quais as fitas DAT não foram mais recomendadas para a constituição de acervos. Elas tiveram uso residencial muito limitado e, nas instituições de radiodifusão, foram utilizadas mais como equipamento de gravação do que como sistema de edição. Seu uso era exclusivamente profissional e, como não havia um mercado consumidor, os fabricantes abandonaram a tecnologia.[9]

Já o CD parece ter tido uma vida mais longa. Como existem milhões de equipamentos de reprodução de CD no mundo, há tempo hábil para que os arquivos sonoros em CD possam ser transferidos para novos formatos. O problema do CD, entretanto, é a própria mídia, fabricada em grande quantidade e de forma pouco estável — problema que a fita DAT, de uso majoritariamente profissional, não sofria. Alguns autores chamaram a atenção para as diferenças entre estoques de CDs, mesmo quando são comprados os de mesma marca e tipo. Por causa dessa inconstância, CDs e DVDs não são indicados como

---

[8] Van Bogart, op. cit., p. 9.

[9] Ver notícia de Alan Ward, do The British Library National Sound Archive, sobre o Joint Technical Symposium (JTS), que teve lugar em Paris em janeiro de 2000. O JTS é um evento científico e técnico organizado pela primeira vez em Estocolmo (1983) e em seguida em Berlim (1987), Ottawa (1990) e Londres (1995). A notícia foi publicada no *Information Bulletin* da International Association of Sound and Audiovisual Archives (IASA) (n. 33, maio 2000).

mídias para *preservação*. Quando muito, podem ser usados para fins de *acesso*, na ocasião, por exemplo, em que um pesquisador queira consultar uma entrevista. Além disso, o CD requer todos os cuidados de limpeza dispensados a outros suportes, ao contrário do que parece ter sido veiculado como propaganda quando de seu lançamento no mercado. Devem ser evitados arranhões, poeira ou outros danos, tanto em sua camada de verniz quanto no lado inferior, a fim de que o raio laser possa ler sem problemas a informação nele contida.[10]

Outra questão importante diz respeito à durabilidade das próprias informações digitalizadas. Não se trata aqui de discutir a longevidade do suporte (as fitas DAT ou os discos óticos), mas de nos perguntarmos sobre o risco de perda das informações gravadas em formatos digitais. Frank Rainer Huck, em artigo publicado na revista da Associação Internacional de Arquivos Sonoros e Audiovisuais (International Association of Sound and Audiovisual Archives — Iasa), lembra que, mesmo para informações guardadas em programas de texto, é necessário um trabalho permanente de conversão e nova formatação, sempre que surgem novas versões do software, ou ainda novas tecnologias de armazenamento (qual computador ainda consegue ler disquetes?).[11] Se esse trabalho ocorre com simples programas de texto, imagine-se com documentos sonoros e audiovisuais.

Segundo Van Bogart, a gravação analógica tinha a seu favor o fato de sua deterioração ser gradual e discernível, permitindo regravar a fita antes que ela atingisse um nível de degradação irreversível. Já no caso da gravação digital, a deterioração na qualidade é quase imperceptível até o momento da perda catastrófica, quando longas

---

[10] Schüller, op. cit., p. 108; e SCHÜLLER, Dietrich. Preservation of audio and video materials in tropical countries. *IASA Journal*. International Association of Sound and Audiovisual Archives, n. 7, p. 35-45, p. 43, maio 1996. O mesmo cuidado se aplica, diz Schüller, ao Digital Video Disc (DVD), que funciona segundo o mesmo princípio e armazena uma quantidade ainda maior de dados.
[11] HUCK, Frank Rainer. Der 'ewige Datensatz' oder: löst Digitalisierung wirklich alle Archivprobleme?. *IASA Journal*. International Association of Sound and Audiovisual Archives, n. 11, p. 10-17, jun. 1998.

Gravação e preservação das entrevistas

seções da informação gravada estarão completamente perdidas.[12] Por isso, é necessário monitorar periodicamente a qualidade das gravações digitalizadas, as quais podem ser refeitas por meio de sistemas de correção antes de se tornarem irremediavelmente perdidas.

Há autores que defendem o emprego de sistemas de armazenamento digital em massa (*digital mass storage systems*), que corrigem automaticamente possíveis erros que levem à perda das informações digitalizadas e não correm o risco de se tornar obsoletos, uma vez que prescindem de mídia específica (CD, fita DAT, minidisc etc.).[13] No caso de discos óticos, por exemplo, a intervalos regulares deve-se produzir prontuários de erros. Se o índice de erros cresce, é preciso produzir uma cópia enquanto o original ainda puder ser lido. Esse procedimento seria dispensável nos sistemas de armazenamento de massa, que efetuam o controle e copiam, quando necessário, automaticamente.

Vale registrar também a recomendação dos autores sobre a compressão de arquivos de som e/ou imagem digitalizados. Segundo Schüller, há um consenso em torno dessa questão: para a conservação de material científico e cultural, não deve ser usado o processo de compressão, porque ele prejudica a qualidade das reproduções futuras dos sinais gravados. Disso resulta uma necessidade maior de memória para guardar arquivos sonoros e audiovisuais digitalizados, sem comprimi-los evidentemente.[14] Mas talvez seja um alento saber que a cada ano multiplica-se por dois, no mínimo, a quantidade de dados que pode ser armazenada pelo mesmo preço que no ano anterior. Guardar arquivos não comprimidos vem se tornando cada vez menos oneroso.

Se o arquivo usado para a *preservação* da gravação deve ser gerado em formato não comprimido (como é o caso do formato sonoro

---

[12] Van Bogart, op. cit., p.9.
[13] HAEFNER, Albrecht. Digitisation – the Devil's work or beneficial tool? A response to Frank Rainer Huck's article, IASA Journal n. 11. *IASA Journal*, n. 12, p. 77, jan. 1999 [ver também *IASA Journal*, n. 13, p. 4, jul. 1999].
[14] Schüller, 1995-96, p. 111.

wave, ou .wav), o mesmo não se aplica às gravações destinadas ao tratamento das entrevistas, à divulgação e à consulta do acervo de documentos sonoros. Neste caso, podem ser usados formatos comprimidos (como mp3), mais rápidos de copiar e de transmitir.

Quanto à digitalização de acervos analógicos, o comitê técnico da Iasa recomenda conservar os arquivos analógicos originais após a migração para o formato digital.[15] Se pensarmos nas gravações analógicas existentes em diferentes arquivos, muito provavelmente a conversão para o formato digital deve ser precedida de seleção do material a ser tratado. Uma pesquisa feita em 1996 junto a 21 arquivos de rádio existentes no mundo revelou que eles guardam cerca de 2,5 milhões de horas gravadas em fitas analógicas e discos.[16] Se essas instituições decidissem converter simultaneamente seus arquivos de analógicos para digitais, necessitariam, cada uma, de quase 118 mil horas, o que, com uma média de oito horas de trabalho por dia, levaria cerca de 40 anos![17] Em casos como esses, é muito difícil que a totalidade dos arquivos seja digitalizada.

Fatores financeiros são também importantes na definição da tecnologia a empregar. Quando as tecnologias digitais surgiram no mercado, o investimento em equipamentos de gravação e reprodução digital era proibitivo para centros de pesquisa, universidades e arquivos científicos e culturais. Com o tempo, contudo, os bons equipamentos de gravação analógica foram ficando cada vez mais raros e, consequentemente, mais caros. A realidade, que atinge arquivos audiovisuais em praticamente todo o mundo e não apenas no Brasil, é que universidades, instituições de pesquisa e arquivos históricos não têm dinheiro para investir em transformações, que correm o risco de se tornar obsoletas em pouco tempo.

---

[15] Ver Huck, op. cit., p. 14.
[16] Ver HOLST, Per. Digital mass storage systems in radio sound archives: a rising tendency?. *IASA Journal*. International Association of Sound and Audiovisual Archives, n. 11, p. 7-9, p. 7, jun. 1998.
[17] Ver Huck, op. cit., p. 14. O cálculo é feito considerando-se o trabalho de uma pessoa por arquivo, como observa Haefner (op. cit.).

Gravação e preservação das entrevistas

O alto grau de incerteza, aliado à correta convicção de que num futuro bem próximo as instituições de arquivo terão de tomar alguma atitude com relação a seus acervos sonoros e audiovisuais, faz com que um investimento seja inquestionável e imprescindível nesse contexto: a obtenção de informação.

Pesquisadores que lidam com a metodologia da história oral sabem que seu campo de trabalho está vinculado à modernização das sociedades. As fontes da história se diversificaram e passaram a incorporar, ao lado da documentação textual, fotografias, filmes, discos, entrevistas, propagandas etc. Os documentos sonoros e audiovisuais firmaram sua importância no conjunto do "legado da humanidade", e dificilmente irão perder esse estatuto. As informações audiovisuais desempenham um papel crescente nos campos da comunicação, da documentação cultural e da pesquisa, fazendo com que o terreno do audiovisual se torne indispensável em todos os países do mundo.[18]

Essa difusão e relevância permitem que tenhamos alguma dose de otimismo no que concerne ao tratamento de nossas fontes orais, porque o tema das tecnologias de gravação e de conservação de arquivos sonoros e audiovisuais provavelmente nunca deixará de ser atual. Mas isso não basta. É preciso que os próprios profissionais que trabalham com a produção e a preservação de fontes orais se mantenham constantemente atualizados sobre as novas tecnologias. Ao final do capítulo 4 há uma lista de sites de interesse que discutem esses assuntos. Sugerimos que sejam permanentemente consultados. Não resolveremos nossos dilemas na conservação das fontes orais — tanto os atuais quanto os futuros — se nos mantivermos desligados dos circuitos de informação.

3.3 Gravação em vídeo

A gravação de entrevistas de história oral em vídeo tem-se difundido bastante ultimamente. Ela permite o registro da imagem do entre-

---

[18] Ver Schüller, 1996, p. 35.

vistado e da situação de entrevista e impede que se percam os gestos e expressões faciais que complementam e enriquecem a enunciação, expressando reações e, muitas vezes, indicando a intenção do falante.

As entrevistas em vídeo podem causar mais inibição do que as que são gravadas apenas em áudio. Hoje em dia já se encontram no mercado filmadoras capazes de registrar imagens em ambientes internos sem luzes especiais, mas muitas vezes há necessidade de equipamento de iluminação, que pode incomodar os presentes. Por outro lado, com a difusão avassaladora de registros em vídeo, inclusive na internet, o fator inibição pode não ser tão decisivo para alguns entrevistados, que, talvez, tenham mesmo a expectativa de serem filmados. Cabe, contudo, avisá-los com antecedência que sua entrevista será registrada em vídeo, para que não se sintam surpreendidos.

É necessário pensar também no ambiente de realização da entrevista. Nas gravações em vídeo, o ideal é realizar a entrevista em um ambiente suficientemente amplo para que seja possível filmar não só o entrevistado, mas também os entrevistadores, isto é, a situação mesma da entrevista: a posição dos que dela participam, suas reações, expressões e movimentos, procurando assim registrar o clima e as circunstâncias de produção do documento de história oral. Isso porque o papel dos entrevistadores é também fundamental para a análise posterior desse tipo de documento, não se justificando, portanto, limitar-se a filmagem ao entrevistado. É claro que a certa altura a câmera pode restringir-se à imagem do depoente, depois que as circunstâncias da entrevista já tiverem sido registradas.

Gravar muitas horas de entrevista em vídeo é mais oneroso, especialmente se levarmos em conta o espaço de armazenamento digital necessário para preservar imagens em movimento. Convém considerar também o momento da consulta ao depoimento: assistir a muitas horas de uma entrevista gravada em vídeo pode tornar-se cansativo. Em geral, contudo, as gravações em vídeo são feitas visando a sua utilização posterior em documentários, exposições etc. Nesses casos, não é toda a entrevista que aparece divulgada, mas apenas alguns trechos selecionados e editados.

Gravação e preservação das entrevistas

Cabe, portanto, a cada instituição ponderar as vantagens (registro da imagem, uso em produtos audiovisuais) e desvantagens (inibição do entrevistado, maior custo da gravação e de seu armazenamento digital) do uso do vídeo na pesquisa de história oral para determinar qual será o procedimento a ser adotado.

Caso se opte pelo registro em vídeo, convém gravar as entrevistas também em áudio, como medida de segurança para o acervo constituído. Além disso, se a entrevista for transcrita, a tarefa pode ser bastante agilizada se o transcritor tiver de lidar apenas com um gravador de áudio e o fone de ouvido, do que se precisar parar e retornar várias vezes a imagem gravada.

Quanto à digitalização das gravações em vídeo, Van Bogart observa que ela está limitada pelo número de sinais permitido por formato. Assim, por exemplo, uma imagem digitalizada em 8bits/cor permite a reprodução de apenas 256 cores distintas, ao passo que a gravação analógica de uma imagem reproduz um número infinito de cores. É claro que, aumentando a proporção de bits por cor, o número de cores reproduzidas aumenta consideravelmente. Por exemplo, uma proporção de 24bits/cor permite a reprodução de 16.777.216 cores distintas. Mas nesse caso há necessidade de um volume de memória muito maior para armazenamento. As gravações digitais em áudio, aliás, também são limitadas pelo número de bits: um CD, por exemplo, só permite a distinção de 65.536 sons distintos e uma frequência máxima de 22kHz, enquanto a reprodução de gravações analógicas não tem limites. Podemos supor, contudo, que um ouvido não treinado não perceba aí nenhuma diferença.[19]

3.4 Cuidados a observar

Para cumprir as etapas técnicas de um depoimento gravado, isto é, a gravação, sua preservação e a geração de derivadas de acesso, são

---

[19] Van Bogart, op. cit., p. 9.

necessários alguns cuidados, que se justificam em virtude do fato de um depoimento gravado constituir um documento de valor único e insubstituível: o técnico de som, assim como os pesquisadores e demais profissionais devem cuidar para que tal documento não perca sua qualidade técnica, para que não se percam também as fontes de conhecimento e reflexão nele imbuídas.

Antes de começar a gravação de uma entrevista, deve-se observar o ambiente em que terá lugar e procurar adaptá-lo aos propósitos da entrevista. Em primeiro lugar, convém que entrevistado e entrevistador(es) estejam confortavelmente instalados, facilitando-se assim a relação prolongada que irá estabelecer-se. A aparelhagem de som, caso não se esteja lançando mão de um gravador portátil, deve ser instalada a certa distância das pessoas, a fim de não constrangê-las com o volume do equipamento. Apenas os microfones devem ser colocados à frente ou presos à roupa (no caso dos de lapela) de quem fala.

A qualidade dos microfones é um dado importantíssimo na gravação de entrevistas de história oral. Deve-se evitar utilizar os microfones embutidos nos aparelhos de gravação, que em geral são multidirecionais, captando, portanto, toda espécie de sons. O ideal é contar com microfones unidirecionais para voz, de boa qualidade. A quantidade de microfones a utilizar depende evidentemente do número de entradas para microfones do aparelho de gravação. Se não for possível empregar microfones de lapela, um para cada pessoa que participa da entrevista, pode-se utilizar um único microfone de mesa, posicionado mais à frente do entrevistado, e os entrevistadores devem procurar falar um pouco mais alto para que suas vozes também sejam captadas pelo microfone.

Observe-se que a importância do microfone condiciona a própria aquisição dos aparelhos de gravação: equipamentos de gravação digital em áudio e câmeras de vídeo devem, preferencialmente, ser munidos de entradas para microfones, evitando-se o uso de seus microfones embutidos.

Antes de iniciar a entrevista, é preciso observar também as condições de gravação do local. Ao instalar o equipamento, deve-se tentar impedir a interferência de sons externos, fechando portas, janelas

Gravação e preservação das entrevistas

e cortinas, e posicionando os microfones longe das fontes geradoras daqueles sons. Os aparelhos de ar-condicionado, com seu ruído constante, interferem prejudicialmente na gravação, mesmo que ela esteja sendo realizada com microfones unidirecionais; convém, portanto, desligá-los, se for possível. De qualquer forma, para evitar sons externos e ruídos de fundo, recomenda-se posicionar os microfones o mais próximo possível de quem fala, sendo, por isso, mais apropriados os microfones de lapela. Se for necessário, é possível aumentar a distância entre os microfones e os aparelhos com um fio de extensão, de espessura igual à do fio do microfone.

Periodicamente convém testar toda a aparelhagem e verificar os contatos das tomadas e dos fios de extensão. Os fios no interior dos plugues dos microfones podem se romper com facilidade, além de encostarem um no outro, o que impede a gravação. Para evitar esses acidentes, é preciso sempre tomar cuidado ao retirar o plugue do aparelho, nunca puxando pelo fio do microfone, e sim segurando e puxando o próprio plugue. O mesmo cuidado se aplica às tomadas dos aparelhos e aos fones de ouvido: nunca se deve desligá-los puxando pelo fio.

No caso de a entrevista ser realizada fora das instalações do programa, deve-se acondicionar a aparelhagem nas respectivas embalagens para o transporte, e levar ainda fios de extensão e pilhas e baterias, prevendo dificuldades na instalação elétrica e falhas de energia.

Para acompanhar os registros das sessões das entrevistas, convém ainda elaborar uma *ficha de gravação* do depoimento, à qual devem ser acrescentados os dados relativos aos arquivos sonoros e/ou audiovisuais gerados e ao número de horas de gravação. Esta ficha pode fazer parte da base de dados do programa (ver Parte IV).

É aconselhável controlar o processo de gravação, captação e geração de derivadas de acesso com um bom fone de ouvido. Fones de ouvido são, aliás, equipamentos indispensáveis no trabalho com a história oral; eles são utilizados em todas as etapas posteriores à gravação do depoimento (preservação, tratamento da entrevista, consulta) e mesmo durante a gravação, caso ela esteja sendo acompanhada por um técnico de som, que pode controlar sua qualidade no momento mesmo de realização da entrevista.

Na constituição de um acervo de entrevistas é preciso pensar também no local de armazenamento das gravações — tanto seu armazenamento físico, na área de acervo, quanto o digital. A disposição das gravações deve obedecer à organização adequada aos propósitos do programa: podem ser guardadas em ordem numérica ou alfabética por entrevistado, ou por tema. O importante é respeitar esta organização para facilitar o acesso dos pesquisadores e demais profissionais aos documentos.

3.5 Conservação das gravações, na área de acervo[20]

Ainda que as tecnologias digitais estejam amplamente difundidas, grande parte das informações audiovisuais produzidas pela e para a pesquisa científica encontra-se ainda em suportes, como fitas magnéticas, que necessitam de cuidados particulares. Para conservar as gravações, pensando inclusive em sua digitalização futura, caso se trate de fitas cassete, recomenda-se:

▼ manter temperatura e umidade baixas e estáveis;

▼ evitar poeira, marcas de dedos, fumaça, comida, poluição etc.;

▼ evitar quedas, choques e deformações mecânicas dos suportes;

▼ evitar exposição à luz e a raios ultravioleta;

▼ manter os suportes afastados de campos magnéticos;

▼ manter os aparelhos de gravação e reprodução em bom estado;

▼ arquivar as fitas verticalmente, como livros em estantes, a fim de evitar distorções em sua distribuição em torno da bobina;

---

[20] Este item também é inédito nesta segunda edição. Valem para ele as mesmas observações que constam na nota 2 ao item 3.2.

Gravação e preservação das entrevistas

▼ guardar as fitas sempre em seus invólucros após uso;

▼ manusear as fitas o menos possível;

▼ não tocar na superfície ou nos cantos das fitas magnéticas, a não ser que seja imprescindível, e, nesse caso, usar luvas que não soltem fios;

▼ rebobinar as fitas periodicamente (pelo menos uma vez ao ano), para manter sua distribuição uniforme em volta da bobina.[21]

Alguns desses cuidados aplicam-se também a mídias digitais (certamente às fitas magnéticas DAT, mas também a CDs, minidiscs etc.). Como lidamos com arquivos históricos, é muito importante observá-los. Uma partícula de poeira, por exemplo, pode ser transportada para o espaço entre a fita e o cabeçote do gravador, causando perda de decibéis e reduzindo ou até eliminando o sinal sonoro.

De todas as medidas, a mais fundamental é o controle da temperatura e da umidade do recinto onde estão acondicionadas as fitas.

As fitas magnéticas, tanto de áudio quanto de vídeo, são formadas por duas camadas principais: uma camada composta pelas partículas magnéticas e por um componente de fixação e uma camada que sustenta a camada magnética. Van Bogart explica a estrutura da camada magnética através de uma analogia com a gelatina: o pigmento, ou a fruta, que compõe a gelatina corresponde às partículas magnéticas, que são mantidas unidas pelo componente de fixação que é a própria gelatina. O maior risco de degradação da fita recai sobre a camada magnética, já que a camada inferior, composta de PVC ou poliéster, é relativamente estável.[22] O componente de fixação — a gelatina, na analogia de Van Bogart — é muito sujeito a uma reação química denominada hidrólise, que ocorre em reação com a água contida no ar. Nesse processo, as moléculas longas, em reação

---

[21] Para esses cuidados, ver Van Bogart, op. cit.; Schüller, 1995-96 e 1996.

[22] Nos anos 1940 e 1950, entretanto, usava-se acetato nessa camada inferior, material menos estável que o filme de poliéster e mais frequentemente responsável pela degradação das fitas do que a camada magnética.

com a água, são quebradas em pedaços, dando origem a moléculas curtas. Como em um suéter, compara novamente Van Bogart, é como se os fios de lã fossem sendo partidos, a ponto de desmanchar o próprio suéter. Uma fita em processo de hidrólise apresenta-se viscosa e pegajosa, deixando resíduos no aparelho de gravação, havendo risco de perda total das informações nela gravadas.

O risco de hidrólise torna o problema da umidade uma questão central no arquivamento de fitas magnéticas. Segundo alguns autores, cuidar apenas do resfriamento do local não é suficiente, porque o ar-condicionado sozinho acaba também aumentando a umidade do ambiente. Isso porque temperatura e umidade estariam intimamente relacionadas: quanto maior a temperatura do ar, maior quantidade de vapor d'água ele contém. Se nos limitamos a resfriar um ambiente muito quente, aumentamos a umidade relativa do ar, levando o vapor d'água ao ponto de condensação.[23]

Esse problema torna-se especialmente expressivo em arquivos localizados em regiões tropicais, como é o nosso caso. Dietrich Schüller, diretor do Arquivo Fonográfico de Viena, dedica um artigo a essa questão, com base em suas experiências em arquivos audiovisuais localizados em regiões tropicais como a África e o Caribe.[24] Segundo ele, os arquivistas dessas regiões, na melhor das intenções, consideram estar cumprindo pelo menos 50% das exigências quanto ao acondicionamento das fitas ao resfriar o ambiente com ar-condicionado. Na verdade, entretanto, estão prejudicando muito mais o arquivo do que se não tomassem atitude alguma. Isso porque favorecem o processo de condensação de água nas estantes e dentro das fitas magnéticas — o que, no caso das fitas de vídeo especialmente, reduz a longevidade a apenas alguns anos (calcula-se de um a três anos).

A hidrólise não ameaça apenas arquivos localizados em zonas tropicais. O arquivo fonográfico de Viena registrou casos, por exemplo, de fitas magnéticas que viajaram longas distâncias no compartimento

---

[23] Ver, a esse respeito, Schüller, 1995-96 e 1996.
[24] Schüller, 1996.

Gravação e preservação das entrevistas   83

de bagagens de um avião antes de aterrizarem em lugares quentes e úmidos. O fato de as fitas resfriadas receberem uma grande quantidade de água condensada desencadeou um grave processo de hidrólise, levando os técnicos de arquivo a recomendarem que fitas magnéticas — virgens ou gravadas — fossem transportadas sempre na bagagem de mão.[25] Ocorre, entretanto, que alguns aparelhos detectores de metal usados nos aeroportos geram campos magnéticos suficientemente fortes para apagar parcialmente informações gravadas nas fitas.[26] Eis, portanto, mais um dilema na preservação de fontes orais.

O processo de hidrólise é o mais destacado na literatura sobre conservação de fitas magnéticas, mas não é o único risco a ser observado. Valores elevados de temperatura e umidade são também prejudiciais porque o calor acelera os processos químicos e a água é agente frequente nas reações. Além da hidrólise, há que considerar a corrosão, os fungos e a possibilidade de condensação na superfície da fita, que pode levar a adesões e a danos do equipamento de gravação. Schüller observa que fitas que contêm partículas de metal, como as usadas para vários formatos de vídeo e as fitas DAT, são especialmente propensas à corrosão em sua camada magnética. Além disso, o problema de condensação na superfície da fita é particularmente frequente no caso dos formatos de cabeças rotativas, como em vídeos e fitas DAT.[27]

Finalmente, os valores de temperatura e umidade devem permanecer constantes porque sua oscilação submete a fita magnética a processos de contração e expansão que causam distorções em sua reprodução. No caso de fitas de vídeo, por exemplo, ocorre o fenômeno conhecido como *mistracking*, em que a cabeça do gravador não consegue mais ler integralmente as pistas gravadas na fita. Por essa razão, é totalmente inconveniente manter o local do arquivo de fitas refrigerado durante o dia, desligando-se os aparelhos de ar-condicionado à noite e nos fins de semana, para economizar energia.

---

[25] Ver Schüller, 1996, p. 43.
[26] Ver Van Bogart, op. cit., p. 5 e 24.
[27] Schüller, 1996, p. 36-37.

84 Manual de história oral

Quais seriam então os valores ideais de temperatura e umidade? Há autores que defendem, a esse respeito, duas situações, dada a noção de que existem, na verdade, duas finalidades de acondicionamento: a de arquivo propriamente dito e a de acesso ou uso. No primeiro caso, as condições de temperatura e de umidade podem ser as mais baixas possíveis, de modo a maximizar a longevidade do material; já no acondicionamento para uso, os baixos valores de temperatura tornam-se insalubres para arquivistas, técnicos e pesquisadores.

As condições de conservação atualmente recomendadas para o primeiro caso são de 5°C de temperatura e 20% de umidade relativa do ar. Estudos têm demonstrado que temperaturas abaixo de 5°C podem comprometer o material devido ao risco de exsudação, isto é, transpiração dos lubrificantes que compõem a camada magnética das fitas. As variações de temperatura e umidade não podem ser maiores do que 4°C e 10% RH, respectivamente.[28] É necessário prever um período de aclimatação do material arquivado nessas condições, antes de colocá-lo em uso em outro ambiente. O tempo de aclimatação para os valores de temperatura é de uma hora para fitas de áudio e duas horas para fitas de vídeo em VHS e Beta. Já a aclimatação às novas condições de umidade é mais lenta: seis horas para fitas cassete, um dia para fitas de rolo, e quatro dias para fitas de vídeo.[29] Só depois desse período, a fita magnética estará apta a ser reproduzida. Em geral, a aclimatação é necessária para toda mudança brusca de temperatura e umidade.[30]

Quanto ao acondicionamento das fitas para uso, não há valores tidos como indiscutivelmente ideais. Para Schüller, as condições de conservação devem ser entendidas como um meio-termo entre o grau de deterioração do material, a frequência do uso, o bem-estar

---

[28] Ver Van Bogart, op. cit., e Schüller, 1996. Os valores recomendados levam em conta as indicações de diferentes instituições ligadas à conservação de arquivos audiovisuais, como é o caso da Audio Engineering Society (AES), do American National Standards Institute (Ansi) e da Society of Motion Pictures and Television Engineers (SMPTE).
[29] Ver Van Bogart, 1995, p. 19.
[30] Ibid., p. 23.

Gravação e preservação das entrevistas

dos arquivistas e os custos envolvidos. Os valores-padrão a esse respeito são geralmente estabelecidos em países de clima temperado: recomenda-se uma temperatura em torno de 20°C, com uma flutuação anual máxima de 2°C a 3°C, e uma umidade relativa do ar em torno de 40%, com variação máxima de 5% a 10%.[31]

Em regiões tropicais, no entanto, como bem observa Schüller (1996), manter os padrões recomendados para o clima temperado representa um gasto considerável de energia e de recursos financeiros. Nessas regiões, a temperatura externa pode variar de 25°C a 40°C, ou mais, e a umidade pode flutuar de valores extremamente baixos, em zonas áridas, até 100% de umidade, em zonas úmidas durante o período das chuvas.

Idealmente, os arquivos em regiões tropicais deveriam seguir as recomendações internacionais e acondicionar o material sonoro e audiovisual em temperatura constante de 20°C, com flutuação diária não maior do que 1°C, e anual não maior do que 2°C, e umidade relativa do ar em torno de 30% a 40%, com flutuação máxima de cerca de 5%.[32]

Para minimizar os custos com a obtenção de tais condições, Schüller sugere algumas providências a serem tomadas. Em primeiro lugar, o isolamento térmico de prédios e/ou salas que conservam arquivos sonoros e audiovisuais. Sempre que possível, devem-se escolher salas localizadas no centro da construção, cujas paredes não coincidam com as paredes exteriores do edifício. O isolamento térmico também pode ser obtido através da construção de um duplo telhado e de uma dupla fachada, com um espaço de alguns centímetros de largura entre a parede exterior e a interior. Isso impede que os raios de sol atinjam

---

[31] Esses são os valores apresentados por Schüller, 1995-96 e 1996. Van Bogart refere-se a uma temperatura em torno de 18°C a 21°C e a uma umidade relativa do ar em torno de 40% a 50%, com base nas recomendações feitas entre 1982 e 1990 por três instituições ligadas à conservação de arquivos sonoros e audiovisuais, entre elas a já citada SMPTE e a National Archives and Records Administration (Nara). Schüller observa que ultimamente as tendências caminham em direção a valores mais baixos de umidade. Com efeito, a recomendação de autoria da Nara datada de 1990 é de uma umidade em torno dos 40%, com variação máxima de ± 5%, conforme registro de Van Bogart.
[32] Ver Schüller, 1996, p. 39. O Conselho Nacional de Arquivos (Conarq) publicou recomendações a respeito, reproduzidas no capítulo 4.

diretamente a sala do arquivo. Outra solução seria o uso de áreas de subsolo, que permitem a diminuição de custos com energia. Mas nesse caso é preciso prevenir-se contra o risco de inundações, razão pela qual essa solução só se aplica mesmo a regiões secas.

Além das providências com relação à localização espacial do arquivo, é preciso controlar a temperatura e a umidade do ambiente. Schüller sugere que, entre os aparelhos de ar-condicionado, sejam escolhidos aqueles capazes de resfriar e desumidificar o ambiente simultaneamente. No caso de ser impossível atingir os níveis ideais, pode-se trabalhar com valores máximos de 25°C de temperatura e de 60% de umidade relativa do ar, sabendo-se, contudo, que essas condições comprometem a longevidade das fitas. Se ambos os parâmetros não puderem ser atingidos simultaneamente, é preferível garantir níveis baixos de umidade do que de temperatura. Schüller recomenda ainda a aquisição de um gerador que garanta a produção de energia no caso de falhas no fornecimento pela rede pública.

A poeira é outro problema constante dos arquivos sonoros e audiovisuais, atingindo principalmente aqueles localizados em regiões tropicais que sofrem com períodos de seca. Em suas visitas a arquivos dessas regiões, Schüller verificou que poeiras vermelhas e amarelas cobriam frequentemente os assoalhos e as estantes e se armazenavam dentro de caixas e das próprias fitas magnéticas.[33] A ação da poeira compromete bastante as fontes audiovisuais. Em discos, ela desvia a agulha dos sulcos causando estalidos e crepitações. Nas fitas magnéticas, ela causa obstrução nos cabeçotes e arranhões na superfície das fitas e nas peças do gravador. Nos CDs, finalmente, ela causa arranhões que podem inviabilizar a reprodução do som.[34] Para fazer frente a esse perigo, Schüller sugere que se controle a circulação do ar, verificando inclusive o efetivo funcionamento dos filtros dos aparelhos de ar-condicionado, e que se fechem hermeticamente janelas e vãos que dão acesso à sala de acondicionamento

---

[33] Ibid., p. 38.
[34] Ibid., p. 39.

Gravação e preservação das entrevistas

das fontes audiovisuais. Não é recomendado embalar individualmente as fitas, porque isso pode favorecer processos autocatalíticos, entre os quais se inclui a própria hidrólise, ou ainda estabelecer, dentro do invólucro, um clima diverso do de fora, com umidade mais elevada.

Tomando-se todas as medidas de conservação antes descritas, estima-se que a longevidade de fitas magnéticas, tanto de áudio quanto de vídeo, varie de 10 a 30 anos.[35] É claro que esse período pode ser radicalmente reduzido se a fita sofrer danos mecânicos ou perda de sinal magnético. Por essa razão é imperioso seguir a recomendação de que todo arquivo audiovisual tenha pelo menos uma cópia de segurança de cada documento sob sua guarda e que esse acervo de segurança seja acondicionado em local diferente do primeiro, devido aos riscos de incêndio, inundações e outros tipos de catástrofe.

Para fazer frente à situação crônica da falta de recursos, a cooperação entre instituições pode ser útil na conservação de acervos audiovisuais. Schüller sugere, por exemplo, a instalação de arquivos centrais, responsáveis pela recolha e a conservação de material produzido em diferentes instituições de pesquisa. É mais barato, diz ele, manter uma unidade maior em condições climáticas adequadas, do que cuidar para que várias unidades menores cheguem perto dos níveis recomendados.[36] Talvez se pudesse pensar em iniciativas desse tipo em algumas regiões do Brasil, reunindo universidades, secretarias de educação e cultura, bibliotecas e arquivos públicos, que busquem apoio financeiro junto a agências de fomento e aos poderes públicos locais, ou mesmo ao setor privado que, com o benefício de leis de incentivo fiscal, participe da preservação material dos documentos audiovisuais.

Não se deve pressupor que a iniciativa privada seja alheia à preservação da herança cultural e histórica das sociedades. Schüller ob-

---

[35] Ver Van Bogart, 1995, p. 11 e 28.
[36] Schüller, 1996, p. 41.

serva, com razão, que aos poucos está se formando, no mundo informatizado e ligado em rede, uma consciência de que só é possível partilhar a informação que se detém.

Essa ideia leva necessariamente a que se reconheça — principalmente em combinação com a palavra-chave multimídia — o quão inseguros, para não dizer passageiros, são os dados audiovisuais que possuímos, e que precisamos realmente fazer algo se desejamos conservá-los, mesmo que seja apenas para com eles poder fazer negócio.[37]

Ou seja, na era das informações, a memória preservada pode se transformar em valiosa mercadoria.

4. Gravação e preservação digital

Marco Dreer Buarque[*]

A gravação e a preservação de entrevistas de história oral passam necessariamente pelo uso de técnicas digitais. O surgimento de equipamentos digitais portáteis e de qualidade possibilitou que os registros das entrevistas pudessem seguir padrões internacionais de gravação. Do mesmo modo, a preservação e a digitalização dos documentos sonoros e audiovisuais analógicos também são cada vez mais dependentes de ferramentas digitais, fazendo com que os registros gravados se aproximem de uma preservação de longo prazo. Este capítulo, portanto, pretende apontar algumas noções gerais e também indicar alguns padrões atualmente utilizados tanto para a gravação, envolvendo a geração dos chamados arquivos "natos digitais" (*born digital*), quanto para a digitalização e a preservação dos documentos sonoros e audiovisuais utilizados em história oral.

---

[37] Schüller, 1995-96, p. 113.
[*] Marco Dreer Buarque é especialista em preservação sonora e audiovisual e foi analista de documentação e informação do Cpdoc entre 2006 e 2012.

Gravação e preservação das entrevistas

O avanço tecnológico permitiu que uma série de suportes sonoros e audiovisuais pudesse ser digitalizada em processos relativamente simples e a custo cada vez mais reduzido. Um fator preponderante para se buscar a reformatação digital desses antigos suportes é a crescente obsolescência da qual são vítimas os materiais analógicos, cada vez menos disponíveis tanto para o consumidor quanto para a comunidade arquivística, colocando em risco a sobrevivência de grande parte do legado sonoro e audiovisual produzido pela humanidade. O processo de digitalização também trouxe uma grande contribuição pelo fato de tanto o áudio quanto o vídeo, quando em formatos digitais, não sofrerem perda de geração, impedindo, portanto, a degradação do sinal de cópia para cópia tão típica da gravação analógica.

Em função da obsolescência dos suportes analógicos — associada à dificuldade de acesso às peças de reposição, bem como a técnicos especializados na manutenção dos respectivos equipamentos — e das facilidades trazidas pela tecnologia digital, a chamada gravação "nata digital" se tornou um método atraente e altamente recomendável para as instituições que mantêm programas de história oral. As gravações geradas digitalmente permitem um ótimo resultado em termos de qualidade e trazem uma substancial praticidade no que se refere à difusão do conteúdo sonoro e audiovisual, sobretudo em plataformas web.

Neste capítulo iremos analisar os aspectos que envolvem a gravação digital em áudio e em vídeo, visando à sua aplicação em situações de entrevistas de história oral. Questões relativas à preservação também serão abordadas, incluindo: recomendações tanto para o armazenamento tradicional quanto para o chamado armazenamento digital em massa; o uso de metadados como instrumento essencial de identificação e recuperação da informação; estratégias de acesso aos arquivos digitais, além de um levantamento dos riscos associados ao uso de CDs e DVDs como mídias de preservação. Ao final, um tópico será dedicado ao estudo de caso do projeto de digitalização do acervo de história oral do Cpdoc.

4.1 Gravação e preservação de áudio

4.1.1 Fitas magnéticas analógicas ou digitais

Historicamente, o contexto de surgimento da história oral coincidiu com a disseminação dos meios magnéticos de gravação, nos anos 1950. A portabilidade necessária para as gravações de história oral, sobretudo quando realizadas em campo, foi alcançada através da tecnologia magnética. Portanto, para os nossos propósitos aqui, se torna importante analisar a questão da preservação do áudio a partir do advento dos suportes magnéticos. Cabe ressaltar que as informações relativas à composição físico-química das fitas magnéticas valem tanto para áudio quanto para vídeo, ainda que os efeitos da deterioração sejam diferentes em cada um dos formatos.

A gravação magnética surgiu no século XIX, mas foi utilizada em baixa escala, paralelamente aos cilindros e gramofones, suportes que a precederam. Seu uso mais amplo só ocorreu durante a Segunda Guerra Mundial, pelas rádios alemãs, tendo como finalidade sua aplicação como instrumento de propaganda e espionagem. Com o fim da guerra, a tecnologia chegou aos Estados Unidos, a partir de onde se disseminou mundialmente. Até meados dos anos 1950, o uso da tecnologia magnética era restrito ao meio profissional e à indústria fonográfica. A partir de então, foram desenvolvidos gravadores domésticos, rodando em velocidades mais lentas, e nos anos 1960 surgiram alguns formatos de fita cassete, dominando o mercado desde então e sendo utilizados até hoje — inclusive para a gravação de entrevistas de história oral. Já a gravação de áudio digital em fita magnética foi introduzida nos anos 1980, sendo o DAT (Digital Audio Tape) o formato que ganhou maior popularidade, principalmente no meio profissional, estando, contudo, obsoleto desde 2006. Pode-se afirmar que todos os formatos de áudio, sejam analógicos ou digitais, tanto profissionais como semiprofissionais, estão obsoletos. Note-se que são chamados "formatos de áudio" aqueles que armazenam informação em suportes físicos, o que vale tanto para os suportes mecânicos, como o disco de vinil, quanto para os digitais, como o DAT.

Assim, estão obsoletos todos os suportes de áudio. Isto é, não fazem parte dessa categoria as gravações de áudio realizadas em equipamentos que geram arquivos digitais (como o Wave, por exemplo), mesmo que temporariamente armazenados em cartões de memória.

Quanto ao seu suporte, as fitas magnéticas podem ser compostas dos seguintes materiais: acetato de celulose, PVC (policloreto de vinila) e poliéster. Utilizado desde o início dos anos 1930 até a metade dos anos 1960, o acetato se deteriora rapidamente, tornando-se quebradiço e podendo encolher. É bastante vulnerável a altas temperaturas e índices elevados de umidade relativa, o que faz com que sua reprodução fique prejudicada. É considerado um suporte de risco, devendo ser priorizado em projetos de digitalização. Fitas de PVC, produzidas sobretudo na Alemanha entre 1944 e 1972, até o momento não têm demonstrado deterioração química sistemática, de modo que sua reprodução não constitui um problema. O poliéster gradualmente substituiu o acetato e o PVC a partir do final dos anos 1950, sendo utilizado em todos os tipos de fita magnética, tanto as de áudio quanto as de vídeo. São fitas mecanicamente robustas e quimicamente estáveis.

Em relação aos aglutinantes das fitas magnéticas, além dos aglutinantes de acetato, aqueles que são tidos como os mais frágeis são os feitos de poliéster uretano (PEU), constituindo um problema para a preservação, uma vez que são suscetíveis à hidrólise, tornando as fitas viscosas, em um fenômeno conhecido como síndrome da fita pegajosa (*sticky shed syndrome*), de modo que as partículas magnéticas ficam depositadas nas cabeças de leitura do gravador, obstruindo-as e levando a uma significativa perda das baixas frequências. Na tentativa de contornar esse problema, costuma-se esquentar essas fitas em fornos especiais durante algumas horas, de modo que possam ao menos ser reproduzidas mais uma vez.

Um projeto de digitalização deve, portanto, levar em conta todas essas características das fitas magnéticas, de modo a priorizar as fitas que apresentam maior propensão a perda de informações. Fitas cujos aglutinantes são de poliéster uretano, por exemplo, devem ser mais atentamente observadas e eventualmente colocadas em uma lista de

92   Manual de história oral

prioridades em um processo de digitalização. Do mesmo modo, fitas que não possuem cópias, se constituindo de materiais únicos, também devem ser priorizadas. Ainda que um processo de digitalização deva privilegiar as fitas originais, caso estas apresentem sinais claros de deterioração avançada, o seu uso em máquinas reprodutoras deve ser avaliado caso a caso, pois podem ser danificadas durante o processo.

4.1.2 Gravações digitais

Com a convergência digital observável no campo dos arquivos sonoros, em que tanto a preservação quanto a geração de documentos passam pelo uso da tecnologia digital, as recomendações referentes à geração de documentos já nascidos digitalmente (*born digital*) são similares àquelas a serem adotadas na digitalização dos suportes analógicos.

Particularmente em relação às gravações da voz humana, é importante mencionar o benefício que trouxe a gravação digital, sobretudo quando gerada por equipamentos que contêm mecanismos sem partes removíveis (peças que podem se soltar), isso sem contar a perceptível diminuição de ruídos presentes na gravação em comparação com as antigas gravações em meio magnético. É característica das gravações em fita magnética a presença do *hiss*, ruído de alta frequência que acompanha o sinal sonoro do início ao fim. Se, por um lado, o *hiss* não é um problema em si, já que é parte integrante dos registros magnéticos, ao menos é um grande inconveniente para os transcritores de entrevistas, uma vez que esses profissionais precisam adotar uma técnica de saber separar o sinal (a voz) do ruído (o *hiss*). Com o digital, desde que equipamentos de razoável qualidade sejam utilizados, ao menos o *hiss* será inexistente nas gravações, fator que contribui para uma maior precisão das transcrições.

As gravações *born digital* podem variar em qualidade, em função dos métodos e equipamentos utilizados, desde a precisão do microfone, passando pelo grau de resolução sonora, até o tipo de gravação

Gravação e preservação das entrevistas

empreendida, que pode ser comprimida ou não. Gravações de alta qualidade envolvem um computador (*desktop* ou *laptop*) contendo um *software* de gravação, um conversor analógico-digital (A/D) externo conectando o microfone ao computador e um ou mais discos rígidos externos para o armazenamento dos dados. O conversor A/D eventualmente pode ser substituído por uma placa de som interna ao computador, desde que esta tenha uma boa qualidade, sobretudo quanto à sua relação sinal-ruído.[38] Caso se opte pela gravação feita diretamente na placa de som do computador, especial atenção deve ser dada quando da escolha da placa, uma vez que nem todos os modelos são adequados para a captura de som, como as placas voltadas para reprodução de videogames.

Uma das vantagens desse tipo de esquema de gravação é a possibilidade de alcançar uma alta resolução digital, tanto 16 quanto 24 bits de profundidade de bits, e 44.1, 48, ou até mesmo 96 kHz de taxa de amostragem,[39] valores suficientes para satisfazer um padrão arquivístico de preservação. O uso de tal esquema envolvendo um computador pode ser adotado tanto em uma gravação mais controlada, realizada em uma sala ou estúdio, como em uma gravação externa, em função da sua mobilidade.

No entanto, algumas desvantagens são perceptíveis, como o custo algo elevado dos equipamentos, bem como o fato de computadores (*desktop* ou mesmo *laptop*) não serem as soluções mais compactas. A

---

[38] De acordo com a Wikipédia, a relação sinal-ruído "compara o nível de um sinal desejado (música, por exemplo) com o nível do ruído de fundo. Quanto mais alto for a relação sinal-ruído, menor é o efeito do ruído de fundo sobre a detecção ou medição do sinal". Disponível em: <http://pt.wikipedia.org/wiki/Rela%C3%A7%C3%A3o_sinal-ru%C3%ADdo>. Acesso em: 29 mar. 2012.

[39] A taxa de amostragem (*sample rate*), descrita em quilohertz (kHz), determina o número de vezes que uma onda sonora é medida. Já a profundidade de bits (*bit depth*) descreve a variação de números utilizada para representar cada medição. Altos valores de profundidade de bits representam uma variação de volume maior, possuindo uma maior "faixa dinâmica". Já altos valores de taxas de amostragem representam uma maior variação de graves e agudos, possuindo uma maior "faixa de frequência". Esses e outros conceitos de áudio digital estão disponíveis no website da International Association of Sound and Audiovisual Archives (Iasa). Ver em: <www.iasa-web.org/tc04/key-digital-principles>. Acesso em: 3 jan. 2013.

montagem e a instalação dos equipamentos também requerem um operador minimamente especializado, que possua razoável intimidade no entendimento técnico dos itens envolvidos. Para o caso de uma gravação de história oral, onde muitas vezes o próprio pesquisador responsável pela entrevista acumula também a função de operador de gravação, tal esquema, apesar de oferecer ótima qualidade, pode ser pouco eficiente ou até mesmo um risco, uma vez que envolve certa perícia, devendo haver preferencialmente uma pessoa dedicada exclusivamente à sua operação.

Em entrevistas de história oral realizadas em ambientes fechados e que envolvam vários participantes, uma opção interessante é o uso de microfones de lapela, os quais permitem separar mais precisamente o som de cada participante. Nesse caso, é necessária a utilização de uma mesa de som que possua uma quantidade de entradas (canais) suficiente para o número de microfones que estiverem sendo aplicados. Caso a mesa de som não tenha um conversor A/D de qualidade embutido, um conversor externo se fará necessário.

De maneira geral, é recomendável o uso de microfones externos aos gravadores, uma vez que os microfones embutidos, sobretudo em equipamentos de baixa qualidade, costumam incorporar ruídos à gravação, tanto do próprio equipamento quanto do seu manuseio. No caso do uso de microfones embutidos, portanto, a aquisição de um pré-amplificador conectando o microfone ao gravador deve ser considerada para que a qualidade sonora não seja comprometida.

Itens que não costumam ser levados em conta no conjunto de equipamentos de gravação de áudio são os cabos. Uma boa gravação também é determinada pela qualidade dos cabos, de modo que economizar nesse item não parece ser uma opção recomendada, já que cabos ruins são condutores de ruídos. Cabos de qualidade costumam envolver fatores como blindagem, conectores dourados e balanceamento. Já cabos muito baratos costumam ser um indicador de baixa qualidade.

Outro componente importante da gravação é o *software* de gravação, que, no caso de entrevistas de história oral, não necessita de muitas funções, mas deve ao menos atingir valores mínimos de reso-

Gravação e preservação das entrevistas

lução sonora, isto é, 24 bits e 48 kHz, segundo a Iasa.[40] Uma opção gratuita atualmente disponível é o Audacity,[41] que se, por um lado, possui as funções mínimas necessárias para uma gravação de qualidade, por outro lado, é um *software* que não gera nem lê o formato Brodcast Wave File (BWF),[42] o que é um aspecto limitador para a alimentação de metadados embutidos nos arquivos. A eventual adoção do Audacity deve, portanto, ser compensada pela implementação de metadados externos bem estruturados.[43]

Uma opção mais viável e que apresenta maior portabilidade em comparação com as soluções citadas são os gravadores digitais, que variam na qualidade e na variedade de funções disponíveis. Até meados dos anos 2000, as únicas opções disponíveis envolvendo gravação digital eram os equipamentos que trabalhavam com mídias Minidisc ou CD-R. A primeira, se, por um lado, apresentava uma praticidade em relação às gravações em fita, por outro, nunca foi exatamente um formato indicado para gravações de documentação de natureza histórica ou cultural, uma vez que gera compressão do sinal sonoro, além do fato de utilizar um codec[44] proprietário da Sony (o Atrac, similar ao MP3). Ademais, o Minidisc mantém o inconveniente, presente nas fitas analógicas, de exigir que seu conteúdo seja transferido em tempo real, demandando um tempo considerável de trabalho, algo a ser levado em conta dentro da rotina de um arquivo. O Minidisc ainda é possível de ser encontrado no mercado, porém o formato já apresenta sinais claros de obsolescência, uma vez que não obteve a disseminação esperada pelo seu fabricante. O CD-R, por sua vez, também não é um formato recomendável, tanto por não atingir os valores mínimos

---

[40] Ver detalhes sobre padrões mínimos de resolução mais adiante.

[41] Disponível para *download* em: <http://audacity.sourceforge.net/?lang=pt>. Acesso em: 29 mar. 2012.

[42] O Brodcast Wave File (BWF) será analisado mais adiante.

[43] Algumas soluções pagas que adotam o BWF são o *software* WaveLab, fabricado pela Steinberg, e a plataforma Pro Tools, desenvolvida pela Avid.

[44] Segundo a Wikipédia, codec é "o acrônimo de Codificador/Decodificador, dispositivo de hardware ou software que codifica/decodifica sinais." Disponível em: <http://pt.wikipedia.org/wiki/Codec>. Acesso em: 29 mar. 2012.

de resolução sonora indicados para gravação de acervo, quanto por ser um suporte que oferece riscos para o armazenamento de longo prazo — aspectos que serão tratados em detalhe mais adiante. Ao contrário do Minidisc, o CD-R ainda mantém um fôlego de mercado, no entanto é imprevisível a manutenção do formato em médio prazo.

Os gravadores digitais compactos de mão que gravam em memória interna não são recomendáveis, principalmente por comprimirem excessivamente o sinal sonoro, além de utilizarem formatos proprietários de arquivo — o que exige a conversão destes para formatos padrão, como o Wave.[45] Outra desvantagem é a qualidade limitada do microfone embutido presente nesses gravadores, com pouca dinâmica e baixa relação sinal-ruído. Apesar da vantagem da extrema portabilidade e do reduzido custo desses aparelhos, seu uso no contexto de gravações de arquivo deve ser evitado, uma vez que não seguem os requisitos mínimos indicados para tanto.

Soluções mais apropriadas para a guarda documental e que apresentam maior praticidade e qualidade são os gravadores portáteis que armazenam dados em cartões de memória. Se, há alguns anos, a desvantagem desses gravadores era a sua limitação em termos de resolução sonora (a maioria deles não ultrapassando os 16 bits e os 48 kHz), os modelos mais recentes atendem em boa medida às recomendações internacionais de gravação de documentos históricos, de modo que muitos dos equipamentos ditos semiprofissionais já atingem a alta resolução apresentada nos modelos utilizados em meio profissional. A transferência de dados desses gravadores é realizada através de conexão Universal Serial Bus (USB), o que garante uma alta velocidade de transmissão, otimizando substancialmente o tempo dispensado nessa tarefa. Outra vantagem a ser destacada é o fato de os cartões de memória serem mídias com partes não removíveis, ou seja, não há peças ou mecânica envolvidas em sua estrutura, o que faz com que

---

[45] Wave, ou Wave Audio File Format, é um formato de arquivo de áudio digital desenvolvido pela Microsoft em parceria com a IBM no início dos anos 1990. O Wave veio a se tornar um padrão de preservação de áudio digital tanto em função de sua ampla disseminação quanto por não gerar compressões no sinal sonoro.

Gravação e preservação das entrevistas

sejam menos suscetíveis a danos consequentes de quedas ou impactos. É importante ressaltar que, ao contrário de certo entendimento geral, os cartões de memória não são mídias de armazenamento, mas apenas meios de transferência de arquivos digitais, de modo que os dados ali presentes devem ser imediatamente transferidos para um ambiente de guarda mais seguro, como HDs em série ou, preferencialmente, um servidor. Para o uso em entrevistas de história oral, sobretudo aquelas gravadas em ambiente externo, os gravadores com cartão de memória se revelam uma ótima opção, tanto pela qualidade de gravação apresentada quanto pela facilidade em seu manuseio e operação. Mesmo quando as gravações são realizadas utilizando o microfone embutido desses aparelhos, um resultado bastante satisfatório pode ser obtido.

Os padrões de arquivo de áudio digital mais recomendáveis para preservação são o Wave e o Aiff, respectivamente voltados para plataformas Windows e Macintosh, pelo fato de não comprimirem o sinal sonoro. No entanto, uma espécie de variação do Wave, o já mencionado Broadcast Wave File (BWF), inicialmente adotado por algumas cadeias de rádio europeias a partir dos anos 1990, vem se tornando o padrão *de facto* de arquivo sonoro digital, especialmente pela possibilidade que tem de abrigar metadados técnicos em sua própria estrutura, sofisticando a troca de informações entre instituições de guarda e melhor consolidando a recuperação de informações.

A resolução mínima recomendada pela Iasa[46] é de 24 bits e 48 kHz, havendo atualmente uma tendência para valores de taxa de amostragem ainda superiores. Nota-se que os valores apregoados pela Iasa são elevados, sobretudo se comparados ao padrão do CD-áudio, limitados em seus 16 bits e 44.1 kHz. O resultado disso é o

---

[46] As publicações da Iasa se constituíram na principal referência para a elaboração das recomendações contidas neste capítulo. De acordo com informações de seu *website*, a Iasa, atualmente contando com membros de mais de 70 países, "foi criada em 1969, em Amsterdã, para funcionar como um meio para a cooperação internacional entre os arquivos que preservam documentos sonoros e audiovisuais" (tradução minha). Disponível em: <www.iasa-web.org/about-iasa>.. Acesso em: 29 mar. 2012.

grande espaço em disco rígido (HD) que deve ser dedicado para o armazenamento dos dados, de modo que um arquivo sonoro Wave gravado a 24 bits/48 kHz, estéreo, exige cerca de 1 GB para cada hora de gravação. No entanto, com a crescente redução dos custos dos sistemas de armazenamento, tais valores vêm deixando de ser proibitivos em sua implementação, de modo que as instituições de guarda têm cada vez mais possibilidades de adotar esses padrões de preservação. Em instituições onde ainda há limitações para investimento em armazenamento digital seguindo os padrões citados, uma opção viável é o Free Lossless Audio Codec (Flac), formato que utiliza compressão sem perda (*lossless*), mantendo a qualidade original e ao mesmo tempo reduzindo o tamanho do arquivo, podendo alcançar taxas de compressão de 30% a 50%. Já o popular MP3 (MPEG-1/2 Audio Layer 3) deve ser evitado como formato de preservação, por operar compressão com perda (*lossy*), impossibilitando retornar à qualidade original. O MP3 é, contudo, uma ótima opção para permitir fácil acesso aos documentos, tanto por seu reduzido tamanho quanto por sua compatibilidade com praticamente todos os *players* de áudio atualmente disponíveis.

4.2 Gravação e preservação de vídeo digital

Criado no ano de 1956 para oferecer mais agilidade para programas de TV, o primeiro formato de vídeo foi o chamado Quadruplex. Por ser muito frágil e apresentar baixa expectativa de vida, o Quadruplex não foi um formato pensado para a preservação de conteúdos audiovisuais. Essa deficiência de origem trouxe graves consequências para os formatos de vídeo que viriam a substituir o Quadruplex, todos eles também apresentando uma limitada expectativa de vida, principalmente se comparados à vida útil do papel, por exemplo. Se, por um lado, os formatos profissionais de vídeo têm em média uma expectativa de vida que costuma variar entre 35 e 50 anos (como Beta e U-matic), no caso dos formatos semiprofissionais ou amadores, a expectativa é ainda mais curta e alarmante, variando entre cinco e 10

Gravação e preservação das entrevistas

anos apenas. Como nosso foco aqui recai sobre os formatos comumente utilizados para gravações de entrevistas de história oral, teremos que nos deter justamente nesses formatos de vídeo mais frágeis e menos duráveis.

E indubitavelmente o primeiro formato a iniciar a disseminação do uso do vídeo em entrevistas de história oral foi o Video Home System (VHS), criado em meados dos anos 1970 pela multinacional JVC. Disputando o mercado de vídeo doméstico com a Sony (que acabara de lançar o formato Betamax), a JVC acabou vencendo a concorrência, sobretudo por oferecer um produto muito mais barato, mas que, por sua vez, apresentava fragilidade, baixa qualidade de som e imagem, e menos durabilidade. O VHS foi, portanto, sobretudo a partir dos anos 1980, um formato amplamente adotado tanto em videocassetes (o que levou ao *boom* das videolocadoras) quanto em câmeras domésticas e portáteis. Principalmente em função do seu baixo custo, foi também adotado por pesquisadores para trabalhos de campo, documentaristas amadores e outros profissionais.

Para a história oral, o VHS mostrou ser um formato de grande praticidade, surgindo como uma primeira opção para a introdução do registro em vídeo em situações de entrevista. No entanto, em função de sua curta expectativa de vida (não ultrapassando os 10 anos, após os quais defeitos de som e imagem começam a se tornar perceptíveis), as fitas VHS devem ser digitalizadas adequadamente o quanto antes, de modo a evitar a perda permanente de conteúdos.

Um formato de características mais profissionais também foi bastante utilizado a partir dos anos 1980, o Betacam (que, ao contrário do Betamax, era voltado para o campo profissional). Ainda que sua expectativa de vida supere em grande medida a do VHS, alcançando cerca de 35 anos, sua adoção foi muito limitada por parte de instituições de arquivo e de pesquisa, sobretudo se considerarmos o contexto brasileiro. No caso de haver a necessidade de se estabelecer prioridades em um projeto de preservação, as fitas VHS devem ser digitalizadas em primeiro lugar — ao menos se estivermos levando em conta apenas critérios de preservação, não considerando aspectos de singularidade de conteúdo.

O surgimento de formatos de vídeo digital, ainda que tenha trazido alguns benefícios notáveis no que tange à qualidade superior de som e imagem, não se traduziu necessariamente em materiais mais duráveis. Talvez à exceção da Beta Digital, que seguiu mais ou menos as características da sua similar analógica, todos os demais formatos de vídeo digital também apresentam fragilidade em seus componentes, requerendo, portanto, cuidados especiais.

Criados pela Sony em 1995, os formatos DV (*digital video*), que englobam padrões como DVCam, MiniDV, DVCPro e HDV, vêm recebendo ampla aceitação nos mercados semiprofissional e amador, sendo também bastante adotados para a gravação de entrevistas de história oral. Podemos observar que se trata de formatos frágeis, sobretudo por uma característica de sua composição físico-química: sua camada de partículas magnéticas contém um componente chamado Metal Evaporado (ME), que, em linhas gerais, implica a ausência do chamado aglutinante, um importante componente que fixa as partículas magnéticas (nas quais reside o conteúdo) junto a uma camada de base. Com uma expectativa de vida de apenas cinco anos em média, as fitas MiniDV costumam apresentar, após esse período, problemas como *drop frame* (quadros ou *frames* da imagem são ignorados e perdidos), de modo que devem ser transferidas para formatos de arquivo tão logo seja possível.

Os formatos DV de vídeo, apesar de serem digitais (carregando códigos binários), ainda se baseiam em estrutura magnética, com o agravante de não possuírem, como foi dito, um aglutinante em sua composição. Desse modo, as fitas DV também requerem muitos cuidados e devem receber atenção dentro de um planejamento de preservação. Como se trata de mídias digitais, a operação a ser realizada para aumentar a expectativa de vida dessas fitas não é a digitalização, mas a chamada transferência ou captura. O vídeo gravado em uma fita DV deve, portanto, ser capturado para um *software* dedicado a essa tarefa, e, ao final do processo (que ocorre em tempo real), um formato de arquivo[47] deve ser gerado — para, em seguida, ser arma-

---

[47] Um formato de arquivo (*file format*) é uma maneira padronizada pela qual uma informação é codificada para ser armazenada em um arquivo de computador.

Gravação e preservação das entrevistas

zenado de preferência em um servidor seguro. Cada hora gravada em uma fita MiniDV gera cerca de 13 GB de espaço em disco rígido, algo considerável em termos de investimento para uma instituição, sobretudo quando as gravações são uma rotina. Para MiniDVs, os formatos de arquivo mais adotados têm sido o Quicktime ou o AVI, ambos podendo ser sem compressão e contendo o *codec* padrão DV (25 Mbit/s).

Um grande número de *softwares* está disponível para a captura de fitas MiniDV, e convém fazer testes para a seleção daquele que apresentar os melhores resultados.[48] Fitas MiniDV mais antigas costumam provocar interrupções no processo de captura em função de problemas como *timecode break*[49] e isso deve ser levado em conta na seleção do software de captura.

A captura feita a partir das próprias câmeras MiniDV deve ser evitada, uma vez que o uso contínuo da câmera pode desgastar os cabeçotes de leitura, avariando o equipamento. A reprodução (*playback*) de uma fita MiniDV deve ser preferencialmente feita em aparelho específico para essa operação, os chamados *deck* DV, que oferecem uma reprodução de mais qualidade e precisão. A conexão entre um *deck* DV e o computador deve ser feita a partir de um cabo que utilize a interface IEEE 1394 (mais conhecido como Firewire), que permite a justa comunicação entre os equipamentos. Ao final do processo de captura, alguns metadados devem ser alimentados e embutidos aos formatos de arquivo (Quicktime ou AVI) para que informações relativas ao conteúdo sejam mais facilmente recuperáveis.

Atualmente, um controle de qualidade do processo de captura de fitas MiniDV pode ser realizado por meio do *software* gratuito DV Analyzer,[50] desenvolvido pela empresa de consultoria em preservação

---

[48] Entre os softwares disponíveis, poderíamos citar o Premiere (fabricado pela Adobe), o Final Cut (fabricado pela Apple) e o Live Capture Plus (fabricado pela Square Box Systems).
[49] *Timecode* é uma sequência de códigos numéricos padronizados e gerados em intervalos regulares em uma gravação. Quebras de *timecode* (*timecode breaks*) costumam ocorrer em função de algum problema no momento da gravação ou mesmo por algum dano na fita.
[50] Disponível para download em: <www.avpreserve.com/dvanalyzer>. Acesso em: 29 mar. 2012.

102   Manual de história oral

audiovisual norte-americana AudioVisual Preservation Solutions. Ao abrir um formato de arquivo oriundo de uma captura DV, o programa é capaz de gerar relatórios detalhados acerca dos erros ocorridos ao longo da captura, podendo indicar eventualmente a necessidade de uma nova captura. Trata-se, no entanto, de um programa que requer algum estudo e uma boa dose de testes para que seu uso seja produtivo, mas o esforço é válido caso o controle de qualidade do material capturado seja uma meta a ser seguida.

Dos formatos DV, o HDV, desenvolvido em meados dos anos 2000, é aquele que produz imagens em alta resolução (HD),[51] geralmente armazenadas em fitas MiniDV. O formato HDV, portanto, produz imagens de maior resolução, ainda que utilizando o mesmo padrão de compressão da MiniDV (25 Mbits/s). Desse modo, o HDV exige o mesmo espaço de armazenamento (13 GB/h) de uma gravação DV padrão, ainda que oferecendo imagem e som superiores.

É importante mencionar que alguns acessórios surgiram no mercado há cerca de cinco anos e permitem que as gravações HDV sejam armazenadas em cartões de memória — como aqueles utilizados em máquinas fotográficas, como cartões padrão Secure Digital (SD) ou Compact Flash. Há duas vantagens em utilizar cartões de memória em vez de fitas: em primeiro lugar, a gravação em cartão elimina os inconvenientes de um processo de captura, sujeito a interrupções; e, em segundo lugar, a transferência do arquivo digital é feita em poucos minutos, ao passo que uma captura se dá em tempo real (uma hora de captura para uma hora de conteúdo gravado).

No entanto, é importante salientar que os cartões de memória não são mídias de armazenamento; eles apenas conservam momentaneamente o conteúdo gravado, para que este seja transferido para um suporte seguro o quanto antes. Ao contrário da fita MiniDV, que deve ser armazenada em condições desejáveis, os cartões são apenas

---

[51] Quanto à sua resolução, as gravações em vídeo podem ser em *standard* (SD) ou em alta definição (High Definition — HD). O VHS e o MiniDV são exemplos de formatos SD, enquanto o HDV e o AVCHD são exemplos de formatos HD.

condutores temporários de conteúdo, de modo que suas condições de armazenamento não são exatamente uma questão. Por isso, a opção pelo uso de cartões deve implicar necessária e obrigatoriamente estratégias de *back-up* e armazenamento digital confiáveis, uma vez que não há, nesse caso, o que poderíamos chamar de um suporte físico original, mas diversos arquivos digitais replicados. De todo modo, o uso de cartões é algo bastante recente, de modo que a sua confiabilidade ainda deve ser vista com cautela, e algum controle de qualidade, ainda que mínimo, deve ser implementado para assegurar a manutenção adequada dos conteúdos.

Além dos formatos DV, quase sempre baseados em armazenamento em fita, mais recentemente surgiram as câmeras que registram imagens em alta resolução e cujo armazenamento pode ser feito em cartões, em discos rígidos internos ou em memória *flash* — ou até mesmo dois destes sistemas conjugados. Existem inúmeros formatos de gravação em vídeo de alta resolução disponíveis, mas talvez um dos mais populares, voltado para o mercado semiprofissional e doméstico, seja o Advanced Video Codec High Definition (AVCHD), que, em função da alta tecnologia de compressão aplicada (que faz uso do codec H.264[52]), é capaz de produzir uma imagem de alta qualidade em um arquivo relativamente leve — menor do que o arquivo do padrão DV.

A gravação de imagens em alta resolução (HD) tem se tornado uma constante, tanto por sua qualidade superior em comparação aos chamados padrões *standard* (SD), quanto pelo barateamento dos equipamentos e acessórios envolvidos. As gravações em HD requerem, contudo, computadores com mais memória RAM e mais espaço em disco rígido, de modo que esse investimento deve ser previamente planejado quando da aquisição de equipamentos de gravação em HD. Alguns formatos que gravam em HD podem também requerer grande espaço em disco rígido, de modo que seu armazenamento pode implicar altos investimentos.

---

[52] O H.264 é um padrão para compressão de vídeo, baseado no MPEG-4 Part 10.

Um dos grandes desafios da preservação de vídeos é, portanto, o seu armazenamento digital, tanto para gravações em SD quanto para HD, de modo que muitas instituições acabam optando pelo uso da compressão de dados. Se, por um lado, a ausência de compressão é cada vez mais possível no que se refere ao áudio, em se tratando de vídeo, muitas vezes o uso de compressão é a opção mais viável, já que uma grande quantidade de Gigabytes pode ser necessária para uma hora apenas de gravação. Algumas instituições preferem estabelecer prioridades de digitalização ou transferência digital, tratando em primeiro lugar daqueles formatos de vídeo que necessitam de cuidados mais emergenciais, para que possam ser gerados, a partir desses, apenas formatos de arquivo sem compressão.

No que se refere aos formatos, ao contrário do áudio, em que o Wave acabou se tornando o formato *de facto*, com o vídeo há ainda uma grande divergência entre os profissionais de preservação quanto ao padrão mais apropriado para a preservação digital. Desde meados dos anos 2000, o chamado Motion JPEG 2000 (MJPEG 2000) vem recebendo especial atenção, tanto em função de ser um formato ISO e aberto, quanto pelo fato de operar uma compressão *lossless*, que permite reduzir o tamanho do arquivo sem comprometer sua qualidade. No entanto, o MJPEG 2000 não é um formato "amigável", sendo incompatível com os *softwares* mais disseminados e populares, e requerendo alguma especialização para manipulá-lo, de modo que sua adoção, até o presente momento, tem se limitado a instituições de grande porte e bastante especializadas, como a Library of Congress norte-americana. Ainda que proprietários, outros formatos de arquivo, como o Quicktime (da Apple) e o AVI (da Microsoft), vêm se apresentando como opções mais viáveis como arquivos máster de preservação, por serem amplamente disponíveis nos *softwares* mais populares e por possibilitarem que os arquivos sejam salvos sem compressão.

Finalmente, em relação aos equipamentos de vídeo, cabe observar que as câmeras muito portáteis, tanto para gravações *standard* quanto para gravações em alta definição, costumam apresentar uma deficiência grave quando estamos tratando de gravação de entrevistas: conectores de áudio frágeis (do tipo p2), de má qualidade, frequentemente são geradores de interferências ruidosas nos canais de áudio. Desse modo, é vantajoso investir em uma câmera um pouco mais pesada, mas que ofereça um áudio confiável, com conectores robustos (do tipo XLR, de três pinos), menos sujeitos a interferências. Como o áudio é um elemento fundamental em uma gravação de entrevista, cuidados devem ser tomados para que não haja comprometimento no registro das vozes dos depoentes, e o investimento em uma câmera com bons conectores é o primeiro deles. As câmeras um pouco mais robustas também costumam ter lentes de melhor qualidade ou mesmo oferecer a possibilidade da troca de lentes, caso essa seja uma necessidade.

As câmeras de vídeo devem ser armazenadas em locais com baixa umidade relativa (UR), pois índices elevados de UR podem levar ao surgimento de fungos, principalmente junto às lentes, danificando os equipamentos.

4.3 O uso de metadados

Os metadados surgiram no contexto das tecnologias de informação e comunicação (TICs) ao longo do processo de popularização da internet. Assemelham-se aos catálogos tradicionais, mas se referem especificamente à descrição dos itens digitais, sendo fundamentais dentro da cadeia de preservação, uma vez que proporcionam também a recuperação da informação. Em sua acepção mais simplificada, os metadados seriam definidos como dados sobre dados, ou informação sobre informação. Metadados são geralmente mantidos em uma base de dados, mas são também verificáveis sob outras formas, como embutidos no próprio arquivo digital. Metadados podem descrever informações técnicas e bastante simplificadas, como o tamanho e a resolução de um arquivo digital, como também abrigar informações mais complexas, como questões relativas à propriedade intelectual. Em resumo, os metadados fornecem os meios para descrever os objetos digitais de uma forma estruturada, nos permitindo compartilhar esses objetos tanto com pessoas quanto com máquinas. Arquivos sem metadados adequados não são bem compreensíveis ou interpretáveis. Efetivamente, não há preservação ou acesso significativo sem o uso de metadados.

Os metadados costumam ser classificados em três categorias principais. É possível verificar que essas categorias eventualmente podem sofrer pequenas variações dependendo do autor ou do tipo de documentação abordada. De todo modo, geralmente a divisão se dá da seguinte maneira:

Metadados descritivos: utilizados para identificar, encontrar e compreender um objeto digital. Costumam incluir elementos como título, palavra-chave, autor, gênero etc. O Dublin Core[53] seria um exemplo de um padrão de metadados descritivos.

Metadados administrativos: utilizados para gerenciar a criação, o uso e a preservação dos objetos. Os metadados administrativos incluem metadados técnicos (como velocidade de reprodução, taxa de amostragem etc.) e metadados de preservação (que envolvem questões de proveniência, como local anterior de guarda, reformatação etc.).

Metadados estruturais: utilizados para estabelecer relações entre os objetos digitais. As diferentes faixas de um disco, por exemplo, devem ser relacionadas quando de um processo de digitalização, assim como as páginas de um livro.

Ainda que não tenha sido criado um padrão específico de metadados para história oral, há alguns padrões possíveis de serem utilizados para o caso em questão. Não é nossa intenção aqui nos aprofundarmos no tema, dada sua complexidade. No entanto, algumas diretrizes gerais podem ser apontadas, tanto para áudio quanto para vídeo, quer sejam relativas aos metadados embutidos ao arquivo, quer sejam relativas àqueles que se mantêm externos a ele.

No que se refere ao áudio, partimos do pressuposto de que vamos gerar matrizes digitais em formato Wave, pelos motivos já apontados.

---

[53] O Dublin Core será tratado em mais detalhes adiante.

Já vimos também que o formato Broadcast Wave File (BWF) possui a vantagem de oferecer mais campos para a inclusão de metadados embutidos. A União Europeia de Radiodifusão (EBU) adotou o BWF em 1996 para facilitar a troca de arquivos de áudio entre o número crescente de *hardwares* e *softwares* de áudio digital em diferentes plataformas de computador na produção de rádio e televisão. O formato, portanto, não é novo, sendo todo baseado no formato de arquivo Wave, amplamente adotado.

O formato BWF contém vários blocos extras de dados, sendo o *bext* (Broadcast Extension) o mais comumente utilizado, no qual metadados técnicos podem ser inseridos, como veremos. O áudio contido em um arquivo BWF pode ser reproduzido em qualquer *software* que possa ler um arquivo Wave tradicional, como o popular Sound Forge, embora nem todos esses *softwares* sejam capazes de acessar os metadados, quer sejam os do bloco *bext* ou não. Entre os campos fundamentais do bloco *bext* destaca-se o Coding History, projetado para armazenar dados sobre o processo de digitalização, incluindo detalhes como modelo dos equipamentos utilizados (tanto analógicos quanto digitais), taxa de amostragem, profundidade de bits, campo sonoro (mono ou estéreo), além de outros elementos. O Coding History é, portanto, uma espécie de histórico dos processos de codificação aplicado ao arquivo quando da sua digitalização, sendo uma possibilidade a ser levada em conta quando se pretende registrar, de maneira minimamente organizada e coerente, muitos dos passos percorridos em um processo de digitalização ou de reformatação digital.

Além de apresentar a possibilidade de inserção de metadados adicionais, o BWF merece um especial interesse em função de ter sido desenvolvido pela EBU como um formato aberto, de modo que não está amarrado ao *hardware* ou *software* de qualquer fabricante específico. Portanto, ainda que o Wave tradicional seja de propriedade da Microsoft, o BWF, por ser aberto, permite tanto aos desenvolvedores de software quanto às organizações de padronização (como a ISO) apoiar o formato como um padrão da indústria, sem a necessidade de entrar em questões relativas à propriedade intelectual.

Em 2009, o grupo de trabalho de documentos audiovisuais da Federal Agencies Digitization Guidelines Initiative (Fadgi), nos Estados Unidos, teve a iniciativa de desenvolver o BWF MetaEdit,[54] uma ferramenta livre e aberta que veio possibilitar a edição, a importação e a exportação de metadados embutidos em arquivos Wave. Algumas funcionalidades até então restritas a, na maioria das vezes, *softwares* pagos e a ambientes profissionais agora estão disponíveis a todos através do BWF MetaEdit — ferramenta que sofisticou e garantiu uma maior qualidade no gerenciamento dos metadados embutidos nos arquivos Wave.

É bom enfatizar que, para instituições de arquivo, embutir metadados em um arquivo não substitui um conjunto de metadados bem estruturados, armazenados externamente. Os metadados embutidos atuam muito no sentido de serem uma garantia caso o sistema externo de metadados falhe por algum motivo. Nesse caso, os metadados embutidos devem abrigar a mínima informação necessária para que seja possível interpretar o conteúdo do arquivo em questão.

Afora o Wave, praticamente todos os formatos de arquivo digital, tanto de áudio quanto de vídeo, permitem a inserção de metadados embutidos, variando apenas a complexidade e a quantidade de campos disponíveis, de modo que não seria nossa pretensão aqui dar conta de todos os formatos. O Wave talvez seja um dos exemplos mais interessantes nesse sentido, tanto por ser um formato padronizado quanto pelo fato de ter sido beneficiado por uma ferramenta gratuita de gerenciamento dos metadados embutidos.

No caso do vídeo, podemos ter como exemplo o formato Quicktime Movie (.mov), proprietário da Apple, mas de larga utilização tanto no contexto semiprofissional quanto pelo usuário comum. O Quicktime tem como *player* nativo o Quicktime Player, que, em sua versão paga, o Quicktime Player Pro, permite a edição e a inserção de metadados adicionais, ou seja, para além daqueles já automatica-

---

[54] Disponível para download em: <http://sourceforge.net/projects/bwfmetaedit>. Mais detalhes sobre o uso do BWF MetaEdit, ver os diversos documentos disponíveis em: <www.digitizationguidelines.gov/guidelines/digitize-embedding.html>. Acesso em: 29 mar. 2012.

Gravação e preservação das entrevistas

mente gerados pelo formato (como resolução do vídeo). No entanto, há disponível um *software* gratuito chamado Metadata Hootenanny[55] (apenas para plataforma Macintosh), que, além de outras funcionalidades, também permite a edição dos metadados embutidos no arquivo Quicktime.

Quanto aos metadados externos aos arquivos digitais, é possível estruturar, a partir das características específicas de um acervo digital, uma lista de metadados necessários, indicar como cada campo de metadados deve ser preenchido e começar a criar um registro de banco de dados simples para cada arquivo digital. No entanto, é sempre mais adequado apostar numa base de dados que utilize linguagem aberta do que investir em um sistema complexo, caro, proprietário, e que atenda às características de uma só coleção ou acervo. É recomendável trabalhar sempre a partir de normas de interoperabilidade, as quais permitem maximizar o intercâmbio e a reutilização da informação. Caso contrário, podem ocorrer problemas, por exemplo, quando do compartilhamento de sua própria coleção com a de outra instituição.

Nesse sentido, existem diversos padrões de metadados e vocabulários que podem poupar tempo e esforço, uma vez que cada um deles atua com elementos padronizados. O Dublin Core (DC) e o Public Broadcasting Core (PB Core) são dois dos padrões mais utilizados para áudio e vídeo, podendo ser utilizados no contexto da história oral, como veremos.

Destes, o Dublin Core (DC)[56] é o mais antigo e disseminado, apesar de ser o que possui menos elementos. O DC foi criado em 1995 a partir de um grupo de trabalho formado por várias instituições de arquivo norte-americanas que se reuniram para propor uma padronização para os metadados em arquivos digitais, estabelecendo um conjunto de elementos mínimos para a identificação dos mes-

---

[55] Disponível para download em: <www.applesolutions.com/bantha/MH.html>. Acesso em: 29 mar. 2012.

[56] Uma grande quantidade de informações sobre o Dublin Core pode ser obtida em: <http://dublincore.org/>. Acesso em: 29 mar. 2012.

mos. No ano de 2003, o DC se tornou o padrão ISO 15836/2003. O fato de o DC ser amplamente utilizado se justifica sobretudo por sua grande simplicidade, uma vez que contém apenas 15 elementos.[57] No entanto, pode se tornar mais completo através de refinamentos (também chamados de qualificadores[58]).

Já o Public Broadcasting Core (PBCore), desenvolvido em 2005, foi originalmente concebido para a padronização e o intercâmbio de informações de emissoras de rádio e TV. O PBCore é baseado no Dublin Core, mas adiciona elementos apropriados para descrever documentos audiovisuais em específico. Vem sendo adotado para além do contexto das emissoras de rádio e TV, apresentando também utilidade para uma grande variedade de arquivos e coleções que contêm documentos sonoros e audiovisuais, incluindo a história oral.

Conforme dito anteriormente, não há um padrão específico de metadados para o uso em história oral. Apesar disso, algumas iniciativas foram desenvolvidas de modo a adaptar os campos nativos ao Dublin Core para as especificidades da história oral. Entre as informações importantes que poderiam fazer parte de um conjunto de metadados de história oral poderíamos citar nome do(s) entrevistado(s), nome do(s) entrevistador(es), local da entrevista, data e nome do projeto, entre outros, sendo possível incluir essas informações em campos do Dublin Core, utilizando seus 15 elementos ou também seus qualificadores. Foi o que fizeram, por exemplo, os responsáveis pelo projeto Florida Voices, uma iniciativa do portal eletrônico norte-americano Florida Electronic Library que visa a auxiliar as instituições do estado da Flórida a desenvolverem programas de história oral. É possível ver em detalhes como foram estruturados os campos de metadados na *homepage* do projeto,[59] sendo um exemplo bastante

---

[57] Os 15 elementos nativos ao Dublin Core são: *Título*; *Criador*; *Assunto*; *Descrição*; *Publicador*; *Contribuidor*; *Data*; *Tipo*; *Formato*; *Identificador*; *Origem*; *Idioma*; *Relação*; *Abrangência* e *Direitos*.

[58] *Audiência*; *Proveniência*; e *Detentor de direitos* são alguns dos qualificadores do Dublin Core. Uma lista de qualificadores está disponível em: <http://dublincore.org/documents/usageguide/qualifiers.shtml>. Acesso em: 23 nov. 2012.

[59] Ver em: <www.fcla.edu/FloridaVoices/catalogingInterviews.shtml>. Acesso em: 23 nov. 2012.

Gravação e preservação das entrevistas

interessante de como fazer uso de um padrão de metadados bastante difundido como o Dublin Core em entrevistas de história oral.

Mas, mesmo em sua forma expandida, o DC pode não dar conta das especificidades dos documentos audiovisuais, de modo que, nesses casos, pode ser necessário o uso de diferentes elementos provenientes de vários padrões de metadados. A adoção deste ou daquele padrão dependerá, portanto, do perfil e do nível de complexidade de uma coleção, devendo ser avaliada caso a caso.

4.4 Riscos associados ao uso de CDs e DVDs

Os Compact Disc (CD) começaram a ser comercializados no final da década de 1980, concebidos para serem suportes permanentes, cujos dados permaneceriam íntegros por décadas a fio. No entanto, tal expectativa não tardou a ser frustrada, uma vez que muitos dos primeiros CDs fabricados começaram a apresentar problemas em sua reprodução ou leitura. Ainda assim, CDs graváveis (CD-R) e DVDs graváveis (DVD-R/+R) se tornaram rapidamente suportes de gravação e distribuição de uma série de conteúdos audiovisuais.[60] Não obstante os hoje notórios riscos associados ao uso de CD-R e DVD-R como suportes de armazenamento, o seu uso permanece disseminado junto a instituições de guarda arquivística, sobretudo as de pequeno porte, tanto por seu baixo custo inicial quanto por sua praticidade. Associações ligadas à preservação de documentos sonoros e audiovisuais, como a Iasa, advertem que sistemas de armazenamento digital em massa, mesmo com toda a complexidade envolvendo seu gerenciamento, representam hoje uma solução muito mais confiável e segura para uma maior permanência dos documentos, de maneira que o uso de CD-R e DVD-R deve ser sempre questionado e evitado.

---

[60] CDs e DVDs têm a mesma espessura e tamanho. Porém, em um gravador de DVDs os raios de leitura são mais finos e menores do que em um gravador de CDs, permitindo que as informações sejam armazenadas de forma mais densa. Dessa maneira, um DVD pode, no mesmo espaço, armazenar mais informação do que um CD, incluindo imagens em alta definição.

Estudos apontam que é fantasioso mesmo o tradicional entendimento a respeito do menor custo envolvendo o armazenamento de dados em CD-R, uma vez que os suportes óticos exigem altos esforços humanos e materiais. Forçosamente, a opção pelo CD-R deveria envolver, sob pena de um grande número de dados serem perdidos, a aquisição de sofisticadas e custosas máquinas de identificação de integridades de dados, os quais devem ser verificados de maneira sistemática.

Em discos óticos graváveis, a camada de informação consiste em um sulco na superfície superior do corpo de policarbonato (um tipo de plástico) preenchido por um corante orgânico. Uma gravação é feita por um feixe de raio laser, que aquece ("queima") o corante. Por este meio, uma sequência, ou padrão, de manchas queimadas e não queimadas é criada e, por sua vez, identificada pela leitura de um raio laser.

Os CD-Rs consistem em três camadas: à base de policarbonato (primeira camada) e à camada de corante (segunda camada), já mencionadas, sobrepõe-se uma camada reflexiva (terceira camada). Além dessas, uma camada de proteção feita de verniz também é comumente encontrável nos discos óticos. Alumínio, prata, ligas de prata e ouro são usados como camadas reflexivas, e todas essas, com exceção do ouro, são propensas à oxidação.[61] A camada de verniz de proteção de CDs, portanto, desempenha um importante papel contra a penetração de umidade. As camadas reflexivas, alumínio em particular, quando oxidadas, podem fazer com que os discos se tornem ilegíveis.

Outro fator de grande incerteza é a estabilidade dos corantes usados em CDs/DVDs, que são: cianina, ftalocianina e metal azo. Cianina e metal azo são considerados quimicamente menos estáveis do que ftalocianina. No entanto, todos os corantes são sensíveis à radiação, especificamente à luz ultravioleta, de maneira que expor um CD-R à luz do dia pode torná-lo ilegível dentro de algumas semanas.

---

[61] É importante mencionar que discos com camada reflexiva de ouro não são uma garantia de segurança dos dados, pois os outros fatores mencionados relativos à composição do disco também concorrem para a deterioração do CD.

Em geral, a expectativa de vida de corantes é frequentemente citada, sobretudo pelos fabricantes, como sendo algo entre cinco e 100 anos, informação que, dada a sua imprecisão, é de pouca utilidade do ponto de vista arquivístico.

A recomendação geral sempre foi no sentido de adquirir CD-Rs de marcas confiáveis. No entanto, mesmo esses fabricantes muitas vezes não seguem os *standards*, podendo vir a alterar os corantes, bem como os componentes da camada reflexiva e do policarbonato dos suportes. Uma possibilidade para se tentar um controle mais efetivo de qualidade das mídias é obter um fornecedor que ofereça informações mais precisas provenientes da equipe técnica do fabricante.

O principal problema que podemos identificar quando da gravação ("queima") de discos óticos é a interação entre os discos "virgens" e os gravadores. Além de não haver padrões definidos nessa interação, os processos de detecção automática de erros nem sempre funcionam a contento. Testes mostraram que, escolhidas aleatoriamente, algumas combinações de discos "virgens"/gravadores produzem um elevado grau de resultados desfavoráveis. Consequentemente, o uso confiável da gravação ótica requer obrigatoriamente intensos testes envolvendo diferentes combinações de discos "virgens"/gravadores, além da verificação de cada disco produzido, bem como da verificação em intervalos regulares dos discos enquanto estiverem armazenados. Como os equipamentos de testes são caros e demandam um trabalho intenso, métodos mais profissionais e seguros podem ser utilizados para o armazenamento de dados.

Caso a aposta se dê no armazenamento dos dados em discos óticos, uma questão deve ser levada em conta. Existem duas maneiras de codificar áudio e vídeo em CDs e DVDs graváveis: uma como um arquivo (*file*) digital; e outra como um fluxo (*stream*) de áudio ou vídeo. Nesta última opção, a informação é formatada em padrão CD-DA (como os CDs de um artista musical comprado em loja), no caso do CD-R, ou em MPEG-2, no caso do DVD-R, o que pode restringir bastante o acesso on-line, além de também dificultar qualquer migração de suporte. A alternativa mais viável e segura, no caso dos suportes óticos, seria gerar arquivos digitais a partir de *softwares* — no caso do áudio, arquivos Wave seguindo as recomendações mínimas de resolução, e, no caso do vídeo, selecionar o formato de acordo com as particularidades da coleção, uma vez que, como vimos, ainda não há um padrão estabelecido para vídeo.

Quanto aos discos regraváveis (como o CD-RW), nenhuma análise confiável acerca da durabilidade a médio ou longo prazo desses suportes foi realizada. Mas podemos dizer, do ponto de vista puramente prático, que discos óticos regraváveis podem apresentar um risco maior caso sejam utilizados para um propósito de preservação, uma vez que os dados podem ser facilmente regravados por mero acidente, com a consequente perda dos arquivos originais.

A velocidade utilizada na gravação dos discos também é um fator de risco. A velocidade de gravação, determinada pelos fabricantes dos drives e dos discos, vem aumentando consideravelmente ano após ano, alcançando valores como 52x,[62] e continua subindo. É importante salientar que os discos que alcançam altas velocidades utilizam menos corantes, o que pode indicar uma menor expectativa de vida. Ainda que possa existir uma velocidade ideal de gravação a partir da qual o disco produzido obtém uma melhor performance, identificar essa suposta velocidade deve envolver testes de tentativa e erro a partir de um disco de testes confiável.

Uma vez sendo itens compostos por diferentes materiais, incluindo corantes e plásticos, os CD-Rs são suscetíveis à deterioração em função de reações químicas que ocorrem de maneira paulatina. Optar pelos discos óticos como suportes de armazenamento requer, obrigatoriamente, uma rotina de monitoramento de erros, de modo que seja possível copiar aqueles discos que estejam atingindo o limite de suas expectativas de vida. Uma rotina de testes permanente em discos óticos, é bom lembrar, é um procedimento que toma bastante

---

[62] Os primeiros drives de CD fabricados operavam a uma velocidade de transferência (ou gravação) de 150 kbps (kilobytes por segundo). Com o passar dos anos, novos drives foram surgindo no mercado, multiplicando essa taxa de transferência: 2x, 4x, 8x etc. Portanto, uma velocidade de 56x, por exemplo, corresponde a 56 150 kbps, totalizando 8.400 kbps. Cada drive suporta uma velocidade máxima de gravação, assim como os discos.

Gravação e preservação das entrevistas

tempo no contexto de um fluxo de trabalho de uma instituição, adicionando elevados custos a um longo prazo.

Nenhuma instituição de guarda deveria fazer uso de CD-Rs e DVD-Rs como suportes de armazenamento sem utilizar um equipamento de medição de erros confiável. A maioria dos equipamentos de reprodução de discos óticos tem alguma capacidade de corrigir erros, o que mascara os efeitos da degradação até determinado ponto; daí em diante, todas as cópias começam a falhar. Para a maior parte dos consumidores, um CD-R para de funcionar quando o *drive* de leitura não consegue mais "ler" os dados contidos no disco. No entanto, como os drives não são ditados por padrões, um disco que é lido corretamente em um *drive* pode falhar em outro.

Um equipamento de teste profissional, contendo *drives* dedicados, é recomendável para uma verificação de testes minimamente precisa. No entanto, tal solução esbarra em custos elevados. Quando da publicação da 2ª edição do manual de recomendações da Iasa, em 2009, o valor dos equipamentos de teste de alta qualidade, bastante precisos, variava de U$ 30 mil, para os modelos mais básicos, até acima dos U$ 50 mil.[63] O preço elevado é atribuído sobretudo aos *drives* de alta qualidade, essenciais para testes precisos e confiáveis. Atualmente, existem três fabricantes de equipamentos de teste de alta qualidade: Audio Development,[64] DaTarius[65] e Expert Magnetic Corporation.[66] Há também equipamentos de testes de média qualidade, que utilizam *drives* simples de PC especialmente selecionados e calibrados. Caso se opte por um equipamento desses, é recomendável que se faça um levantamento a respeito dos tipos de drives disponíveis no mercado, bem como da precisão de cada dispositivo. Atualmente, um fabricante que comercializa equipamentos de média qualidade é

---

[63] Ver IASA-TC 04. *Guidelines on the production and preservation of digital audio objects.* (Second Edition) Kevin Bradley, Editor. Aarhus, Denmark: International Association of Sound and Audiovisual Archives (Iasa), 2009. p. 135.

[64] Disponível em: <www.audiodev.com>. Acesso em: 2 dez. 2012.

[65] Disponível em: <www.datarius.com>. Acesso em: 2 dez. 2012.

[66] Disponível em: <www.expertmg.co.jp>. Acesso em: 2 dez. 2012.

o Clover Systems.[67] Há também um grande número de *softwares* disponíveis para *download* que operam testes de CDs e DVDs no próprio *drive* interno do computador. No entanto, em função da pouca precisão dos *drives* e das limitações dos softwares, uma opção desse tipo não é recomendável para propósitos de preservação.

4.5 Armazenamento e controle de temperatura e umidade em áreas de acervo

Para prolongar a expectativa de vida dos suportes sonoros e audiovisuais, uma das estratégias mais tradicionais, e que continua trazendo resultados positivos, é o controle dos índices de temperatura e umidade relativa (UR) nas áreas de acervo. Altas temperaturas podem causar uma série de danos aos suportes sonoros e audiovisuais, entre eles a deformação estrutural de uma fita cassete, por exemplo, impedindo sua entrada nos compartimentos de fita dos gravadores. Ainda partindo do exemplo da fita cassete, índices altos de umidade relativa podem ocasionar reações de hidrólise, deformando a fita ou até mesmo conduzindo à perda de partículas magnéticas — o que significa a perda de conteúdo gravado.

Ainda não foram estabelecidos pela comunidade arquivística internacional valores padronizados de temperatura e UR para armazenamento de documentos audiovisuais, mas, de modo geral, os índices considerados ótimos giram em torno de: 8 a 10°C de temperatura, com variações de um grau; e 25% a 30% de UR, com variações de 5%. No entanto, esses são obviamente valores estabelecidos em um contexto de países temperados, fazendo com que sua adoção no Brasil e nos demais países tropicais seja algo proibitiva, envolvendo altos investimentos (incluindo a constante manutenção dos aparelhos). A recomendação mais importante a ser seguida envolve o estabelecimento de índices estáveis de temperatura e UR, diariamente mantidos e

---

[67] Disponível em: <www.cloversystems.com>. Acesso em: 2 dez. 2012.

Gravação e preservação das entrevistas

controlados ao longo de todo o ano, pois os mais graves danos causados aos documentos são oriundos muito mais de variações bruscas dos valores, e menos em virtude deste ou daquele valor adotado. As instituições devem, portanto, adotar valores viáveis e calcados na realidade, que possam ser seguidos ao longo de todo um ano.

É importante mencionar que o Conselho Nacional de Arquivos (Conarq)[68] vem produzindo alguns importantes documentos com recomendações voltadas para a construção de arquivos, dando ênfase à questão do controle ambiental dos acervos.[69] Ainda que algumas dessas publicações sejam razoavelmente antigas, suas recomendações são, em linhas gerais, ainda aplicáveis e válidas. No que se refere ao controle ambiental de acervos para o contexto brasileiro, o Conarq recomenda os seguintes valores para cada tipo de documento:

Tipos documentais	Temperatura		Umidade relativa (UR)	
	Valor recomendado	Variação diária admitida	Valor recomendado	Variação diária admitida
Papéis	20°C	+/- 1°C	45%-55%*	+/-5%
Fotografias em preto e branco	12°C	+/- 1°C	35%	+/- 5%
Fotografias em cor	5°C	+/- 1°C	35%	+/- 5%
Registros magnéticos	18°C	+/- 1°C	40%	+/- 5%

* A faixa segura de umidade relativa é entre 45% e 55%, com variação diária de +/- 5%.

Há diversos equipamentos e sistemas voltados para o controle de temperatura e UR nas áreas de guarda, sendo os *dataloggers* os que oferecem talvez o melhor custo-benefício. Aparelhos voltados para a gravação de dados ao longo de um período de tempo, os *dataloggers* são portáteis, não ultrapassando muito as dimensões de um maço de cigarros, e capazes de produzir registros a intervalos programáveis. Além disso, conectando o aparelho a uma porta USB de um compu-

---

[68] Ver em: <www.conarq.arquivonacional.gov.br>. Acesso em: 2 dez. 2012.
[69] Ver em: <www.conarq.arquivonacional.gov.br/Media/publicacoes/recomendaes_para_construo_de_arquivos.pdf>. Acesso em: 2 dez. 2012.

tador simples, é possível produzir relatórios sob a forma de tabelas ou gráficos, os quais permitem uma leitura mais pormenorizada das oscilações dos valores de temperatura e UR. Existem atualmente alguns modelos de *dataloggers* com tecnologia *wireless*, que eliminam a necessidade de retirada dos aparelhos dos locais de guarda quando da geração de relatórios, que podem então ser produzidos a distância.[70]

A importância do controle da umidade nos ambientes de armazenamento deve ser enfatizada, uma vez que atualmente a alta umidade é considerada mais danosa aos documentos a longo prazo do que as elevadas temperaturas — ao contrário da ideia comumente propagada, que apontava para maiores cuidados com a temperatura. O uso de desumidificadores pode ser uma necessidade, caso os próprios equipamentos de ar-condicionado não possuam sistema de desumidificação embutido. A escolha do desumificador ideal deve levar em conta sua capacidade de remoção de água (litros/dia) relacionada à área do piso da área de guarda. O uso de desumidificadores envolve a retirada diária da água acumulada em seus reservatórios, pois do contrário a umidade relativa do ambiente pode se elevar ainda mais.

A localização das áreas de armazenamento no interior de um prédio ou construção é algo a ser levado em conta quando da escolha de um local de guarda adequado. Idealmente, as áreas de guarda devem se localizar no centro de um prédio, ligeiramente elevadas a partir do piso térreo, o que permite um controle eficaz sobre todos os fatores ambientais, envolvendo temperatura, umidade, água, poeira, poluição, luz etc. Qualquer localização nas bordas de um prédio torna tal controle mais difícil e, possivelmente, menos eficaz. E qualquer localização inferior ao nível do solo torna os custos com ar-condicionado mais elevados.

Atualmente, armários e prateleiras de metal ou aço são recomendáveis, pois, ao contrário do que se costumava crer, não existe o risco de utilizá-los para o armazenamento de suportes magnéticos, contanto

---

[70] A Testo, empresa alemã especializada em instrumentos de medição, produz alguns modelos de *datalogger* de boa qualidade. Ver em: <www.testo.com.br>. Acesso em: 24 nov. 2012.

Gravação e preservação das entrevistas 119

que não estejam eles próprios magnetizados de alguma maneira[71] e enquanto não haja risco de se tornarem parte do sistema de para-raios da edificação, na eventualidade de um sinistro. Muito utilizados sobretudo nos anos 1950 e 1960, os armários de madeira são atualmente desencorajados em função das dificuldades que envolvem sua higienização, bem como sua propensão ao surgimento de cupins e micro-organismos. Todos os suportes sonoros e audiovisuais — incluindo discos e fitas — devem ser armazenados na posição vertical. Somente discos de acetato e películas cinematográficas devem ser armazenados horizontalmente, em pilhas pequenas. Finalmente, o piso das áreas de acervo deve ser de concreto ou de outro material não abrasivo, preferencialmente de cor escura, de modo a tornar a sujeira visível.

4.6 Sistemas de armazenamento digital

Como vimos anteriormente, CDs e DVDs não são suportes recomendáveis para a preservação de registros sonoros e audiovisuais, sob pena de colocá-los em risco. Veremos que outras soluções, envolvendo sistemas de armazenamento digital, podem representar uma alternativa mais segura, proporcionando uma preservação de longo prazo.

Um aspecto fundamental, bastante propagado quando se trata das estratégias de manutenção de dados digitais, é considerar a preservação apenas do suporte uma ação insuficiente, de modo que, atualmente, a atenção maior deve ser dirigida à preservação dos dados digitais (que estão contidos em um suporte). Para tanto, um profissional ou um grupo de profissionais deve ficar responsável pela manutenção e proteção dos dados, algo que requer um conjunto de conhecimentos e habilidades técnicas específicas. Mesmo em instituições menores, alguém deve ser responsável pelo gerenciamento dos dados, sob pena de colocar os mesmos em risco.

---

[71] Acessórios ou peças com componentes magnéticos instalados no armário, como fechos magnéticos ou leitores de código de barras, podem ser um risco para os materiais armazenados.

Sistemas de armazenamento de dados devem ser selecionados a partir das necessidades de cada instituição. É importante prever o crescimento de dados que acontece anualmente, tanto para a aquisição de equipamento adequado quanto para que não haja risco de falta de espaço de armazenamento. Outro aspecto fundamental é a capacidade que o sistema de armazenamento deve ter de poder duplicar os dados sem perdas, bem como transferir os dados para novos suportes, também sem perdas. Na infraestrutura do sistema também tem de ser possível armazenar os metadados e, ao mesmo tempo, relacioná-los ao seu respectivo objeto digital, facilitando a identificação e a recuperação das informações. No entanto, é importante salientar que estratégias de gerenciamento de dados não devem ser atribuições restritas aos profissionais de tecnologia da informação (TI), uma vez que dizem respeito às responsabilidades de todo o corpo de profissionais que lida direta ou indiretamente com a guarda dos dados digitais.

Um grande desafio para os profissionais que gerenciam documentos sonoros e audiovisuais é fazer um acompanhamento constante das mudanças tecnológicas, que implicam alterações de *hardware*, *software* e formatos de arquivo. É responsabilidade desses profissionais fazer com que o conteúdo dos dados digitais esteja acessível e disponível para os usuários atuais e futuros, respeitando questões de autenticidade e integridade. Os dados digitais só têm utilidade caso possam ser devidamente lidos no futuro: um arquivo digital de áudio, por exemplo, deve ser escutado devidamente, enquanto um arquivo digital de vídeo deve ser assistido sem adulterações. Daí a importância da seleção do formato de arquivo adequado, para que seu conteúdo possa ser devidamente reproduzido no futuro. A escolha de um formato que gere compressão com perda (*lossy*), por exemplo, pode comprometer a maneira pela qual os dados nele contidos vão ser lidos no futuro, uma vez que já foram adulterados em sua origem.

Além da questão da reprodução, os arquivos digitais também têm de ser devidamente identificados, para que seu conteúdo possa ser recuperado a qualquer momento. Para isso, é fundamental a inserção de um conjunto de metadados, preferencialmente associados a uma base de dados, que seja simples, mas que, ao mesmo tempo, possibilite a identificação e a recuperação dos conteúdos.

Há também um aspecto econômico que é de grande relevância quando estamos tratando da manutenção de dados digitais em um longo prazo. Os custos para manter uma coleção de arquivos digitais de áudio e, sobretudo, de vídeo são bastante altos, de modo que os investimentos devem ser contínuos e sem interrupções, sendo de responsabilidade das instituições a elaboração de um planejamento e de um orçamento que prevejam, de maneira realista e factível, a preservação dessas coleções em um longo prazo. A preservação de coleções digitais, entendida de maneira ampla, deve ser, portanto, parte integrante do orçamento anual das instituições de guarda, de maneira a se somar ao conjunto de responsabilidades envolvendo a área de preservação. Uma vez que as alterações tecnológicas são constantes e o panorama econômico pode se modificar sem aviso, uma alternativa viável seria manter o armazenamento de dados digitais sob a guarda de uma instituição parceira, de modo que questões relativas a formatos de arquivos, padrões e organização de dados devem ser estabelecidas em comum acordo, assim como questões técnicas de gerenciamento de conteúdo.

O chamado sistema de armazenamento digital em massa (Digital Mass Storage System — DMSS) se refere a um sistema baseado em TI que foi planejado e construído para possibilitar o armazenamento e a manutenção de grande quantidade de dados para um determinado período de tempo. Esses sistemas podem se apresentar de diversas formas, mais ou menos complexas, mas consistindo, de maneira geral, de um ou mais discos rígidos, juntamente a uma série de fita de dados, todos associados a um ou mais computadores que controlam o sistema.

As fitas de dados são utilizadas apenas em conjunto com outros componentes de um DMSS, geralmente cumprindo a função de suportes para *back-up* dos dados. As fitas de dados mais utilizadas são as do tipo Linear Tape-Open (LTO), um padrão desenvolvido pelas empresas Hewlett-Packard, IBM e Certance que possibilita uma alta taxa de transferência de dados associada a uma grande capacidade de armazenamento. A compatibilidade para acesso de leitura das fitas LTO é geralmente assegurada por duas ou três gerações anteriores da mídia. Ou seja, drives de LTO-5, por exemplo, podem ler fitas LTO-5, LTO-4, LTO-3, mas não podem ler fitas LTO-2 e LTO-1. Em consequência disso, cada geração de *drives* de fita e de mídias pode se manter disponível no mercado entre quatro e seis anos; após esse período, será necessário providenciar as devidas migrações de dados.

Para operações de pequena escala, ainda que mantendo os princípios de um DMSS, é possível realizar o *back-up* de dados utilizando uma única estação de trabalho interligada a um *drive* de fita LTO, de modo que as fitas são manualmente alimentadas para que sejam armazenadas em estantes tradicionais. O passo seguinte, mais sofisticado em comparação aos *drives* individuais de fitas LTO, são os chamados *autoloaders*, que geralmente apresentam um ou dois *drives* e um carrossel de fitas de dados, que são alimentadas sequencialmente para as operações de *back-up*. Os *autoloaders*, como o próprio nome sugere, automatizam a tarefa de gravação e leitura das fitas, evitando o trabalho humano de um operador, que teria de alimentar fita a fita em uma longa sequência de *back-ups*.[72] No entanto, o trabalho de busca, recuperação e alimentação dos arquivos permanece tarefa de um operador — procedimento que somente pode ser automatizado em sistemas de grande escala, que utilizam robôs para alimentar bibliotecas de fitas LTO.

É um procedimento recomendável manter pelo menos uma cópia dos dados *off-site*, isto é, separada geograficamente das matrizes. Para reduzir ainda mais os riscos de perda de dados, cópias podem ser feitas a partir da aquisição de diferentes lotes ou fornecedores de fitas, ou até mesmo fazendo uso de tecnologias diferentes. Algumas fitas de dados são produzidas por um único fabricante, de modo que as chances de problemas tornam-se maiores. Ainda que o custo por unidade de fita seja razoavelmente alto, os custos de *hardware* e *sof-*

---

[72] A Dell produz alguns modelos de *autoloaders*, como os da série PowerVault. Ver em: <www.dell.com/us/business/p/powervault-124t-lto4hh/pd>. Acesso em: 24 nov. 2012.

Gravação e preservação das entrevistas

tware que gerenciam os drives de fita, por outro lado, sobem muito pouco quando se aumenta a quantidade de cópias, sendo vantajosa e muito mais segura a opção de gerar três cópias de fitas em vez de uma ou duas apenas.

Especialistas em gerenciamento de dados consideram o disco rígido (HD) um suporte muito pouco confiável para ser utilizado como solução única de armazenamento de um item, e ao mesmo tempo muito caro para o uso em múltiplos discos em série (*disk arrays*). Ainda que alguns especialistas concordem que o sistema de armazenamento de dados mais confiável consista no uso de HDs em série acompanhados de cópias múltiplas em fita LTO, a contínua redução nos custos dos HDs, associada a um suposto aumento de sua confiabilidade, faz do conceito de cópias idênticas de dados em HDs separados uma possibilidade — de modo a descartar, portanto, o uso de fitas. No entanto, o uso de HDs como meio único de armazenamento esbarra em três dificuldades principais. Em primeiro lugar, a expectativa de vida de um disco rígido é estimada em termos da quantidade de horas em operação, enquanto ele permanece ligado, de modo que não existem testes referentes ao uso eventual de um HD, ou mesmo de um HD que permanece desligado durante um longo período de tempo. Em segundo lugar, é vantajoso manter dados em diferentes tipos de mídia, uma vez que os riscos podem se dividir, não se restringindo a uma só mídia. Finalmente, não há maneira de se monitorar o estado de um disco rígido mantido em uma estante sem colocá-lo em operação em intervalos regulares. O princípio de utilização de múltiplas mídias, portanto, permanece, de modo que o armazenamento apenas em HD constitui um risco. Em função da sua curta expectativa de vida, se recomenda que os discos rígidos sejam trocados no máximo a cada cinco anos, pois após esse período é grande o risco de perda de dados.

Quando uma grande quantidade de dados de áudio e de vídeo é armazenada em HDs, estes geralmente são incorporados a um sistema Redundant Array of Independent Disks (Raid), que proporciona uma maior velocidade no acesso aos dados, bem como aumenta a confiabilidade de todo o sistema de discos rígidos. O Raid é um conjunto de *drives* de disco em série que atua como se fosse um grande e único sistema de armazenamento em disco rígido, de modo que, caso um disco falhe, os demais discos integrantes da série (*array*) entram em ação para reconstruir os dados. Os sistemas Raid podem ter vários níveis, que por sua vez implicam diferentes graus de redundância, de modo que a escolha do nível adequado deve ser avaliada para cada situação, levando em conta a frequência da alimentação dos dados. Geralmente, os HDs instalados em um DMSS se baseiam em sistemas Raid, os quais podem também ser instalados em computadores pessoais, variando seu grau de segurança. Conforme já salientado, o uso de HDs, mesmo em sistemas mais confiáveis como os Raid, deve ser associado à geração de cópias múltiplas em outros suportes, preferencialmente em fitas de dados.

Portanto, ao se montar um programa de história oral, a estratégia mais importante é tentar multiplicar os dados em várias mídias, as quais, por sua vez, devem ser preferencialmente de tipos diferentes, de acordo com as possibilidades de orçamento. Uma primeira estratégia, de baixo custo mas, ao mesmo tempo, envolvendo um risco maior, seria multiplicar os dados em vários HDs externos, de modo que estes possam ser armazenados distantes um do outro. Uma opção mais segura seria, além do uso de vários HDs, copiar os dados em fitas LTO, em, se possível, dois conjuntos de fitas pelo menos. Em seguida, uma estratégia ainda mais segura seria manter HDs funcionando em um sistema Raid, além da geração de cópias em fitas LTO. Finalmente, a opção mais segura e confiável envolveria o armazenamento de dados em um sistema digital de massa (DMSS), que, como vimos, implica HDs funcionando em série (com redundância e mecanismos de prevenção de erros) associados a *back-ups* em fitas LTO.

Uma nova tecnologia de armazenamento está surgindo, e pode ser mais uma alternativa para a preservação de dados digitais em grande volume nos próximos anos: a memória *flash*.[73] Essa tecnologia já pode ser encontrada em alguns *laptops*, de modo que alguns

---

[73] A memória *flash* é um chip de memória que mantém informações armazenadas sem a necessidade de uma fonte de energia, sendo muito utilizada em eletrônicos portáteis, como aparelhos de mp3, smartphones, câmeras digitais, e sobretudo *pendrives*.

Gravação e preservação das entrevistas

fabricantes começaram a apresentar sistemas de armazenamento de baixo custo que fazem uso da memória *flash*, havendo também planos para investimentos futuros em sistemas de armazenamento de massa. Afora o seu custo, cada vez mais competitivo, a memória *flash* tem também a vantagem de ser ecologicamente correta, em função de seu baixo consumo de energia, e de não possuir partes removíveis, o que pode representar uma maior expectativa de vida para as unidades de armazenamento. Caso os estudos apontem que a memória *flash* tenha uma expectativa de vida mesmo que um pouco superior aos discos rígidos tradicionais, isso representará economia significativa nos custos e no gerenciamento dos sistemas de armazenamento, uma vez que haverá intervalos maiores de atualizações e migrações de *hardware* e *software* que compõem um DMSS.

Mais recentemente, outro conceito relativo à preservação de dados, que difere do *back-up* tradicional, surgiu no mercado. Chama-se *archiving* e destina-se à guarda de conteúdos fixos, ou seja, os quais, uma vez gerados, não são mais modificados. Os sistemas que utilizam *archiving* costumam ter um mecanismo que identifica os arquivos que não são modificados, retendo esses dados no *storage*, sem a possibilidade de alterá-los. Esses sistemas fazem uso de uma tecnologia chamada *content-addressable storage* (CAS), que acessa os dados armazenados de acordo com o tipo do seu conteúdo, e não com a sua localização em um *storage*. Ainda que haja pouca documentação publicada a respeito até o momento, o *archiving* parece ser uma opção mais adequada e segura para a guarda de documentos históricos, pois o sistema não permite que conteúdos que se mantêm fixos sejam indevidamente atualizados e corrompidos. Porém, o único inconveniente dos sistemas que utilizam *archiving* ainda é o seu alto custo.

4.6.1 Como manter a longevidade dos arquivos digitais

A tarefa de converter um conteúdo audiovisual para um formato digital confiável e, consequentemente, mantê-lo em um sistema de armazenamento devidamente seguro é de suma importância no contexto da preservação. No entanto, não só a manutenção dos dados digitais em sua estrutura lógica deve ser assegurada, mas também o conteúdo presente nos arquivos deve estar sempre disponível. Um plano de preservação deve prever, portanto, que não só os arquivos se mantenham íntegros ao longo do tempo, mas que também seus conteúdos estejam disponíveis para uma dada comunidade de usuários, mesmo que o ambiente tecnológico se torne obsoleto de uma hora para outra. Em um plano de preservação, devem ser observadas as tendências da preservação, para que ações efetivas voltadas para a manutenção dos conteúdos sejam colocadas em prática.

O importante é sempre tentar aderir aos formatos os mais padronizados possíveis,[74] pois estes costumam se manter por períodos mais longos disponíveis, além de receberem maior suporte tanto da comunidade de preservação quanto da indústria. Mas, mesmo com a escolha acertada do formato e o acompanhamento das tendências da indústria, chegará o momento em que ações deverão ser tomadas para que determinado formato de arquivo se mantenha legível e reconhecível. A grande questão para os arquivistas é saber quais ações deverão ser tomadas e qual o momento certo para colocá-las em prática. O arquivista deverá observar que os *softwares* não são mais capazes de sustentar determinado formato de arquivo, e ao mesmo tempo identificar os movimentos da indústria em direção a outro formato. É, portanto, tarefa do arquivista estar sempre atento às tendências da tecnologia, da indústria e do mercado, bem como se manter constantemente atualizado por meio dos debates travados no campo da preservação audiovisual.

4.6.2 Como manter a integridade dos arquivos digitais

Ainda que, no ambiente on-line, a confiabilidade de uma instituição continue sendo um fator preponderante, um documento origi-

---

[74] Uma maneira de saber mais detalhes a respeito dos formatos é visitando esta página da Library of Congress norte-americana, onde é possível identificar os formatos *standards*, ou até mesmo aqueles que são de uso livre, ou seja, não proprietários: <www.digitalpreservation. gov/formats/index.shtml>. Acesso em: 24 nov. 2012.

Gravação e preservação das entrevistas

nal não costuma ser disponibilizado on-line, pois é grande a possibilidade de ocorrerem erros acidentais dentro do ambiente de rede que venham a corromper o arquivo digital, em menor ou maior medida. Para evitar isso, foram criados alguns sistemas que matematicamente verificam a autenticidade e a integridade de um documento digital. A integridade de um documento se verifica pelo quanto foi danificado ou adulterado. Os chamados *checksums* são algumas das ferramentas mais utilizadas para verificar a integridade de um item. O *checksum* é um valor calculado que verifica se todos os dados armazenados, transmitidos ou copiados estão íntegros, sem erros. O valor é calculado de acordo com um algoritmo que fica agregado a um dado, e à medida que esse dado é frequentemente acessado, um novo *checksum* é calculado e comparado com o original. Se os valores de *checksum* forem os mesmos, não há indicativo de erros. Falhas acidentais podem ser facilmente detectáveis pelos *checksums*, mas, em situações que envolvem danos intencionais, um sistema de segurança mais elaborado deve ser levado em conta.

Um dos algoritmos mais utilizados para verificação de integridade de dados é o chamado Message-Digest algorithm 5 (MD5), muito presente em *softwares* baseados em redes *peer-to-peer* (como os programas de compartilhamento de arquivos MP3). Há uma grande quantidade de *softwares*, inclusive gratuitos, capazes de gerar e verificar *checksums* baseados em MD5, o que o torna o algoritmo mais acessível para a verificação de integridade de dados.

Então, como podemos proceder na prática para utilizarmos essa verificação digital através do *checksum*? Ao gerarmos um arquivo digital (seja ele *born digital* ou oriundo de digitalização de uma fita analógica, por exemplo), podemos abri-lo em um desses *softwares*, que geram um número (o *checksum*), que tanto pode ser armazenado embutido no próprio arquivo, quanto em um arquivo separado, com extensão .md5. A verificação de dados deve ocorrer quando esse arquivo é duplicado e deslocado de uma mídia para outra, seja de um HD para outro, seja de um HD para um servidor, ou através de qualquer outra movimentação. Terminado esse processo, o arquivo copiado deve ser novamente aberto no *software*, que compara o número (*checksum*) do arquivo original com o número do arquivo copiado. Caso os números sejam diferentes, algum problema deve ter ocorrido durante a transferência do arquivo de um local para outro, devendo haver, portanto, uma nova tentativa de duplicação e transferência do arquivo.

4.7 Estratégias de acesso a arquivos digitais

Por mais eficazes e seguras que possam ser, as estratégias de *preservação* de documentos são de pouca valia se não houver por parte das instituições uma perspectiva de *acesso*, por meio da qual as informações armazenadas possam ser encontradas, recuperadas e utilizadas pelo público. Nesse sentido, a Iasa, no guia *The safeguarding of the audio heritage: ethics, principles and preservation strategy* (*TC 03*), estabelece que "a meta principal de um arquivo é garantir acesso sistemático à informação armazenada".[75] Contudo, o pré-requisito indispensável para alcançar essa meta é preservar a informação que está sob os cuidados da instituição. Logo, podemos verificar que preservar e dar acesso são ações complementares e indispensáveis, devendo sempre ocorrer conjuntamente e constar como metas prioritárias das instituições que armazenam documentos arquivísticos. A *Carta para a preservação do patrimônio arquivístico digital*, publicada pelo Conarq em 2004, aponta que a preservação dos documentos tem por objetivo

> garantir a autenticidade e a integridade da informação, enquanto o acesso depende dos documentos estarem em condições de serem utilizados e compreendidos. O desafio da preservação dos documentos arquivísticos digitais está em garantir o acesso contínuo a seus

---

[75] *IASA-TC 03. The safeguarding of the audio heritage: ethics, principles and preservation strategy*. Version 3, December 2005. Iasa Technical Committee, Dietrich Schüller, Editor. p. 3 (tradução minha).

Gravação e preservação das entrevistas

conteúdos e funcionalidades, por meio de recursos tecnológicos disponíveis à época em que ocorrer a sua utilização.[76]

Em sua forma mais simples, o acesso envolve a capacidade de identificar um conteúdo e, a partir de demandas de usuários, permitir a recuperação do conteúdo para escuta ou visualização. Caso os direitos associados ao conteúdo permitirem, o acesso envolve também a disponibilização de cópias. No entanto, o acesso, sobretudo nos ambientes on-line ofertados pela internet, deve ser mais do que a mera capacidade de disponibilizar um conteúdo. Um sistema de acesso profissional deve envolver mecanismos de distribuição de conteúdos e permitir a interação e a negociação dos mesmos. De acordo com o manual da Iasa, o acesso, nesses novos modelos de serviço baseados na recuperação, "pode ser considerado um diálogo entre o sistema do provedor do conteúdo e o navegador do usuário".[77]

Antes da existência do acesso remoto possibilitado pelas redes on-line, questões como autenticidade e integridade dos conteúdos eram estabelecidas pelos bibliotecários e arquivistas presentes nas salas de consulta das instituições. Nesse caso, os representantes das instituições zelavam pela integridade do conteúdo disponibilizado, de modo a garantir também que determinado documento fosse considerado autêntico. Caso a autenticidade de uma cópia do documento fosse contestada, seria possível, nesse caso, solicitar o original.

Também fundamentais para a questão do acesso são os metadados, justamente por proporcionarem a identificação dos conteúdos. Um sistema de distribuição de conteúdos eficiente deve passar necessariamente pelo uso de metadados padronizados e bem estruturados, pois, do contrário, a informação corre o risco de se manter inacessível. Interfaces de acesso sofisticadas que utilizam, por exemplo, li-

---

[76] Ver em: <www.conarq.arquivonacional.gov.br/Media/publicacoes/cartapreservpatrimarqdigitalconarq2004.pdf>. Acesso em: 3 jan. 2013.

[77] IASA-TC 04. *Guidelines on the production and preservation of digital audio objects*. (Second Edition) Kevin Bradley, Editor. Aarhus, Denmark: International Association of Sound and Audiovisual Archives (Iasa), 2009. p. 115 (tradução minha).

nhas do tempo e mapas virtuais somente funcionarão a contento se estiverem embasadas por metadados bem estruturados e organizados. A maneira mais econômica que envolve a criação e o gerenciamento dos metadados é garantir que todos os itens necessários para a divulgação estejam já estabelecidos antes da alimentação dos conteúdos em uma base de dados. Os metadados devem ser criados antecipadamente para que, quando chegarem ao nível de acesso, já possuam todos os componentes necessários para que a divulgação dos conteúdos se dê de maneira eficaz.

Um dos componentes fundamentais relativo ao acesso são os formatos específicos para difusão de conteúdos sonoros e audiovisuais. Quase sempre em versão comprimida, justamente para que cheguem aos usuários com rapidez e facilidade, os formatos para difusão podem ser criados rotineiramente ou solicitados sob demanda. Costumam ser acessados por *streaming* ou mediante *download*. Nos casos em que os direitos autorais são um fator a se considerar, a opção costuma ser pelo *streaming*, uma vez que o *download* permite que o arquivo fique armazenado na própria máquina do usuário.[78] No que se refere ao áudio, o Real Media e o Quicktime costumam ser as opções mais utilizadas para *streaming*, enquanto o MP3 é o formato predileto para *download* — sendo, inclusive, um dos formatos mais populares na internet. Quanto ao vídeo, a popularização do YouTube e suas variantes fez com que o *streaming* de vídeo se tornasse a opção mais viável, pois permite uma visualização rápida e eficiente de vídeos — mas desde que haja uma banda larga, mesmo que simples. Os formatos mais utilizados para *streaming* são o MPEG-4 e o Flash Video, ambos utilizando o codec H.264[79] na maior parte dos casos. Uma das grandes vantagens trazidas pelo H.264 é permitir uma alta

---

[78] Ainda que o *streaming* dificulte o *download* de um arquivo, ele não o impede, uma vez que é possível baixar um conteúdo através de *softwares* dedicados a essa tarefa.

[79] O *codec* H.264 pode ser gerado a partir dos principais *softwares* de edição de vídeo, como Final Cut, Adobe Premiere, entre outros. *Softwares* voltados para outras funções, como o MPEG Streamclip, dedicado à conversão de formatos de arquivos de áudio e vídeo, também geram o H.264.

Gravação e preservação das entrevistas

compressão (resultando em arquivos menores) sem comprometer muito a qualidade do vídeo. Como não existem padrões estabelecidos para a seleção de formatos de difusão, a escolha deve recair nos formatos que facilitem o acesso do usuário ao conteúdo. Desse modo, é comum haver, em muitas instituições, a disponibilidade de mais de um formato, como o MPEG-4 e o WMV, ou o MPEG-4 e o Quicktime, contendo até mesmo tipos de compressão diferentes, para que usuários com conexão à internet de qualidades diversas sejam todos contemplados.

Muitas instituições podem optar por gerar dois arquivos máster: primeiramente, um *máster de preservação* representando o mais fielmente possível o documento original, seguindo os padrões já aqui apontados; e um segundo, habitualmente chamado de *máster de produção*, que seria uma versão processada, com o intuito de aprimorar a qualidade do conteúdo de áudio ou de vídeo. O processamento pode envolver o uso de ferramentas de redução de ruído, equalização, eliminação de *clicks*, ou, no caso do vídeo, tratamento de cores e ajuste de sincronismo, entre outras intervenções. É a partir desses arquivos *máster de produção* que costumam ser gerados os arquivos derivados para acesso — isso nos casos em que se vê a necessidade de se gerar arquivos máster de produção. A disponibilização de arquivos processados deve, no entanto, ser conduzida com cautela e pautada pela clareza, já que envolve conteúdos que, em maior ou menor medida, foram modificados. Portanto, é papel das instituições deixar transparente para seus usuários que os arquivos processados são uma representação modificada dos documentos originais. Se uma entrevista originalmente gravada em fita cassete, por exemplo, apresentar muitos ruídos e se opte pela redução dos mesmos por meio de um *software*, essa operação deve ser explicitada em um campo de observações ou similar, para que o ouvinte tenha ciência de que a informação sonora foi alterada de alguma forma. É também importante lembrar que a geração do máster de produção implica a necessidade de mais espaço de disco para armazenamento, sobretudo no caso do vídeo, o que pode inviabilizar tal estratégia para muitas instituições em função do seu alto custo.

O acesso aos conteúdos também pode ser oferecido off-line, ou seja, no interior das próprias instituições, seja através de computadores com arquivos digitais disponíveis, ou até mesmo pelo uso de mídias como CDs e DVDs — as quais, caso utilizadas apenas para finalidades de acesso, podem ser uma boa opção. Se, por um lado, se trata de uma solução de alcance limitado e pouco eficiente se comparada à dinâmica trazida pela internet, o acesso off-line e local é muitas vezes inevitável, sobretudo nos casos em que questões de direitos de autor ou uso de imagem restringem a difusão da entrevista. O mesmo documento pode, por exemplo, estar disponível na íntegra na sala de consultas de determinada instituição, enquanto apenas alguns de seus pequenos trechos são ofertados para o acesso on-line. No entanto, é importante mencionar que há nos últimos anos uma inclinação mais generalizada entre os arquivos, tanto no Brasil como no exterior, pela tentativa de disponibilizar uma vasta quantidade de documentos, visando ao acesso público dos conteúdos. Os esforços, porém, costumam muitas vezes esbarrar em restrições orçamentárias e na falta de estratégias para a construção de sistemas de acesso eficientes.

4.8 Ferramentas de auxílio à transcrição de entrevistas

Na passagem de uma entrevista de história oral para a forma escrita, a transcrição é uma das etapas mais importantes. Nos últimos anos, algumas ferramentas bastante eficientes surgiram no mercado, facilitando e agilizando de modo significativo o trabalho de transcrição. É importante mencionar que, no caso da história oral, mas não só, a transmissão de arquivos digitais foi muito facilitada por serviços de compartilhamento que utilizam tecnologia de "nuvem". O envio de materiais para transcrição, por exemplo, seja de arquivos de áudio ou até mesmo de vídeo, ganhou em agilidade por meio desses serviços, que, em seus pacotes gratuitos e mais simples, costumam oferecer a possibilidade do envio de arquivos de até 2 GB de tamanho.

Gravação e preservação das entrevistas

WeTranfer[80] e YouSendIt,[81] por exemplo, são alguns dos diversos serviços *freeware* de compartilhamento na "nuvem" disponíveis, que praticamente decretaram a falência dos suportes físicos como CDs e DVDs para o envio de arquivos digitais, tanto por sua rapidez quanto por sua gratuidade.

No que se refere ao trabalho de transcrição, um *software* gratuito já há alguns anos em circulação é o Express Scribe.[82] Se utilizado com perícia, explorando a potencialidade das suas ferramentas, o Scribe pode ser de grande auxílio para o trabalho do transcritor, pois oferece funcionalidades bastante úteis, como a integração com o Microsoft Word; diversos atalhos do teclado; a redução da velocidade de reprodução do áudio (algo útil no caso de depoentes que falam muito rápido ou de palavras que soam "truncadas"); o ajuste do volume dos canais separadamente (caso o canal de áudio esquerdo, por exemplo, esteja mais alto que o direito, o que pode ser um grande incômodo para a escuta do transcritor) etc. No Brasil, o Scribe infelizmente ainda é muito pouco explorado — talvez pelo fato de sua interface ser em inglês e por ser um programa pouco intuitivo em um primeiro momento. Outra funcionalidade do Scribe é sua compatibilidade com *softwares* de reconhecimento de voz, que, em tese, operam a conversão automática da voz para a forma de texto. No entanto, é importante chamar atenção para o fato de que as ferramentas de reconhecimento de voz ainda não foram consolidadas para a língua portuguesa, sendo por demais imprecisas e demandando um tempo desmedido para que as devidas correções no texto sejam feitas, de modo que são soluções que devem ser evitadas — ao menos enquanto a tecnologia não der evidências concretas de avanço. Para algumas línguas, como o inglês, bons resultados podem ser alcançados por meio do uso de *softwares* de reconhecimento vocal, mas ainda assim

---

[80] Disponível em: <www.wetransfer.com>. Acesso em: 2 dez. 2012.
[81] Disponível em: <www.yousendit.com>. Acesso em: 2 dez. 2012.
[82] Disponível para *download* em: <www.nch.com.au/scribe/index.html>. Acesso em: 2 dez. 2012.

cuidados devem ser tomados para que incorreções indesejáveis não sejam incorporadas ao texto transcrito.

4.9 Gravação e preservação de áudio e vídeo digital no PHO do Cpdoc

Criado no ano de 1975, o Programa de História Oral se desenvolveu no contexto das tecnologias analógicas — mais especificamente, nos suportes magnéticos em fita. Naquela década, as fitas magnéticas (tanto rolo quanto cassete) gozavam de grande popularidade, tanto nos mercados profissional e amador, quanto no que se refere ao seu uso nos meios acadêmico e institucional — como em trabalhos de pesquisa de campo, documentários e também em história oral. O procedimento de gravação utilizado no Programa de História Oral do Cpdoc seguiu uma mesma norma durante cerca de três décadas: quando as entrevistas eram realizadas dentro do Cpdoc, fitas magnéticas de rolo de ¼ de polegada eram o suporte utilizado, e quando as entrevistas eram realizadas foram da instituição, se optava pelo uso de fitas cassete — muito em função de sua praticidade e portabilidade. Uma rotina de back-up também fazia parte do trabalho: quando as gravações eram registradas em fitas rolo, as cópias geradas eram em cassete e, ao contrário, quando as gravações eram feitas em fitas cassete (fora do Cpdoc), as cópias eram geradas em rolo. Se a opção pela cópia em cassete poderia se justificar por uma economia de gastos (as fitas rolo eram bastante caras), por outro lado, demonstrou ser um procedimento interessante, uma vez que o conteúdo gravado se mantinha em dois tipos de suportes diferentes — rolo e cassete —, o que é uma opção recomendável em termos de preservação.

Em meados dos anos 2000, o Cpdoc adotou, por curto período, o Minidisc como suporte de gravação de áudio das entrevistas, sendo aquela a primeira vez que a instituição se utilizava de um meio digital de gravação. Criado pela Sony na década de 1990, o Minidisc é uma espécie de CD de menor dimensão, protegido por um suporte de plástico. Formato que teve bastante disseminação no meio radiofônico, muito em função da possibilidade de regravar diversas vezes

Gravação e preservação das entrevistas   135

o seu conteúdo, o Minidisc não teve a repercussão esperada por seu fabricante, sendo hoje um formato obsoleto. Ele tinha visíveis limitações no que tange a sua qualidade e confiabilidade, principalmente por gravar em um formato proprietário (da Sony), que, além do mais, comprimia o conteúdo gravado.[83] Trata-se, portanto, de um formato muito pouco recomendável em termos de preservação, uma vez que altera o sinal sonoro original.

No ano de 2006, com o surgimento de alguns modelos de gravadores digitais de alta qualidade e que não comprimem o sinal sonoro, o Cpdoc passou a investir significativamente nas tecnologias digitais de gravação, exatamente em função da possibilidade que ali havia de pautar os trabalhos por padrões de preservação internacionalmente recomendados. Dos gravadores digitais de qualidade, o primeiro a ser adquirido pelo Cpdoc foi o PMD660, fabricado pela Marantz. Mesmo sendo um equipamento de ótima qualidade, o gravador da Marantz tinha o inconveniente de ser um pouco grande e pesado demais, o que poderia dificultar sobremaneira o trabalho dos pesquisadores. Um gravador muito mais adequado seria adquirido em seguida, o Edirol R-09, fabricado pela Roland. Bastante portátil, com dimensões de um maço de cigarros, o Edirol é um aparelho de utilização bastante simples e que segue os padrões mínimos de resolução sonora recomendados — 24 bits, 48 kHz, estéreo, conforme vimos acima. Uma vez que o Edirol apresentou bons resultados quanto à qualidade de sua gravação, além da sua rápida aceitação entre os pesquisadores, mais unidades foram sendo adquiridas, de modo que é até hoje o aparelho utilizado em todas as situações de entrevistas realizadas fora do Cpdoc.[84]

O Cpdoc também investiu em gravações digitais realizadas na sala de entrevistas, dentro da instituição. Para isso, foi adquirido um *software* de gravação e edição de áudio (WaveLab, fabricado pela Steinberg), além de uma placa de som com conexão digital (M-Au-

---

[83] O formato chama-se Atrac, que emprega um tipo de compressão muito similar ao utilizado no MP3.
[84] Mais informações sobre o gravador Edirol R-09, ver em: <www.roland.com/products/en/R-09HR/index.html>. Acesso em: 3 jan. 2013.

dio Audiophile 2496) que pudesse permitir a gravação em 24 bits e 48 kHz. É bom lembrar que o Cpdoc já contava com um conjunto de quatro microfones de lapela com fio (com conexões XLR), um computador PC rodando sistema operacional Windows, além de uma mesa de som de 12 canais. O áudio é, portanto, captado pelos microfones de lapela, passa pela mesa de som (na qual o sinal analógico é convertido em digital), e finalmente chega ao computador através da placa de som, onde suas ondas sonoras podem ser visualizadas no software. Portanto, daquele momento em diante, o Cpdoc passou a gerar gravações de áudio *born digital*, tanto das entrevistas gravadas dentro da instituição, quanto daquelas gravadas fora, que se utilizam de aparelhos portáteis. Esse procedimento de gravação permanece até hoje, tendo havido apenas, de quando em vez, a atualização do computador utilizado para modelos de maior capacidade (tanto de capacidade de armazenamento quanto de memória RAM).[85]

Um dos cuidados mais importantes para se obter uma boa qualidade de gravação é o nível de sinal sonoro captado. O operador deve manter o áudio em um nível que evite a saturação sonora (o áudio começa a distorcer), mas que ao mesmo tempo não fique muito baixo — o que pode fazer com que os ruídos prevaleçam sobre o sinal (no caso em questão, a voz humana). Portanto, no Cpdoc procura-se manter o nível de áudio por volta dos -12 dB (decibéis), um valor bastante praticado por profissionais de áudio, que permite uma boa margem de segurança em relação à distorção sonora.[86] O nível em -12 dB procura ser rigidamente seguido quando as gravações são realizadas na sala de entrevistas, e o mesmo valor é recomendado aos pesquisadores quando das entrevistas gravadas fora, utilizando o gravador Edirol.

A sala de entrevistas do Cpdoc conta com tratamento acústico, algo fundamental para um registro de áudio de qualidade. A saída de ar-condicionado também teve seus ruídos reduzidos, pois estes podem ser bastante inconvenientes caso capturados em uma gravação. Além

---

[85] Um computador destinado apenas à gravação de áudio não requer grandes capacidades de espaço em disco e de memória RAM, de modo que o mínimo necessário seria algo em torno de 500 GB de HD e 4 GB de memória RAM.

[86] No áudio digital, a saturação (ou distorção) sonora ocorre em 0 dB.

disso, a porta de entrada da sala possui um reforço, sendo bastante espessa, de modo a reduzir a entrada de ruídos externos. A sala possui espaço suficiente tanto para os participantes da entrevista, quanto para o técnico de gravação e para a adequada disposição dos equipamentos.

A sala de entrevistas do Cpdoc em 2012

Foto: Bernardo de Paola Bortolotti Faria.

Outro importante elemento que diz respeito à qualidade da gravação é o posicionamento dos microfones. Na sala de entrevistas, os microfones de lapela sem fio são posicionados a cerca de um palmo abaixo do pescoço de cada participante, de modo a evitar um áudio muito abafado (quando próximo à garganta), e ao mesmo tempo mantendo um bom nível de sinal sonoro, relativamente próximo à boca dos participantes. É bom lembrar que um microfone de lapela

Foto: Bernardo de Paola Bortolotti Faria.

deve ser cuidadosamente fixado à roupa, pois, do contrário, o seu contato com a mesma pode gerar ruídos muito intensos, impossíveis de serem filtrados *a posteriori*. Em função da possibilidade de um microfone se desprender da roupa de um entrevistado, por exemplo, e também em virtude de vários outros imprevistos que possam ocorrer ao longo de uma entrevista, um monitoramento com fone de ouvido deve ser feito, de maneira constante, pelo responsável pela captura de som. Para o monitoramento do áudio das entrevistas, o Cpdoc conta com um fone da Sony, modelo MDR-7506, do tipo supra-auricular, o qual permite envolver completamente as orelhas, bloqueando boa parte dos ruídos externos e contribuindo para uma maior precisão na identificação dos eventuais problemas de som. No caso das entrevistas realizadas fora do Cpdoc, o uso de fones de ouvido por parte dos pesquisadores é algo complicado e pouco prático, de modo que a preocupação técnica central, nesses casos, é o correto posicionamento do gravador portátil — próximo o suficiente de entrevistados e entrevistadores, mantido sobre uma superfície rígida e estável, e que esteja afastado das fontes ruidosas (como buzinas de automóveis, ar-condicionado, ventilador, latido de cães, obras etc.).

O formato de arquivo digital de áudio gerado no Cpdoc é o Wave, utilizando a resolução de 24 bits, 48 kHz, gravado em estéreo — ou seja, seguindo as recomendações internacionais de preservação. Em seguida, alguns metadados embutidos ao arquivo Wave são inseridos através do software gratuito BWF MetaEdit. Trata-se de metadados técnicos, referentes, sobretudo, aos equipamentos utilizados na gravação, que são alimentados no campo CodingHistory, onde são incluídas informações como: modelo da placa de som; modelo da mesa de som; resolução sonora utilizada (no caso, 24 bits, 48 kHz, estéreo) etc.

Detalhe do BWF MetaEdit com o campo CodingHistory preenchido, contendo informações sobre a digitalização (estéreo, 24 bits, 48 kHz, gravador cassete Nakamichi, conversor Gnex etc.)

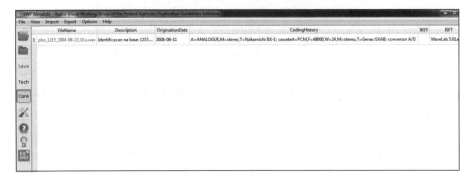

Após uma conferência por amostragem no *software* WaveLab, o arquivo digital, já contendo os seus metadados embutidos, é transferido para o servidor, onde é armazenado em um sistema digital de massa (DMSS). Esse servidor da FGV localiza-se em um *data center* situado em outro bairro da cidade do Rio de Janeiro, sendo o acesso a ele feito por meio de fibra ótica. No *data center*, cópias de segurança dos arquivos digitais são produzidas em fitas LTO, gerando quatro conjuntos idênticos de fitas, os quais são armazenados em um cofre destinado a esse fim. A cada semana é feito um *back-up full* (completo) de cada um dos drives de dados do Cpdoc, com três meses de retenção. Ou seja, caso se queira rever um arquivo, só é possível revê-lo na versão de até três meses atrás. Também é feito um *back-up* incremental semanal, que cobre as mudanças dos arquivos durante a semana.

No que se refere ao uso do vídeo, o Cpdoc passou a empregar a tecnologia no final dos anos 1990, inicialmente gravando algumas entrevistas no formato VHS, que não é recomendado, tanto em função da baixa qualidade de som e imagem quanto por sua curta expectativa de vida, que não ultrapassa 15 anos. Em seguida, uma câmera digital portátil MiniDV, do tipo *handycam*, foi adquirida, fabricada pela JVC. Ainda que apresentando qualidade de imagem e som nitidamente superiores à VHS, a câmera MiniDV, por ser um modelo amador, ainda não foi a opção ideal, principalmente em relação à sua captação de som, pois apresentava conectores frágeis, do tipo p2, que punham em risco o áudio das entrevistas. Desse modo, uma câmera de melhor qualidade, a Sony PD170, foi adquirida, sendo àquela época um modelo bastante popular, sobretudo no meio semiprofissional. Também utilizando o formato MiniDV, a PD170 apresentou excelentes resultados, sendo adotada ao longo de alguns anos, e posteriormente substituída por outro modelo da Sony (a HVR-Z5), que trouxe o benefício de gravar em alta definição, utilizando o formato HDV.[87]

Como vimos anteriormente, tanto o formato MiniDV quanto o HDV seguem o padrão DV (Digital Video), de modo que o conteúdo (imagem e som) é gravado em uma fita que armazena dados digitais. No padrão DV, os dados gravados precisam ser transferidos para o computador em um processo chamado *captura*. No Cpdoc, a captura

---

[87] É importante ressaltar que ambos os modelos de câmera da Sony possuem entradas para microfones do tipo XLR (três pinos), que reduzem a possibilidade tanto de interferências no áudio quanto do surgimento de ruídos advindos do próprio cabo do microfone.

Gravação e preservação das entrevistas

é feita em um computador Macintosh (do tipo Mac Pro), através do software de edição Final Cut Pro. A captura é feita em tempo real (uma hora de captura para uma hora de conteúdo gravado) e, ao final, um arquivo digital Quicktime (.mov) é gerado, sem qualquer uso de compressão de dados. Após a captura, o arquivo Quicktime é reproduzido em um player de vídeo para que seu conteúdo possa ser analisado. Caso deficiências na imagem sejam detectadas (como a perda de *frames* ou o congelamento da imagem), uma nova capturada é realizada até que um bom resultado seja alcançado. Alguns metadados são inseridos e embutidos no próprio arquivo Quicktime, como data da entrevista, nome dos entrevistados, nome dos entrevistadores, título do projeto e nome do técnico responsável pela digitalização. Outros metadados são automaticamente gerados pelo próprio arquivo digital, como formato, tamanho e resolução do arquivo digital. Os arquivos de vídeo são, então, enviados para o servidor, seguindo o mesmo procedimento utilizado para os arquivos de áudio.

Finalmente, em 2012, o Cpdoc adquiriu duas unidades de um acessório (Sony HVR-MRC1), que, acoplado à câmera HVR-Z5, permite fazer a gravação diretamente em cartões de memória do tipo Compact Flash, dispensando, portanto, o uso de fitas. O processo de captura também é eliminado, agilizando enormemente os trabalhos, uma vez que a transferência do arquivo gravado para um computador não costuma ultrapassar os 10 minutos (tomando como parâmetro uma gravação de uma hora de duração).

Nas gravações em vídeo, alguns cuidados devem ser tomados, sobretudo em relação à iluminação. No Cpdoc, dois refletores portáteis contendo lâmpadas halógenas (do tipo incandescente) foram adquiridos para a sala de entrevistas: um com lâmpada de 300 W (para a luz principal) e outro com lâmpada de 150 W (para a luz de preenchimento).[88] Em ambos os refletores há difusores instalados,

---

[88] Para saber mais a respeito de técnicas de iluminação, incluindo conceitos como "luz principal" e "luz de preenchimento", ver em: <www.fazendovideo.com.br/vtluz6.asp#principal, luz>. Acesso em: 3 dez. 2012.

para que a luz seja suavizada, não deixando sombras duras no rosto dos entrevistados. Foi montado, portanto, um sistema simples para a iluminação, de maneira que os entrevistados possam se sentir à vontade no momento da gravação. Quando as entrevistas são realizadas fora do Cpdoc, optou-se por não fazer uso de refletores, pois podem ser um transtorno no interior da casa de um entrevistado. Nesses casos, é possível improvisar a partir das luzes disponíveis (como a luz de um abajur, por exemplo) ou até mesmo fazer uso da luz que vem de uma janela.

Um item importante para as gravações em vídeo é o tripé, acessório que dá apoio à câmera, permitindo estabilizar a imagem a ser gravada. É possível encontrar tripés de diversos materiais, mas os de melhor qualidade costumam ser feitos de fibra de carbono ou alumínio. Um tripé deve ser robusto o suficiente para suportar o peso da câmera a ser utilizada, uma vez que os tripés muito leves costumam ser demasiadamente frágeis, podendo afetar a estabilidade da câmera. Ao adquirir um tripé, é fundamental, portanto, informar-se antes acerca do peso da câmera e verificar, nas especificações técnicas, se o tripé suporta tal volume de carga. É importante também que o tripé possua um nível de bolha (semelhante ao utilizado por pedreiros), para auxiliar no nivelamento da imagem. O ajuste do nível deve, inclusive, ser uma das primeiras tarefas do operador de câmera, pois uma imagem desnivelada pode ser algo bastante incômodo visualmente para um espectador. É interessante, finalmente, optar por um modelo que tenha várias seções nas pernas, para que, quando totalmente fechado, ocupe menos espaço em uma bolsa de transporte, por exemplo.[89]

Outro cuidado a ser tomado durante uma gravação em vídeo é o enquadramento do plano. No Cpdoc, se procura fazer um plano do tipo "primeiro plano", no qual o limite do quadro se encontra, mais ou menos, na altura do tórax do entrevistado. É também importante

---

[89] Em suas gravações, o Cpdoc utiliza tripés fabricados pela Mateddi, modelo MINI SHII. Ver em: <www.mattedi.com.br/index.php?option=com_virtuemart&Itemid=62&category_id=1&flypage=flypage.tpl&page=shop.product_details&product_id=26>. Acesso em: 7 jan. 2013.

Gravação e preservação das entrevistas

deixar um espaço de imagem acima da cabeça do entrevistado, algo em torno de um palmo, de maneira a evitar uma impressão de achatamento. O enquadramento deve ser também aberto o suficiente, de modo a permitir os mínimos movimentos do entrevistado — algo que costuma ocorrer constantemente em uma situação de entrevista. Desse modo, evita-se o ajuste do enquadramento a todo o momento por parte do operador de câmera, mantendo-se um plano mais fixo.

Ao se iniciar uma entrevista, é recomendável que um breve registro de todos os presentes (entrevistadores, entrevistados, assistentes etc.) seja feito pelo operador de câmera, de modo a facilitar a identificação das pessoas em uma base de dados, por exemplo. Após esse registro inicial, a câmera deve ser mantida somente no entrevistado, para que nenhum momento de seu depoimento seja perdido.

De modo geral, procuramos no Cpdoc utilizar os equipamentos de maneira que os entrevistados não se sintam inibidos, para que sua atenção fique somente voltada para as questões da própria entrevista. Para um registro de áudio e vídeo de qualidade, é fundamental o uso de equipamentos com características profissionais, mas desde que estes sejam discretos e eficientes, sem comprometer o andamento da entrevista.

Na preservação das gravações em áudio e vídeo, no Cpdoc, procuramos seguir as instruções das "Rotinas de preservação das entrevistas em áudio e vídeo do PHO do Cpdoc", reproduzidas no apêndice deste manual.

4.10 Digitalização dos documentos sonoros e audiovisuais do PHO do Cpdoc: um estudo de caso

No ano de 2008 teve início no Cpdoc o projeto "Preservação e Divulgação do Acervo Histórico do Cpdoc",[90] financiado pelo então Banco Real (atual Santander), voltado, como o próprio nome sugere, para a

---

[90] Mais detalhes sobre o projeto podem ser conhecidos na série de palestras disponíveis em vídeo no site do Cpdoc: <http://cpdoc.fgv.br/seminarios/2010/real>. Acesso em: 29 mar. 2012.

preservação e a divulgação do acervo do Cpdoc, incluindo as coleções do Programa de Arquivos Pessoais (PAP) e do Programa de História Oral (PHO). O estudo de caso a seguir se centrará na documentação pertencente ao Programa de História Oral, envolvendo a digitalização das fitas cassete, rolo e VHS, além da transferência digital das fitas de vídeo MiniDV. No que se refere especificamente aos documentos sonoros do PHO, um total de cerca de 5 mil horas de gravação foi digitalizado, referente a entrevistas registradas desde o ano de 1975, quando da criação do PHO.

O projeto foi precedido por um projeto-piloto, de menor porte, envolvendo a digitalização de apenas 100 horas de entrevistas de história oral armazenadas em fitas cassete. Realizado nas próprias dependências do Cpdoc e por apenas dois funcionários, o projeto-piloto visava a analisar o estado médio de conservação das fitas do Cpdoc, e também avaliar a real possibilidade de empreendermos *in-house* o projeto de digitalização de todo o acervo analógico de história oral em apenas dois anos — que era o período contratual para a realização e a conclusão do projeto.

No projeto-piloto foram selecionadas fitas cassete seguindo um simples critério de ordem alfabética, de acordo com as informações colhidas na base de dados do Programa de História Oral. O critério da ordem alfabética se adequava aos propósitos do projeto-piloto, pois poderia nos dar uma dimensão percentual do estado de conservação do acervo, a partir de gravações realizadas em períodos diversos. Ao final, o projeto-piloto apontou para um excelente estado geral de conservação das fitas cassete, não havendo um único caso sequer de fita que não pudesse ser reproduzida no player cassete. No entanto, percebemos também que as gravações variavam muito em qualidade, não em função do estado de conservação das fitas, mas por uma precariedade das próprias gravações — microfones muitos distantes de suas fontes, ruídos de cabo, interferências de rádio, áudio saturado etc. Mas esses eram problemas que não seriam atacados no projeto que estava por vir, uma vez que ele não envolveria a restauração dos documentos, mas apenas a sua digitalização *flat*, isto é, sem processamentos, respeitando o mais fielmente possível os documentos originais.

Gravação e preservação das entrevistas

O projeto-piloto também indicou que seria praticamente inviável a solução de digitalizar os documentos sonoros de história oral no próprio Cpdoc, tanto pela ausência de equipamentos adequados (sobretudo em relação à reprodução de fitas rolo) quanto, principalmente, pelo curto tempo que teríamos (apenas dois anos) para darmos conta de um grande volume de documentos a serem digitalizados, contando apenas com dois funcionários como mão de obra.

Certos de que iríamos terceirizar o serviço, partimos para a seleção da melhor empresa para realizar o trabalho. Visitamos três empresas cariocas, que, por sua vez, foram também até o Cpdoc, para nos certificarmos de qual seria a mais habilitada para se inserir no projeto. Por fim, nos decidimos por uma grande empresa, com ampla experiência junto ao mercado fonográfico, mas que também apresentava um currículo interessante de trabalhos de digitalização para instituições como o Instituto Moreira Salles, o Museu da Imagem e do Som (MIS-RJ) e o Museu Villa-Lobos, entre outros. Portanto, a empresa selecionada já apresentava um diferencial na partida, que era uma experiência notável no campo das instituições de arquivo. Somado a isso, a empresa também dispunha de equipamentos de alta qualidade, além de serviço de manutenção constante, o que nos daria segurança tanto no que diz respeito à qualidade das digitalizações, quanto à nefasta possibilidade da interrupção dos trabalhos em função de problemas técnicos nos equipamentos.

Junto ao contrato com a empresa foi anexado um documento relacionando todos os padrões técnicos que deveriam ser rigorosamente seguidos, incluindo campos de metadados e regras de nomenclatura de arquivos digitais. Os padrões relacionados foram em grande parte baseados nas recomendações da Iasa,[91] sobretudo nos documentos TC-03 (*The safeguarding of the audio heritage: ethics, principles and preservation strategy*) e TC-04 (*Guidelines on the production and preservation of digital audio objects*), e devidamente adaptados para as espe-

---

[91] O Cpdoc é membro da Iasa desde 1997, sendo a primeira instituição no Brasil a se filiar à associação.

cificidades do Cpdoc. Entre as exigências relacionadas, incluíam-se: o uso de equipamentos os mais modernos possíveis, seguindo requisitos específicos; o uso de conversor A/D (analógico-digital) externo, para que a digitalização propriamente dita não fosse feita diretamente na própria placa do computador, sujeita a ruídos; rotinas de desmagnetização dos cabeçotes de leitura dos equipamentos de rolo e cassete; a digitalização em alta qualidade, em arquivos digitais Wave (.wav), sem compressão, com resolução de 24 bits e 48 kHz; geração de versões derivadas, com compressão, sob a forma de arquivos Ogg Vorbis (.ogg);[92] entre outras exigências.

O documento anexado ao contrato contendo os padrões técnicos foi motivo de alguns debates, ainda no início do projeto, entre os profissionais do Cpdoc e os técnicos da empresa. Estes próprios admitiram que era a primeira vez, em anos de trabalho com digitalização de acervos, que padrões eram estabelecidos pelo próprio contratante para a condução de um projeto. Desse modo, um ou outro item sofreu alguma resistência de implementação na rotina dos trabalhos em seus momentos iniciais, pois eram atípicos em outros projetos similares. No entanto, a relação entre o Cpdoc e a empresa se revelou excelente ao longo dos trabalhos, com o devido cumprimento dos prazos e com a troca de comunicação permanente. Além disso, um estúdio de pequenas dimensões foi especialmente dedicado para a digitalização das fitas do Cpdoc, de modo que dois técnicos, além de um supervisor, se alternavam na condução dos trabalhos.

Para o transporte dos documentos, utilizamos inicialmente uma caixa plástica, que forramos interna e externamente com plástico-bolha, de modo a reduzir eventuais impactos e evitar condensações.

---

[92] Optamos inicialmente pelo Ogg Vorbis por ser este um formato aberto, diferentemente do popular MP3, pertencente a um consórcio de empresas. No entanto, o Ogg se revelou com o tempo ser um formato pouco amigável, ao menos para as máquinas da FGV — baseadas em Microsoft Windows em sua maioria —, de modo que, para ser executado, quase sempre exigia a instalação de *codecs*, o que se tornava um inconveniente para alguns usuários. Desse modo, decidimos por adotar finalmente o MP3, compatível com praticamente todos os *softwares* de áudio, dispensando a instalação de *codecs*.

Gravação e preservação das entrevistas

Fitas seguem para transporte acondicionadas em caixa plástica forrada com plástico-bolha

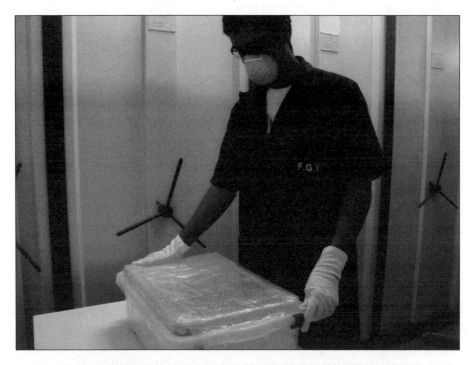

Fotos: Roberto Souza Leão.

Mais tarde, adquirimos duas caixas de acrílico, que acabaram se mostrando mais eficientes, tanto por comportarem um maior número de fitas quanto por serem mais resistentes. As fitas eram previamente separadas no Cpdoc, em torno de 100 unidades por lote transportado, partindo de um critério de ordem numérica baseado nas informações fornecidas pela base de dados de gestão do acervo (cap. 9). Quando necessária, uma higienização superficial era feita nas fitas, por meio do uso de spray de ar comprimido e de pincéis de cerdas suaves, de pelo de pônei. Ainda no Cpdoc, preparávamos as fitas de rolo para a digitalização, higienizando o nosso gravador de rolo com álcool isopropílico e, em seguida, adiantando e voltando cada fita em modo *play* para que a tensão dos rolos fosse reduzida.

Uma planilha de controle de saída de fitas era gerada e devidamente assinada pelo supervisor da empresa, que, acompanhado por um funcionário do Cpdoc, pessoalmente retirava os materiais no interior do depósito do Cpdoc, onde as fitas já se encontravam armazenadas nas caixas de transporte. O transporte das fitas ficava a cargo da empresa, que, após finalizadas as digitalizações de um lote, retornava com os arquivos digitalizados armazenados em HDs externos fornecidos pelo Cpdoc. Chegando ao Cpdoc, os arquivos eram analisados sob a forma de amostragem em um *software* (WaveLab 6.0) para que pudéssemos avaliar a qualidade da digitalização, tanto em seu aspecto meramente sonoro quanto para nos certificarmos de que nossas recomendações estavam sendo corretamente seguidas.

Os arquivos digitalizados eram então descarregados no servidor da Fundação Getulio Vargas, cujo espaço virtual dedicado exclusivamente ao acervo do Cpdoc recebeu uma ampliação de cerca de 15 Terabytes. Como explicado anteriormente, esse servidor da FGV localiza-se em um *data center* situado em outro bairro da cidade do Rio de Janeiro e conta com uma série de sistemas redundantes (dois sistemas operacionais, duas fontes, dois switches etc.), além de um sistema de armazenamento (*storage*) baseado na tecnologia RAID-5, que produz o espelhamento dos discos rígidos (caso um HD entre em colapso, os demais são automaticamente ativados para corrigir os erros). Além disso, fitas de dados do padrão LTO (Linear Tape-Open) são geradas como *back-up*. Dois conjuntos de fitas LTO

Gravação e preservação das entrevistas

são produzidos, de modo que cada um deles é armazenado em um local diferente e distante um do outro: o primeiro conjunto fica no próprio *data center*, em uma sala-cofre, e o segundo fica sob responsabilidade da equipe da TIC da FGV, em um cofre localizado num prédio perto de onde fica o Cpdoc. Uma rotina de *back-up* para as fitas LTO foi implementada, de modo que um *back-up* incremental é realizado a cada semana (são atualizados apenas os arquivos novos e modificados), e um *back-up full* é realizado a cada três meses, com a devida atualização de todas as fitas.

No balanço final, foram digitalizadas 5.100 horas, entre fitas cassete e rolo, contendo entrevistas do PHO. Houve um baixíssimo índice de fitas que não puderam ser reproduzidas nos equipamentos da empresa (algo em torno de 15 fitas), em função do ressecamento do material ou em virtude de hidrólise, mas praticamente tudo pôde ser recuperado, uma vez que todas as fitas analógicas já contavam com cópias — sejam em cassete ou rolo —, que foram sendo geradas ao longo dos anos.

Aproveitamos o projeto "Preservação e Divulgação do Acervo Histórico do Cpdoc" para proceder à transferência digital de uma grande quantidade de fitas MiniDV (cerca de 300) para arquivos Quicktime (.mov), uma vez que todo esse passivo deveria ser transformado em arquivos digitais sem demora, dada a já apontada curta expectativa de vida das fitas MiniDV. Foram gerados, portanto, arquivos Quicktime sem compressão, além de versões derivadas, para acesso, em formato Flash, utilizando o codec H.264. A transferência digital das fitas MiniDV ocorreu sem maiores problemas, não havendo perda de nenhum conteúdo. Nesse meio tempo, o Cpdoc conseguiu se aparelhar melhor, adquirindo novos equipamentos para a realização das capturas das fitas MiniDV e HDV, de modo que o passivo de fitas não transferidas foi praticamente eliminado.

É importante observar que o Cpdoc resolveu esperar o momento mais adequado para dar início à digitalização dos seus documentos sonoros e audiovisuais, uma vez que, há cerca de 10 anos, uma onda de digitalizações começou a surgir em muitos arquivos detentores de fitas analógicas de áudio. Na ocasião, a opção era por digitalizar as fitas analógicas convertendo-as para fitas DAT (Digital Audio Tape). No

150 Manual de história oral

entanto, com o passar dos anos, esse não se mostraria o melhor caminho, uma vez que as fitas DAT se tornariam obsoletas em meados dos anos 2000 — já não sendo mais possível encontrá-las disponíveis no mercado, assim como os aparelhos gravadores e reprodutores. Portanto, uma postura de cautela por parte dos gestores da Coordenação de Documentação do Cpdoc acabou se revelando acertada, pois tecnologias mais sofisticadas e profissionais de digitalização viriam a surgir nos anos seguintes.

Apesar de seu prazo relativamente curto, o projeto "Preservação e Divulgação do Acervo Histórico do Cpdoc" permitiu, através de um criterioso processo de digitalização, estender a vida útil da totalidade dos documentos sonoros e audiovisuais do PHO, chamando a atenção para a importância da preservação em instituições voltadas para a pesquisa e a documentação como o Cpdoc. Ao mesmo tempo, o projeto também proporcionará, no decorrer dos anos, um acesso (on-line) às entrevistas como nunca antes ocorreu, ressignificando o próprio valor dos documentos e beneficiando um grande número de pesquisadores interessados.

4.11 Fontes na internet

Existe um número expressivo de boas fontes voltadas para a preservação de documentos sonoros e audiovisuais, disponíveis sobretudo na internet. A quase totalidade delas, no entanto, se encontra em inglês — o que parece indicar um debate ainda incipiente a respeito desse campo no Brasil. Ainda que os textos sobre áudio sejam maiores em número do que os sobre vídeo, os documentos relacionados abaixo podem, em linhas gerais, ser aplicados para todos os formatos. É também importante mencionar que a relação abaixo, dada a grande quantidade de textos atualmente disponíveis, representa apenas uma seleção de documentos mais relevantes, sendo uma introdução ao tema para o leitor interessado.

IASA-TC 04. Guidelines on the production and preservation of digital audio objects. (Second Edition) Kevin Bradley, Editor. Aarhus,

Denmark: International Association of Sound and Audiovisual Archives (Iasa), 2009. Disponível para venda no site da Iasa: <www.iasa-web.org/special_publications.asp>.

Editado pela Associação Internacional de Arquivos Sonoros e Audiovisuais (Iasa), o guia de recomendações TC 04 é, em sua segunda edição revista e ampliada, seguramente a publicação mais consistente e completa a respeito da preservação de documentos sonoros, sendo uma espécie de padrão *de fato* para as instituições e profissionais da área. Trata desde detalhes acerca dos procedimentos a serem seguidos para realizar uma digitalização de qualidade (tanto de discos quanto de fitas analógicas), até questões envolvendo políticas de armazenamento digital em massa. Entre os acréscimos da segunda edição estão um capítulo inteiramente dedicado a metadados e outro abordando técnicas de gravação digital.

IASA-TC 03. The safeguarding of the audio heritage: ethics, principles and preservation strategy. Version 3, December 2005. IASA Technical Committee, Dietrich Schüller, Editor. Ver: <www.iasa-web.org/downloads/publications/TC03_English.pdf>.

Uma espécie de TC 04 conceitual e menos técnico, o TC 03 é um guia sucinto, abordando temas gerais que são bastante caros à preservação de áudio, como: obsolescência dos formatos, digitalização de suportes originais, formatos de arquivo, compressão, armazenamento digital em massa, metadados de preservação, entre outros. Ainda que voltado para a preservação de áudio, os temas apresentados no TC 03 podem também ser incorporados, no que tange aos seus princípios gerais, às particularidades do vídeo.

Sound directions: best practices for audio preservation. By Mike Casey and Bruce Gordon. Ver: <www.dlib.indiana.edu/projects/sounddirections/papersPresent/index.shtml>.

Resultado de um projeto de cooperação entre a Universidade de Indiana e a Universidade de Harvard, o *Sound directions* é uma publicação de 168 páginas, bastante abrangente, que vem servindo de guia para muitas intuições estrangeiras em conjunto com o *IASA – TC*

04. Contendo partes abordando a preservação mais geral dedicada a gestores de coleções, e outras partes mais técnicas voltadas para profissionais de áudio, é uma publicação rica em informações tanto para se conceitualizar um trabalho de preservação de áudio quanto para colocá-lo em prática. Ainda que mencione alguns aspectos que antecedem a conversão digital, o *Sound directions* se aprofunda muito mais nos detalhes que giram em torno das etapas pós-digitalização.

Audio and video carriers: recording principles, storage and handling, maintenance of equipment, format and equipment obsolescence. By Dietrich Schüller. Amsterdam: European Commission on Preservation and Access, 2007. Ver: <www.tape-online.net/docs/audio_and_video_carriers.pdf>.

Escrito por um dos profissionais mais antigos e renomados do campo da preservação sonora e audiovisual, esse é um artigo que oferece um panorama geral dos principais suportes de áudio e de vídeo, incluindo sua composição físico-química, fatores relativos à qualidade de sua reprodução, bem como aspectos que conduzem à sua deterioração. O artigo também aborda questões como manuseio de documentos, armazenamento (incluindo questões ambientais) e obsolescência de formatos e equipamentos.

Capturing analog sound for digital preservation: report of a roundtable discussion of best practices for transferring analog discs and tapes. Washington, DC: Council on Library and Information Resources and Library of Congress, 2006. Ver: <www.clir.org/pubs/reports/pub137/pub137.pdf>.

Coordenado pelo National Recording Preservation Board da Library of Congress, o debate que gerou esse documento reuniu fundamentalmente engenheiros de áudio com ampla experiência em digitalização de documentos sonoros de arquivo. O destaque aqui recai sobre as técnicas envolvendo reprodução dos suportes analógicos, entre discos e fitas, incluindo detalhes como técnicas de higienização, escolha de agulhas adequadas, procedimentos com materiais danifi-

Gravação e preservação das entrevistas

cados, preparação para digitalização etc. Uma vez que envolve vários profissionais diferentes, o documento apresenta a particularidade de nem sempre apresentar consenso a respeito de determinados temas, de modo que visões divergentes são apresentadas.

Sustainability of digital formats: planning for Library of Congress collections. Caroline R. Arms and Carl Fleischhauer. Ver: <www.digitalpreservation.gov/formats/>.

Esta fonte on-line analisa um amplo espectro de formatos digitais de arquivo, incluindo os sonoros e os de vídeo, utilizando sete fatores de sustentabilidade: abertura, implementação, transparência, autodocumentação, dependências externas, impacto de patentes e mecanismos técnicos de proteção. São fatores a serem levados em conta para determinar quando um formato digital é ou não adequado para uma preservação de longo prazo. A fonte oferece também muitas informações sobre as características técnicas de cada um dos formatos.

Risks associated with the use of recordable CDs and DVDs as reliable storage media in archival collections — strategies and alternatives. By Kevin Bradley. Paris: Unesco, 2006. Ver: <www.unesco.org/webworld/risk>.

Publicado por um especialista em preservação sonora da Biblioteca Nacional da Austrália, esse documento de 28 páginas editado pela Unesco descreve em detalhes as razões pelas quais se deve evitar o uso de CDs e DVDs como suportes de armazenamento arquivístico: expectativa de vida imprevisível, falta de padrões, testes caros e difíceis, além de altos gastos a longo prazo em comparação com o custo com discos rígidos e fitas de dados. O documento também fornece informações úteis envolvendo testes de discos óticos, bem como os fatores de risco associados ao seu armazenamento.

TAPE Project audio tape digitisation workflow. By Juha Henriksson and Nadja Wallaszkovits. Ver: <www.jazzpoparkisto.net/audio/>.

O projeto Tape (Training for Audiovisual Preservation in Europe, <www.tape-online.net>) ocorreu entre 2004 e 2008 envolvendo diversas instituições de arquivo na Europa. Esse é um documento on-line criado no contexto do Tape detalhando as várias etapas de um típico fluxo de trabalho de digitalização de fitas magnéticas de rolo, incluindo inspeção, preparação do gravador, e conversão analógico-digital. Contendo uma linguagem acessível, pouco técnica, o documento inclui ótimas ilustrações, links com textos de apoio, além de apresentações multimídia. É uma espécie de introdução ao assunto, podendo ser aplicado também a outros formatos.

The digital dilemma 2. Perspectives from independent filmmakers, documentarians and nonprofit audiovisual archives. By The Academy of Motion Picture Arts and Sciences and the Library of Congress. Ver: <www.oscars.org/science-technology/council/projects/digitaldilemma2/index.html>.

Em 2007, a Academia de Artes e Ciências Cinematográficas norte-americana (a mesma que organiza a festa do Oscar), em conjunto com a Library of Congress, publicou o relatório *The digital dilemma*, que, como o próprio título sugere, trata dos dilemas que os grandes estúdios hollywoodianos vêm enfrentando para preservar os materiais digitais gerados pelos filmes contemporâneos. Essa segunda parte do relatório, lançada em 2012, foca os desafios específicos de cineastas independentes, documentaristas e arquivos sem fins lucrativos. Apesar de se voltar mais para o campo do cinema, *The digital dilemma 2*, assim como o primeiro relatório, também vem se tornando uma publicação de referência, por apresentar dilemas comuns a todos os profissionais e instituições que lidam com a questão da preservação digital.

The state of recorded sound preservation in the United States: a national legacy at risk in the digital age. Ver: <www.clir.org/pubs/reports/pub148/pub148.pdf>.

Publicado pela Library of Congress norte-americana em 2010, o relatório indica, entre seus pontos principais, que as gravações digitais de eventos da história dos EUA e de programas de rádio do país estão correndo risco de se deteriorarem mais rápido do que os regis-

Gravação e preservação das entrevistas

tros anteriores feitos em fitas magnéticas. Apesar disso, o texto aponta que as fitas cassete, por exemplo, são verdadeiras "bombas-relógio", pois, em função da obsolescência dos equipamentos e peças envolvidos, serão cada vez mais difíceis de serem tocadas. Trata-se de um relatório extenso, que dá conta de um amplo panorama da preservação de documentos sonoros nos EUA, e que pode trazer uma importante reflexão sobre a preservação praticada também no Brasil.

Vermont Folklife Center Archive: archive field guides. Ver: <www.vermontfolklifecenter.org/archive/archive-fieldguides.html>.

Nesse endereço, o Vermont Folklife Center, nos Estados Unidos, oferece dicas práticas e em linguagem acessível para interessados em gravações de campo, incluindo entrevistas de história oral. Dicas sobre gravadores, seleção dos melhores microfones e noções de edição, entre outros itens, estão relacionadas no site.

Armazenamento e manuseio de fitas magnéticas: um guia para bibliotecas e arquivos. John W. C. Van Bogart; [tradução de José Luiz Pedersoli Júnior; revisão técnica de Clóvis Molinari Júnior, Ana Virginia Pinheiro, Dely Bezerra de Miranda Santos; revisão final de Cássia Maria Mello da Silva, Lena Brasil]. 2. ed. Rio de Janeiro: Projeto Conservação Preventiva em Bibliotecas e Arquivos: Arquivo Nacional, 2001. Ver: <www.abracor.com.br/novosite/txt_tecnicos/CPBA/CPBA%2042%20Ftas%20Magn.pdf>.

Mesmo que um pouco defasado, esse guia escrito por Van Bogart ainda se constitui um clássico entre os estudos voltados para os materiais magnéticos de áudio. Trabalho de rigor científico, o texto aborda a composição física das fitas, os fatores do risco, os problemas decorrentes de manuseio etc. Ademais, o autor também inclui anexos valiosos, bem como um glossário de termos técnicos.

Preservação audiovisual. Ver: <http://preservacaoaudiovisual.blogspot.com.br/>.

Doutor pela Universidade Federal Fluminense (UFF), Rafael de Luna Freire é o responsável por esse blog, um dos poucos no Brasil voltado exclusivamente para temas relativos à preservação audiovisual — incluindo a preservação de documentos sonoros e fílmicos. Além dos *posts* sempre bastante interessantes, um dos destaques do blog é a disponibilização de textos importantes do campo da preservação traduzidos pelo próprio autor.

Câmara Técnica de Documentos Audiovisuais, Iconográficos e Sonoros — CTDAIS. Ver: <www.documentosaudiovisuais.arquivonacional.gov.br>.

Criada em maio de 2010, a Câmara Técnica de Documentos Audiovisuais, Iconográficos e Sonoros do Conselho Nacional de Arquivos (Conarq) é a primeira dedicada a documentos audiovisuais, reunindo 12 especialistas de diferentes estados do Brasil. A intenção da câmara é propor diretrizes e normas para a comunidade arquivística, bem como organizar fóruns de discussão sobre as questões que giram em torno dos documentos audiovisuais, iconográficos e sonoros. A página na internet é recém-criada, de modo que o único conteúdo disponível no momento são as atas das reuniões. No entanto, em breve provavelmente será uma fonte importante para os interessados em preservação audiovisual.

Parte III
A entrevista

Nesta parte estaremos tratando do cerne do trabalho com a história oral — ali onde a investigação e a prática científicas se aliam e produzem resultados. É na realização de entrevistas que se situa efetivamente o fazer a história oral; é para lá que convergem os investimentos iniciais de implantação do projeto de pesquisa, e é de lá que partem os esforços de tratamento do acervo. Por seu papel central, esta etapa deve ser objeto de todo cuidado e dedicação da parte dos pesquisadores. Isso significa, entre outras coisas, investir seriamente na elaboração dos roteiros, produzir os instrumentos de controle e de acompanhamento da entrevista, cuidar da carta de cessão de direitos do depoimento e, principalmente, ter consciência da especificidade da relação que se estabelece com o entrevistado.

5. O início da pesquisa

5.1 Pesquisando o objeto de estudo

Uma vez implantado o programa de história oral e definido seu projeto de pesquisa, a primeira atividade para a qual se devem voltar os pesquisadores é a investigação exaustiva do objeto de estudo, em fontes primárias e secundárias, com o objetivo de obter uma base firme de conhecimento do tema, que garanta a qualidade dos trabalhos subsequentes. É conhecendo e estudando o material disponível em arquivos, bibliotecas e outras instituições que os pesquisadores do programa estarão se preparando para desempenhar todas as atividades vinculadas à produção das entrevistas.

Na história oral, a pesquisa e a documentação estão integradas de maneira especial, uma vez que é realizando uma *pesquisa*, em arquivos, bibliotecas etc., e com base em um projeto que se produzem entrevistas, as quais se transformarão em *documentos*, que, por sua vez, serão incorporados ao conjunto de fontes para novas pesquisas. A relação da história oral com arquivos e demais instituições de consulta a documentos é, portanto, bidirecional: enquanto se obtém, das fontes já existentes, material para a pesquisa e a realização de entrevistas, estas últimas tornar-se-ão novos documentos, enriquecendo e, muitas vezes, explicando aqueles aos quais se recorreu de início.

É possível objetar, entretanto, que não é todo tema escolhido para a pesquisa em história oral que se presta a uma investigação aprofundada em outras fontes: muitas vezes escolhem-se temas sobre os quais não há documentos ou obras secundárias disponíveis nas instituições usualmente procuradas. Essa ideia, contudo, não se verifica integralmente se compreendermos o sentido dessa pesquisa aprofundada. Digamos, por exemplo, que a escolha do tema tenha recaído sobre uma comunidade rural em determinado período da história brasileira, sobre a qual nada tenha sido escrito e cujos membros não costumam registrar sua atuação em documentos ou outras fontes escritas. À primeira vista, os pesquisadores não teriam onde aprofundar seus conhecimentos sobre o objeto da pesquisa. Entretanto, para aperfeiçoar seus objetivos e o enfoque de trabalho, podem começar consultando estudos já realizados sobre comunidades rurais, passando em seguida para o exame de obras relativas ao período da história brasileira em que inseriram a pesquisa, com atenção especial para os assuntos e acontecimentos vinculados à questão da terra. Os pesquisadores também podem ampliar seu conhecimento do tema recorrendo a trabalhos sobre a história da região onde se fixou a comunidade em questão. É possível ainda consultar arquivos locais, tanto civis quanto paroquiais, como também periódicos e anais das câmaras de vereadores dos municípios vizinhos para inteirar-se dos acontecimentos sociais marcantes que envolveram aquela comunidade, bem como das relações políticas e econômicas vigentes no período. Por fim, durante esta investigação aprofundada, os pesquisadores podem descobrir novas fontes de consulta, relevantes para seu processo de formação e incursão no tema.

Tais procedimentos não diferem daqueles que devem ser adotados quando se trata de um tema cujo material de pesquisa é mais acessível. Nestes casos, a investigação aprofundada deve igualmente passar por fontes secundárias, obras de análise e documentos públicos e privados, com o objetivo de compreender o período e inteirar-se dos acontecimentos e das situações políticas, econômicas e sociais.

Ampliar e aprofundar o conhecimento sobre o tema não significa passar a saber tudo a seu respeito, mesmo porque, se isso fosse possível, não haveria sequer necessidade de prosseguir na pesquisa e procurar conhecer ainda mais através das entrevistas. Entretanto, essa medida é fundamental para a produção dos documentos de história oral, desde a elaboração do roteiro até o tratamento das entrevistas. É conhecendo amplamente o tema que o pesquisador pode otimizar seu desempenho e imprimir à produção dos documentos de história oral um alto grau de qualidade. Será possível, por exemplo, situar com bastante clareza a atuação de determinado entrevistado com relação ao objeto estudado e preparar-se para dele obter um depoimento de grande valor para a pesquisa, formulando perguntas enriquecedoras para o diálogo e reconhecendo respostas significativas. As informações obtidas durante a pesquisa podem transformar-se em incentivo para o entrevistado no momento da entrevista, já que encontrará diante de si um interlocutor versado nos assuntos em questão, capaz, inclusive, de auxiliá-lo no esforço de recordação. Por outro lado, a equipe de pesquisadores assim preparada pode reconhecer respostas insatisfatórias ou lacunas no depoimento, sendo possível apontá-las, seja no decorrer da entrevista, solicitando o esclarecimento da parte do entrevistado, seja ao longo do processamento, indicando, com notas, sua ocorrência. A constatação dessas situações, viabilizada pelo conhecimento aprofundado do tema, pode incidir mais tarde sobre a análise das entrevistas: o pesquisador capacitado deve perguntar-se a respeito das razões e dos significados das respostas do entrevistado e incorporar essa reflexão à avaliação do trabalho realizado.

Sem esta investigação aprofundada sobre o tema, corre-se o risco de subaproveitar o potencial do trabalho com a história oral, uma produção intencional de documentos com a participação ativa dos pesquisadores. É claro que quanto mais bem preparados estiverem estes últimos, melhor será o resultado do trabalho. É por isso que insistimos na importância da pesquisa exaustiva antes mesmo de se iniciarem as entrevistas.

A preparação da equipe deve ir além do conhecimento aprofundado sobre o tema; ela inclui a integração dos membros e a prática do trabalho em conjunto. Desde o início da pesquisa, é necessário que os pesquisadores se reúnam, discutam o projeto e troquem as informações obtidas na investigação aprofundada sobre o tema, a fim de refletir, em grupo, a respeito das atividades subsequentes. A integração da equipe e o conhecimento claro do projeto e do tema beneficiam e enriquecem o andamento da pesquisa, que depende, em todas as etapas, da cooperação e do trabalho em conjunto. Essa medida também se aplica aos consultores, estagiários, transcritores e copidesques, além do técnico de som. É conveniente que todos esses profissionais tenham conhecimento do projeto de pesquisa e, na medida em que orientem seu trabalho, das informações obtidas com a pesquisa exaustiva. É importante que as tarefas sejam desempenhadas em colaboração com toda a equipe, havendo consultas e auxílios recíprocos e discussão conjunta dos problemas enfrentados, a fim de que as soluções se apresentem firmes, em consequência da reflexão de todo o grupo.

5.2 Roteiro geral de entrevistas

O roteiro geral de entrevistas deve ser elaborado com base no projeto e na pesquisa exaustiva sobre o tema. Sua função é dupla:

promove a síntese das questões levantadas durante a pesquisa em fontes primárias e secundárias e constitui instrumento fundamental para orientar as atividades subsequentes, especialmente a elaboração dos roteiros individuais.

O momento de elaboração do roteiro geral encerra a oportunidade de reunir e estruturar todos os pontos levantados durante a pesquisa, seguindo os objetivos estabelecidos no projeto. Nesse sentido, trata-se de um esforço de sistematizar os dados levantados até então e de articulá-los com as questões que impulsionam a pesquisa. Como primeiro passo, cabe fazer constar no roteiro geral uma cronologia minuciosa dos acontecimentos ocorridos no período que se quer investigar e considerados relevantes em relação aos objetivos do estudo. Ao mesmo tempo, convém acrescentar a essa cronologia informações relativas às análises dos autores consultados, julgadas procedentes e significativas para o estudo, bem como remeter para documentos-chave considerados representativos de determinados itens arrolados. Cabe registrar, junto de cada item da cronologia, a fonte de onde se extraiu aquela informação (por exemplo, o título de um livro, seu autor e o número da página), para que se possa checar o dado sempre que necessário. Reunindo-se tais elementos no roteiro geral, ter-se-á uma visão abrangente e ao mesmo tempo aprofundada daquilo que já se sabe do objeto de estudo e daquilo que se quer saber através das entrevistas.

E assim chegamos à segunda função do roteiro geral: ele servirá de base para a elaboração dos roteiros individuais e, posteriormente, de instrumento de avaliação dos resultados da pesquisa. Como sugere o nome, trata-se de um roteiro amplo e abrangente, que contém todos os tópicos a serem considerados na realização de cada entrevista, garantindo a relativa unidade do acervo produzido. É importante que, nas entrevistas realizadas, os pesquisadores procurem abarcar as questões que foram definidas como gerais a todos os entrevistados. Se, por exemplo, no roteiro geral constar a Revolução de 1932, todos os entrevistados poderão ser perguntados a respeito, mesmo que não tenham participado diretamente do evento, ou ainda que tenham estado fora do país na ocasião. Se, por exemplo, um depoente tinha menos de 10 anos à época, mesmo assim convém que lhe seja proposta a questão, porque ele pode se lembrar de alguns aspectos que lhe chamaram a atenção quando criança ou de comentários que ouvia em casa da parte dos adultos. Se esteve afastado do país, pode revelar sua reação e suas impressões quando recebeu a notícia da revolução. O fato de determinada questão constar no roteiro geral não significa, portanto, que será tratada da mesma forma em todas as entrevistas, nem tampouco que terá pesos iguais. Ao contrário: a preocupação em abordá-la permite justamente que se comparem versões diferentes sobre o mesmo assunto, dadas pelas posições também diferentes que os entrevistados ocupavam e ocupam em relação ao tema.

Suponhamos, por exemplo, que o roteiro geral não seja empregado em determinada pesquisa. Nesse caso, é bem provável que as entrevistas versem sobre assuntos desconexos entre si, difíceis de serem comparados. Determinado entrevistado pode ser solicitado a discorrer apenas sobre certo aspecto do tema, mesmo que sua experiência e sua atuação o autorizem a falar sobre os demais, enquanto outro entrevistado, igualmente capaz, pode ser conduzido a tratar exclusivamente de outro aspecto do tema. Dessa forma, ambas as entrevistas, seguindo direções diversas, dificilmente poderão se prestar a uma análise comparativa, devido à ausência de unidade em sua condução. A unidade dada pelo roteiro geral permite que se identifiquem divergências, recorrências ou ainda concordâncias entre as diferentes versões obtidas ao longo da pesquisa, aprofundando-se as possibilidades de análise do acervo.

5.2.1 Exemplo de roteiro geral de entrevistas

Nos primeiros anos de funcionamento do Programa de História Oral do Cpdoc, quando nosso principal projeto consistia no estudo das trajetórias e do desempenho das elites políticas brasileiras, trabalhávamos com um roteiro bastante abrangente, formulado em função do tema continente que orientava a linha do acervo. Tal roteiro era basicamente adotado em entrevistas de história de vida e tinha o objetivo de cobrir amplamente a trajetória dos entrevistados. Era importante abarcar tanto a formação desses atores — sua situação social, as atividades de que participavam na infância e adolescência, as influências que sofreram e assim por diante —, quanto seu caminho de ingresso na política, os laços que estabeleciam, as redes de relações que mantiveram com outros atores etc.

Os tópicos que integravam esse roteiro geral estão reproduzidos a seguir, com o intuito de fornecer um exemplo de como tais roteiros podem ser elaborados. Caberá, evidentemente, a cada programa definir a estrutura do roteiro adequado ao seu tema continente, orientando-se pelos objetivos traçados no projeto de pesquisa.

Exemplo de roteiro geral para entrevistas de história de vida

I. Socialização

I.1 Posição da família na política regional e/ou nacional e papel da família no processo de socialização política do entrevistado:
   a) antepassados — tradição familiar — conhecimento da família e do mundo através da família por ouvir contar
   b) avós / pais / irmãos — influência sobre o entrevistado; suas carreiras e profissões
   c) intercasamentos na família — importância do casamento para a vida política da família; aliança de interesses
   d) pessoas que frequentavam a casa — o entrevistado foi marcado por presenças?; como eram as experiências de convívio e de "ouvir a conversa dos grandes"?
   e) religião
   f) leituras em/da família, incluindo periódicos

I.2 Posição econômica da família:
   a) papel e função de cada membro da família em casa e no mundo
   b) organização do cotidiano — horários, hábitos
   c) espaço físico da casa

164 Manual de história oral

d) meios de transporte utilizados e bens materiais como imóveis, automóveis, telefone etc.

I.3 Transformações na estrutura familiar:
  ▼ houve cortes? de que tipo? suas causas e efeitos

I.4 Cultura política regional e de geração:
  a) relação com o mundo exterior
    ▼ amigos
    ▼ diversões, namoros, bailes
    ▼ atividades culturais e esportivas
    ▼ espaço por onde circulava; bairros
    ▼ meios de transporte utilizados
    ▼ associações (maçonaria etc.)
  b) acontecimentos políticos e sociais, nacionais e internacionais, de relevância na juventude
    ▼ arrolar os acontecimentos políticos
    ▼ doenças, epidemias
    ▼ catástrofes e tragédias

I.5 Formação intelectual e profissional:
  a) influência da família e de outras pessoas na formação e nas opções profissionais
  b) estudos — colégio e faculdade
    ▼ figuras marcantes nos estudos — colegas e professores — seus perfis
    ▼ avaliação do sistema de ensino, do clima e do ambiente na escola: atividades extracurriculares proporcionadas pela instituição, rotina, atividades obrigatórias, relacionamento com os docentes e os colegas
    ▼ desempenho pessoal como aluno
    ▼ movimento estudantil, grêmios, jornais
    ▼ espírito corporativo (para militares)
  c) leituras
  d) línguas estrangeiras — leitura nos originais
  e) viagens — impressões, influência na mudança da visão de mundo

A entrevista

f) influências que povoam o espírito — leituras e pessoas fortes, com as quais se firmam laços mais permanentes e por quê

II. Ingresso na política

II.1 Relações com a "socialização" — como aqueles diversos aspectos da socialização levaram à opção política:
a) influências pessoais
- ▼ amigos
- ▼ família
- ▼ professores
- ▼ colegas de profissão

perfis

b) concepções ideológicas que nortearam sua atividade política
- ▼ influências

II.2 Quais os canais de ingresso na política:
- ▼ grupos e associações
- ▼ partidário-eleitorais
- ▼ cooptação para cargos públicos
- ▼ canais revolucionários

Quem fazia parte, quais eram os líderes? – seus perfis

III. Ao longo da carreira

III.1 Atuação política:

III.1.1 Do entrevistado
a) cargos que exerceu — biografia
- ▼ como e por que foi designado e promovido, quais os requisitos para sê-lo
- ▼ quais eram suas atribuições e como desincumbiu-se das funções: rotina e prática de trabalho
- ▼ pessoas com as quais conviveu — perfis
- ▼ dificuldades que encontrou
b) desempenho em acontecimentos e conjunturas econômicas, políticas e sociais relevantes

- ▼ arrolar os acontecimentos e as conjunturas conforme sua geração — como atuou? onde estava?
- ▼ como reagiu
- ▼ como os avaliou e avalia
- ▼ perfis de pessoas marcantes envolvidas nesses acontecimentos
- c) articulações que fez visando a continuação da ação política
  - ▼ institucionalizadas (item III.1.2) — sindicatos, partidos, órgãos públicos...
    - i. de que forma adequou-se (ou não) a essas formas institucionalizadas?
    - ii. dificuldades, conflitos, relações estabelecidas e perfis de pessoas marcantes
    - iii. campanhas eleitorais e participação no processo eleitoral — composição de chapas, organização das campanhas, financiamentos, plataforma e propaganda
  - ▼ não institucionalizadas
  - ▼ grupos de interesse, seus membros, líderes — perfis
  - ▼ vida social e atividade política ("o que o senhor fazia quando não estava na Câmara? "): reuniões, conversas ao pé do ouvido, jantares e recepções
  - ▼ intercasamentos

III.1.2 - Do(s) grupo(s) de que fez parte
- ▼ relacionamentos com os companheiros
- ▼ relacionamentos entre os grupos
- ▼ momentos de conflito — definição de adversários e aliados
- ▼ líderes
- ▼ lógica interna ao(s) grupo(s)
  - • mecanismos de ascensão individual (contrapor com a lógica própria do entrevistado)
  - • tomada de decisões
  - • estabelecimento de diretrizes políticas
  - • distribuição e hierarquização de cargos

A entrevista 167

III.2 Outros aspectos que influenciam a vida política:

III.2.1 Vida política — vida privada

▼ influências da vida política na vida familiar e vice-versa (intercasamentos)

▼ influências da vida política na vida profissional e vice-versa

III.2.2 Meios de comunicação e transporte e a política

▼ condições enfrentadas pelo entrevistado para efetuar as articulações: cartas, telefonemas, telegramas, uso e eficácia do rádio, da imprensa e da televisão

▼ transportes utilizados nas campanhas e viagens

III.2.3 Transferências de locais de moradia e a política

▼ influências na vida privada

▼ impressões sobre os novos locais de moradia

▼ repercussão na atividade política

III.2.4 Outros...

6. Preparação de uma entrevista

6.1 Primeiras providências

6.1.1 Seleção do entrevistado

Diante da lista de entrevistados em potencial, já apresentada no projeto, e com os conhecimentos adquiridos por meio da pesquisa exaustiva e da elaboração do roteiro geral de entrevistas, é chegado o momento de escolher a primeira, ou as primeiras, pessoa(s) a ser(em) entrevistada(s). Essa escolha dependerá de algumas estratégias fixadas pela equipe para o início da pesquisa, em função de aspectos que variam conforme cada caso específico. Ela pode recair sobre figuras de atuação destacada em relação ao tema, julgadas mais representativas e cujos depoimentos pareçam essenciais para a realização das demais entrevistas. Pode também condicionar-se pela idade dos indivíduos listados, mostrando-se preferível começar a entrevistar os mais idosos, enquanto ainda dispõem de condições físicas para prestarem seu depoimento. É possível ainda que a escolha dos primeiros entrevistados recaia sobre atores e/ou testemunhas menos estratégicos, à medida que seus depoimentos possam fornecer subsídios para a elaboração dos roteiros das entrevistas de maior peso. Finalmente, pode ser adequado iniciar a pesquisa entrevistando aqueles aos quais se tenha alguma facilidade de acesso, e que podem, a partir da relação estabelecida, mediar novos contatos no interior do conjunto listado.

6.1.2 Escolha dos entrevistadores

Escolhida a primeira, ou as primeiras, pessoa(s) a entrevistar, deve-se determinar quais pesquisadores do conjunto da equipe se ocuparão daquela(s) entrevista(s), considerando-se a relação de dois pesquisadores para cada entrevistado. A escolha dos entrevistadores deve levar em conta seu interesse e sua especialização. Digamos, por exemplo, que, entre os entrevistados em potencial de uma pesquisa sobre a história de uma empresa, haja economistas, administradores, políticos e militares. Apesar de todos os pesquisadores estarem preparados para entrevistar qualquer depoente da lista, em virtude do estudo aprofundado em fontes primárias e secundárias sobre a história da empresa, pode-se alcançar o aproveitamento ótimo da equipe se forem considerados a formação, a especialização e o interesse de cada pesquisador. Assim, por exemplo, aquele que tem uma formação mais voltada para a abordagem econômica poderá ser mais capacitado para entrevistar os economistas, enquanto o pesquisador familiarizado com o estudo sobre militares pode ser indicado para os depoimentos deste setor. Por outro lado, isso não quer dizer que apenas aqueles que têm formação econômica podem entrevistar os economistas e assim por diante, porque, dependendo dos propósitos da pesquisa, pode ser conveniente que um pesquisador com outros interesses e outra especialização também faça parte da produção daquele documento de história oral, chamando a atenção para outros aspectos da experiência do entrevistado que não os especificamente econômicos.

A entrevista 169

Assim, convém que entre os entrevistadores haja também diferenças de formação, concorrendo para o enriquecimento da entrevista.

Pergunta-se, com certa frequência, se entre entrevistado e entrevistador pode haver uma relação anterior àquela estabelecida por ocasião do primeiro contato para a entrevista, ou seja, se o fato de ambos se conhecerem previamente é prejudicial ao depoimento. Isto também constitui fator a considerar quando da escolha dos pesquisadores encarregados de uma entrevista. Como regra geral, podemos dizer que este conhecimento anterior não prejudica a produção do documento de história oral, apesar de nela interferir, porquanto o próprio diálogo e as avaliações recíprocas entre entrevistado e entrevistador situar-se-ão sobre bases diferentes do que se não houvesse algum tipo de relação anterior. Uma entrevista será sempre produto de uma situação singular, a relação entre entrevistado e entrevistador, estabelecida de acordo com a imagem que se fazem de si mesmo e do outro, sendo o conhecimento prévio entre ambos — se houver — mais um entre os muitos dados sobre os quais cada um constrói estas imagens. Há que se considerá-lo e refletir sobre seu peso na relação, pois se este conhecimento prévio, por suas características, implicar um retraimento do entrevistado, será melhor escolher outro entrevistador.

6.1.3 Contato inicial

Definidos os pesquisadores que se encarregarão das primeiras entrevistas, caberá a eles entrar em contato com os entrevistados escolhidos e procurar deles obter o acordo em participar da pesquisa. Esse contato inicial é muito importante porque constitui um primeiro momento de avaliação recíproca, base sobre a qual se desenvolverá a relação de entrevista. Ele pode ser feito por telefone, por carta ou e-mail, ou ainda, se não houver outro meio de acesso ao entrevistado, mediante uma primeira visita. Pode-se procurar já agendar a entrevista, mas, se for necessário, convém sugerir uma conversa preliminar.

No primeiro contato com o entrevistado, cabe aos pesquisadores explicar o trabalho do programa e o método empregado na história oral, colocando o entrevistado a par dos propósitos da pesquisa. Por ocasião da conversa preliminar, pode-se levar ao entrevistado algum material já produzido pelo programa, como catálogos de entrevistas anteriores, folhetos explicativos, entrevistas processadas, livros publicados, para que possa inteirar-se das atividades desenvolvidas e certificar-se de sua seriedade.

É possível que o entrevistado se mostre reticente quanto ao teor das perguntas que se farão na entrevista e o uso posterior de seu depoimento. Neste caso, os pesquisadores devem assegurar-lhe que a entrevista de história oral não visa a informações de cunho sensacionalista ou a situações comprometedoras, e que o entrevistado terá o direito de não opinar sobre assunto que não queira, poderá embargar trechos da entrevista a consultas futuras, bem como solicitar aos pesquisadores que seja desligado o gravador enquanto discorre sobre determinado assunto.

O importante, nesse primeiro contato, assim como na relação de entrevista que irá se estabelecer, é, através do comportamento e da postura com relação ao entrevistado,

a) tornar claro que seu depoimento é de grande relevância para a pesquisa e que haverá muita satisfação, da parte dos pesquisadores, em ouvi-lo;

b) mostrar franqueza na descrição dos propósitos do trabalho e na condução das entrevistas. Não convém aos pesquisadores, sob pena de prejudicar tanto esta como outras relações com entrevistados, forjar uma imagem de si próprios e do programa que não corresponda à prática efetiva. Isto porque, se a entrevista seguir os rumos adequados a trabalhos deste gênero, haverá momentos em que será difícil sustentar uma imagem impostada, e o entrevistado poderá sentir-se ludibriado. Veremos adiante como é importante o fator confiança mútua para o enriquecimento do documento de história oral, e é preciso esforçar-se nesse sentido desde o primeiro contato com o entrevistado;

c) evidenciar o respeito que se nutre pelo entrevistado, enquanto sujeito produtor de significados outros que os dos pesquisadores.

A entrevista

Como são sua experiência e suas interpretações que se buscam em uma entrevista de história oral, é preciso mostrar ao entrevistado que não se tenciona modificar ou criticar sua forma de ver o mundo, suas crenças e opiniões.

O primeiro contato pode ser também ocasião de solicitar ao entrevistado documentos pessoais, currículo, fotografias e outros registros de seu passado, que serão considerados quando da preparação do roteiro individual de entrevista. E possível que, por seu valor particular, estes documentos não possam ser transportados pelos pesquisadores, sob o risco de serem extraviados ou ainda por zelo do entrevistado. Nesses casos, deve-se estabelecer um horário propício a ambas as partes para que os pesquisadores trabalhem com os documentos na residência ou em outro local designado pelo entrevistado, obtendo assim dados para a preparação da entrevista.

Pode ocorrer que, na conversa preliminar, o entrevistado se entusiasme pelo assunto e pela oportunidade de dar seu testemunho e discorra sobre suas experiências passadas. Nesse caso, convém tomar nota de suas opiniões e de seus relatos, para retomá-los mais tarde, ao longo da entrevista propriamente dita, quando o recurso do gravador permitir o registro de sua narrativa. As informações que o entrevistado fornece no primeiro contato com os pesquisadores também constituem, portanto, dados para a elaboração do roteiro individual.

6.1.3.1 Informando sobre a cessão de direitos da entrevista

O contato inicial com o entrevistado objetiva também colocá-lo a par das implicações contratuais de seu depoimento, informando-lhe sobre a existência do documento de cessão de direitos sobre entrevista. Trata-se de um documento por meio do qual o entrevistado cede ao programa os direitos sobre sua entrevista e sem o qual não há como abrir aquele depoimento para consulta. Dependendo de cada programa e das disposições colocadas por entrevistado, o teor desse

172 Manual de história oral

documento pode variar bastante.[1] O importante, nesse momento, é deixar o entrevistado a par dessa prática, para que não seja surpreendido, ao final da entrevista, com uma formalidade da qual nem havia tomado conhecimento.

Há programas de história oral que estabelecem a prática de assinatura do documento de cessão de direitos antes de iniciar-se a entrevista, mas essa conduta não é muito adequada. Em primeiro lugar, porque uma pessoa simplesmente não pode assinar cessão de direitos sobre alguma coisa antes mesmo de ela existir. Em segundo lugar, porque o entrevistado não pode saber de antemão o que vai falar, muito menos sobre o que será indagado, sendo-lhe difícil assinar um documento que garanta ao programa o uso e mesmo a publicação de um conteúdo ainda desconhecido. Em terceiro lugar, porque essa prática é pouco apropriada para uma relação que está apenas começando, podendo o entrevistado sentir-se virtualmente enganado quando lhe solicitam a assinatura sobre algo que ainda vai acontecer. Por isso é preferível selar o contrato apenas ao final da entrevista, depois que a relação já se estabeleceu ao longo de horas de conversa e conhecimento mútuo, sendo reservado ao entrevistado o direito de modificar o teor da carta de cessão, fazendo as restrições que achar necessárias, inclusive embargando trechos cuja consulta julgue inconveniente.

Na negociação em torno da carta de cessão, no Cpdoc, procuramos seguir as recomendações do "Guia para realização de entrevistas", reproduzido no apêndice deste manual (apêndice 2).

6.2 Roteiro individual

Agendada a entrevista após o contato inicial, os pesquisadores deverão elaborar o roteiro que servirá de base para as sessões de entrevista. Não convém desincumbir-se dessa tarefa antes do primeiro contato com o entrevistado porque pode acontecer de a realização da entrevista ser impossível: o entrevistado em potencial pode estar

---

[1] Ver capítulo 8.

A entrevista

ocupado com uma série de compromissos durante longo período, pode simplesmente não querer dar o depoimento, ou ainda não estar em condições de saúde para a tarefa. Nesses casos, um investimento prévio mais aprofundado em sua biografia pouco contribuirá para o andamento da pesquisa. O aceite do entrevistado constitui, portanto, condição para dar início à preparação do roteiro individual.

6.2.1 Biografia do entrevistado

A importância da biografia do entrevistado na elaboração de um roteiro individual varia conforme o enfoque dado à entrevista, considerando-se sempre os objetivos da pesquisa. Em geral, quando se preparam entrevistas de história de vida, nas quais o interesse repousa sobre a trajetória de vida do sujeito, desde a infância até momentos atuais, o conhecimento de sua biografia é fundamental para a elaboração do roteiro. Já nos casos de entrevistas temáticas, nas quais o depoente é solicitado a falar apenas sobre determinado tema, um conhecimento exaustivo de sua biografia pode não ser tão relevante. Mas tanto em um caso como no outro devem-se considerar os dados biográficos do entrevistado quando da elaboração do roteiro da entrevista, a fim de obter melhores resultados no momento de sua realização.

Suponhamos, por exemplo, uma entrevista temática sobre o Movimento X, com José de Sousa, que dele participou. Mesmo que, para a entrevista, não se considere relevante conhecer sua trajetória de vida, o fato de ter sido incluído na lista das pessoas a serem entrevistadas para aquela pesquisa já indica que pelo menos um aspecto de sua biografia era conhecido: sua participação no movimento. Ou seja, o conhecimento prévio da biografia do sujeito, mesmo que limitado a apenas um dado, constitui condição para iniciar-se uma entrevista de história oral. Agora, se ampliarmos este conhecimento no momento da preparação da entrevista, defrontar-nos-emos com novos dados a respeito de sua vida, que poderão sugerir questões e associações antes não aventadas, enriquecendo, portanto, a condução da entrevista.

Em termos práticos, conhecer sua biografia permite compreender melhor o relato de sua experiência, seu discurso e suas referências mais particulares. Por exemplo, se José de Sousa, ao longo de seu relato sobre o Movimento X, evocar, em função de uma comparação, outra experiência pessoal, anterior ou posterior, será mais fácil e até mais estimulante para o desenrolar da conversa se o entrevistador estiver a par dessa experiência, ou se puder situá-la em sua trajetória. Além disso, é geralmente benéfico para a relação de entrevista fazer o entrevistado perceber que seu caso foi estudado e que há efetivamente grande interesse em seu depoimento.

Nas entrevistas de história de vida, o estudo da biografia do entrevistado deve ser mais aprofundado, uma vez que é a trajetória de vida do sujeito que constitui o objeto daquela entrevista. Conhecê-la, portanto, no momento da elaboração do roteiro, é essencial para cobrir exaustivamente todos os acontecimentos e as experiências do depoente. Para isso, será necessário realizar nova pesquisa, desta vez centrada não tanto no tema e sim na vida do entrevistado. É chegado o momento de estudar seu currículo, procurar dados a seu respeito em arquivos públicos e privados, em periódicos e nos livros que eventualmente mencionem sua atuação no campo em que se especializou. Além disso, se o entrevistado escreveu artigos ou outros trabalhos, convém analisá-los, inteirando-se do conteúdo e de suas opiniões, que poderão ser cotejadas com o ponto de vista emitido durante a entrevista. É nesse momento também que se deve levantar e analisar o material particular do entrevistado, solicitado na ocasião do primeiro encontro: fotografias, diários, cartas e outros documentos pessoais que tenha concordado em ceder para a consulta dos pesquisadores.

Reunindo-se e organizando-se o material levantado nessa pesquisa, obtêm-se dois produtos que servirão de base para a elaboração do roteiro e de apoio para a realização das entrevistas: uma cronologia minuciosa da vida do entrevistado e o material resultante da análise das fontes, como alguns documentos, resumos, observações e anotações diversas. Ambos devem ser incorporados ao roteiro individual de entrevista, obtido pelo cruzamento desses dois produtos com o roteiro geral de entrevistas. Como já observado para o caso do roteiro geral, cabe registrar, junto de cada item da cronologia e do levantamento de dados, a fonte de onde se extraiu aquela informação (por exemplo, o título de um livro, seu autor e o número da página), para que se possa checar o dado sempre que necessário.

O material que resulta da análise dos documentos servirá ainda de apoio à entrevista durante sua realização, sendo possível recorrer a ele quando da discussão sobre determinado assunto. Digamos, por exemplo, que determinada fotografia encontrada durante a pesquisa seja significativa em função do tema e das hipóteses de trabalho. Os entrevistadores podem propor ao entrevistado que explique a fotografia (a época e o propósito que reuniram aquelas pessoas naquele local, por exemplo) ao longo da entrevista e, a partir desse documento, conversar sobre uma série de assuntos associados à situação fotografada. Suponhamos ainda que determinado entrevistado não se lembre de seu envolvimento com um grupo específico. Se, ao longo da pesquisa, for encontrada uma carta do entrevistado àquele grupo, é possível mostrar-lhe o documento e sugerir que fale de seu envolvimento com aquele grupo. Os resumos e as anotações realizados ao longo da pesquisa podem também ser consultados durante a entrevista. Pode-se, por exemplo, recorrer a um fichamento de uma obra do entrevistado, no momento em que ele se dispõe a falar sobre seu conteúdo. O entrevistador pode consultar suas anotações e pedir esclarecimentos, prática que certamente enriquecerá a conversa.

6.2.1.1 Quando o estudo prévio da biografia não for possível

Há casos em que o estudo prévio da trajetória de vida do entrevistado torna-se tarefa quase impossível, diante da inexistência de fontes. Digamos, por exemplo, que o objeto de estudo de uma pesquisa seja a formação e a organização interna de uma comunidade de pescadores sobre os quais não se dispõe, individualmente, de nenhum dado prévio, a não ser talvez os registros civis no cartório local. A elaboração do roteiro individual, nestes casos, não poderá servir-se de conhecimentos prévios sobre a biografia de cada entrevistado. Diante dessa impossibilidade, o pesquisador passa a contar apenas com os dados biográficos fornecidos pelo entrevistado no momento mesmo da entrevista, devendo refletir a seu respeito e estabelecer as devidas correlações quase que imediatamente, para, ainda durante a entrevista, lançar questões pertinentes sobre seus significados. Esse esforço concentrado exige do entrevistador uma apreensão sólida das questões contidas no roteiro geral de entrevistas, conferindo-lhe segurança suficiente para avaliar a importância das informações que obtém e inseri-las em um contexto articulado.

Evidentemente, a necessidade desse esforço não se restringe a entrevistas cujos roteiros estejam incompletos. Mesmo em entrevistas extensamente preparadas, o entrevistador pode deparar-se com situações semelhantes, nas quais deve articular de imediato uma reflexão sobre informações que obtém naquele momento. A entrevista é também momento de aprendizado; se soubéssemos efetivamente *tudo* sobre o entrevistado, de que adiantaria ouvi-lo e entrevistá-lo?

Nos casos de entrevistas de história de vida em que o estudo prévio da biografia for impossível, pode ser adequado realizar previamente entrevistas de caráter exploratório, nas quais se solicite ao entrevistado um depoimento sobre sua trajetória de vida. Uma vez obtidos estes dados sobre sua biografia, o pesquisador pode meditar sobre sua relevância, levando em consideração o roteiro geral de entrevistas e, então, estar apto a elaborar o roteiro individual para aquele entrevistado.

6.2.2 Cruzando biografia e roteiro geral: elaboração do roteiro individual

Conforme explicado anteriormente, o roteiro geral de entrevistas tem a dupla função de sistematizar as questões levantadas durante a pesquisa exaustiva sobre o tema e servir de base para os roteiros individuais. O roteiro individual, por sua vez, decorre do cruzamento do roteiro geral com os resultados da pesquisa biográfica sobre o entrevistado, ou seja, um cruzamento entre o que há de particular àquele sujeito e o geral a todos os que foram listados, isto é, aquilo que se constituiu, ao longo da pesquisa, no conhecimento sobre o tema.

Importa, em primeiro lugar, conjugar a cronologia da vida do entrevistado com aquela que cobre os momentos históricos, os acontecimentos e as conjunturas do período escolhido. Para facilitar este trabalho, convém justapor ambas as cronologias dividindo uma folha

A entrevista

de papel em duas colunas verticais, a primeira contendo informações tópicas acerca do tema estudado (extraídas do roteiro geral) e a segunda, os dados biográficos, ambas em ordem cronológica. As duas colunas apresentarão lacunas, que devem ser preservadas como tais, evidenciando a necessidade de cobri-las ao longo das entrevistas. Podemos, por exemplo, não saber o que o entrevistado fazia durante o movimento comunista de 1935: onde estava, que tipo de atividade exercia etc. Nesse caso, enquanto na primeira coluna constar a menção ao movimento, na segunda haverá um espaço em branco, possivelmente com um ponto de interrogação. As informações que preenchem as lacunas, ou mesmo aquelas que não foram previstas no roteiro, serão adquiridas ao longo do depoimento.

É interessante observar que esse tipo de ocorrência pode modificar o roteiro geral de entrevistas. Suponhamos que um entrevistado mencione um fato do qual os entrevistadores não tinham conhecimento e que esse fato tenha relação com o grupo estudado, do qual o entrevistado faz parte: uma reunião, por exemplo, na qual se decidiu algo importante. Diante de sua relevância e seu caráter inédito, vale a pena consultar os demais entrevistados a seu respeito, o que implica acrescentar esse fato ao roteiro geral de entrevistas. Note-se que o trabalho com a história oral é constantemente retroalimentado: conforme avançamos em sua realização, voltamos para modificar algo de seu início. Isso evidentemente exige uma integração da equipe, renovada em reuniões de trabalho, nas quais se troquem informações, reflexões e ideias e se decida, por exemplo, que os pesquisadores encarregados das demais entrevistas procurem obter informações sobre aquele fato antes desconhecido.

Além de haver lacunas no roteiro, pode ocorrer também o contrário. Ou seja, ao preparar o roteiro, podemos incluir informações sobre determinado assunto achando que o entrevistado saberá discorrer a seu respeito, mas, no momento da entrevista, verificamos que seu envolvimento com aquele tema destacado foi muito menor do que imaginávamos. Digamos, por exemplo, que na pesquisa biográfica realizada durante a preparação de uma entrevista, tenha sido constatado que o entrevistado nasceu em uma cidade gaúcha, junto à fronteira com o Uruguai. Sabendo-se da peculiaridade da vida na fronteira e de sua relevância para a formação dos grupos políticos do Rio Grande do Sul e para a história do estado como um todo, levantou-se material sobre o assunto e previu-se, no roteiro, um tópico a seu respeito: como havia sido a experiência do entrevistado enquanto morador de uma cidade de fronteira. Formulada a pergunta ao longo da entrevista, contudo, podemos surpreender-nos se o entrevistado responder que pouco pode informar-nos a respeito, já que, com poucos meses de vida, transferiu-se com a família para a capital. É no momento da entrevista, portanto, que os diversos tópicos contidos no roteiro vão se ajustando, adquirindo às vezes valores diferentes dos previstos.

A organização dos dados de forma tópica, em ordem cronológica e em colunas permite a visão geral do objeto de uma entrevista de história oral: a trajetória do sujeito na história. A justaposição das duas colunas facilita ao pesquisador depreender correlações entre ambas, resultando em questões interessantes. Se a carreira do entrevistado for política, por exemplo, pode-se relacionar os momentos de maior e de menor projeção com a conjuntura política vigente e, a partir daí, aventar sua vinculação a certo grupo ou pessoa. Num estudo de geração política, é possível supor esses vínculos a partir da formação do sujeito: se estudou na faculdade de direito X em determinado período, provavelmente fez parte da turma Y, que se destacou por desenvolver uma tendência política Z; pode ser então que tenha partilhado essa tendência. Esses poucos exemplos mostram como a história do sujeito e a história da sociedade e do grupo de que faz parte se relacionam continuamente. As observações, questões, dúvidas que resultam da relação entre as duas colunas devem ser anotadas ao lado, ou numa outra folha, passando a fazer parte do roteiro.

O roteiro individual de entrevistas constitui, portanto, a justaposição das duas colunas — biografia e conjunturas sociais e históricas em ordem cronológica —, acrescida das anotações — também tópicas — decorrentes da reflexão sobre as relações entre ambas as colunas. Sua função é orientar os pesquisadores no momento da entrevista; é um roteiro aberto e flexível, que não deve ser seguido à risca e naquela ordem, não havendo sequer perguntas prontas a serem formuladas.

A entrevista

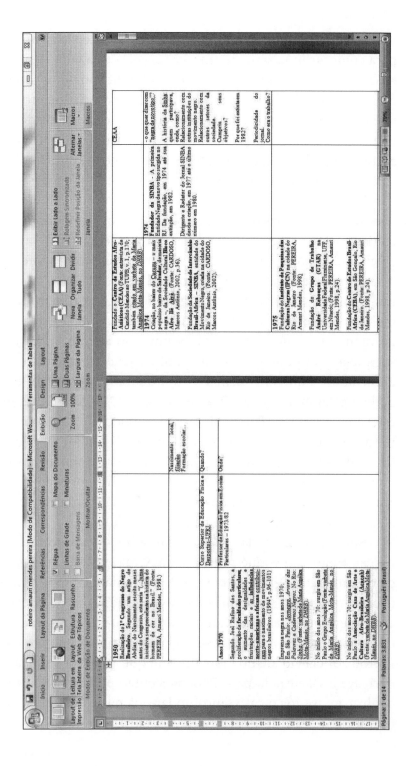

Exemplo de roteiro individual, com três colunas: "Contexto geral", "Biografia" e "Questões". No total, esse roteiro tem 17 páginas, das quais se veem duas nesta figura.

Imaginemos um exemplo. Estamos diante do senhor João Sá para começar uma série de entrevistas sobre sua vida. Temos um material considerável resultante da pesquisa: fichamentos, observações, o roteiro geral sobre o tema do projeto, eventualmente documentos. Em destaque, o roteiro individual, onde estão arrolados, em duas colunas, tópicos sobre o tema e sobre sua biografia. Começamos a entrevista pedindo que nos fale de suas origens familiares, seus pais, irmãos, sua casa, escolas etc. No roteiro, constam apenas sua data de nascimento, alguns dados sobre a família e eventualmente informações sobre as escolas que frequentou. O resto, ele nos contará. Assim, os dados do roteiro servem apenas para orientar-nos e ajudar-nos a acompanhar sua narração; não são perguntas prontas que devem ser respondidas à risca. Estamos numa relação diferente da que ocorre numa entrevista jornalística, por exemplo. Em primeiro lugar, ouvimos seu relato. Obviamente ele nos contará aquilo de que se lembrar no momento, e nossa função é estimulá-lo a lembrar. Digamos que, após falar um pouco sobre sua família, João Sá considere o assunto encerrado e fique em silêncio. Com o auxílio do roteiro individual, podemos lembrá-lo de mais alguma coisa: "Nós sabemos que seu avô esteve na guerra do Paraguai. O senhor pode nos falar um pouco sobre as histórias que contava?". Ou ainda: "O senhor nasceu no bairro tal, onde viveu boa parte de sua infância. Pode contar-nos como era a vida nesse bairro naquela época?". E assim por diante. O roteiro, então, nos ajuda a conduzir a entrevista, a não esquecer de perguntar algumas coisas, mas não é uma camisa de força.

Suponhamos ainda que, ao falar sobre a vida do bairro em que nasceu, João Sá evoque uma cidade X que visitou anos mais tarde, cujo comércio se parecia com o de sua infância. Esse tipo de salto ocorre com muita frequência na rememoração dos acontecimentos e das experiências de vida. Como temos diante de nós o roteiro individual, podemos acompanhar seu relato e verificar que provavelmente visitou aquela cidade no momento em que ocupava a função Y, que o obrigava a viajar pelo país. Podemos então perguntar se essa ideia se confirma e, se for o caso, aprofundar-nos nas características daquela função. O roteiro individual serve então como auxiliar na entrevista; a ordem cronológica não precisa ser seguida, servindo apenas de orientação ao pesquisador.

É claro que o roteiro individual de uma entrevista não constitui o único instrumento de orientação dos entrevistadores para a condução da entrevista, apesar de ser o mais estruturado e, por isso, mais acessível naquele momento. Pode acontecer que a certa altura o pesquisador lance uma questão que não estava prevista no roteiro individual e que lhe ocorreu em virtude de seu conhecimento profundo sobre o tema: determinado assunto tratado pelo entrevistado lembrou-lhe, por exemplo, um artigo específico, que, por questões de espaço ou por seu caráter muito particular, não foi incluído no roteiro individual. O pesquisador, contudo, sabe de sua existência e provavelmente tem seu fichamento e sua referência à mão, entre os materiais resultantes da pesquisa. Se julgar oportuno, pode perguntar ao entrevistado algo vinculado àquele artigo: "O autor X fala Y no seu artigo, e Y, de certa forma, contradiz o que o senhor falou há pouco. O que o senhor acha dessa opinião de X?".

Há outras perguntas que podem ser feitas ao entrevistado sem que estejam previstas no roteiro individual. A experiência de cada entrevistador pesa bastante na forma como conduz a entrevista. Ao falar de determinado assunto, o entrevistado pode relatar um evento que seja familiar ao pesquisador por já ter ouvido de seus pais ou tios relato semelhante. Esse conhecimento não decorre diretamente da pesquisa sobre o tema, e sim da própria história do entrevistador, que pode, se julgar procedente, perguntar mais coisas sobre o fato, com base no relato que ouvia: "É interessante o senhor estar contando isso porque eu me lembrei que meu pai também me contava essa história, que o havia marcado muito, por essas e essas razões. Ele dizia também que tinha acontecido isso. O senhor concorda?". O entrevistado pode sentir-se inclusive mais estimulado a falar sobre o assunto, uma vez que passou a conhecer um aspecto da vida privada do entrevistador, havendo inclusive uma certa identidade entre ambas as partes.

Assim, numa entrevista de história oral, os pesquisadores não precisam ater-se exclusivamente ao roteiro individual: ele deve ser tido como algo flexível, aberto, de grande utilidade para a orientação do entrevistador, mas não como o único recurso a ser considerado. Evidentemente, isso exige um esforço muito maior do pesquisador durante a entrevista do que se precisasse apenas seguir os lembretes do roteiro, na ordem dada e independente do ritmo do entrevistado. É preciso estar muito mais atento ao que este último fala: é preciso saber ouvir. E, a partir dessa prática, saber articular o que se ouve com o que está no roteiro. Daremos um último exemplo sobre esse assunto.

Digamos que, ao sentarmo-nos diante de Maria Barbosa para iniciarmos uma entrevista, estabeleça-se uma conversa ligeira sobre o trânsito, que estava infernal em virtude de um acidente qualquer. Instalamos o gravador e aguardamos o momento oportuno para dar início à entrevista, conforme estabelecido no início de nosso roteiro. Ligamos o gravador, mas, para nossa surpresa, a conversa sobre o trânsito remeteu Maria Barbosa a outro acidente, que abalou sua vida por ter imobilizado seu filho mais moço. Em vez de cortarmos o assunto para formular uma pergunta de acordo com o início de nosso roteiro, devemos ouvir e atentar para aquilo que a entrevistada nos conta. Seu relato, não previsto, pode conter aspectos importantes para nossa pesquisa: pode indicar, por exemplo, como Maria Barbosa concebe a participação dos filhos na economia doméstica, em face da incapacidade temporária do filho, pode fornecer dados para compreender a relação familiar, a locomoção dos membros da família, a utilização dos serviços médicos na região etc. Tópicos a respeito desses assuntos provavelmente fazem parte de nosso roteiro, se a pesquisa versa sobre o cotidiano de uma comunidade e suas modificações ao longo de determinado período. Enquanto Maria Barbosa nos conta esse episódio, devemos articular sua narrativa com nosso roteiro e anotar passagens consideradas significativas para aprofundá-las a seguir: "A senhora falou que seu filho não ficou no hospital porque a senhora queria que fosse tratado pelo dr. Alexandre, que trabalhava aqui nas redondezas. Poderia nos falar um pouco mais sobre esse doutor, como a senhora o conheceu e que tipo de atendimento ele fazia?". Ou então: "A senhora falou que seu filho tinha de ir toda semana ao serviço para bater ponto. Ele não obteve licença médica?". E assim por diante.

A entrevista   183

Conforme a conversa progride, podemos nos lembrar de outras questões interessantes, e o assunto pode acabar tomando um tempo considerável em virtude de sua singularidade e de sua importância para a pesquisa. Assim, podemos deparar-nos com uma situação tal que, apesar de abordados alguns pontos do roteiro, a entrevista tenha seguido um rumo bastante diverso daquele previsto originalmente. Isso exige esforço considerável dos entrevistadores, que devem ser capazes de acompanhar e respeitar o pensamento da entrevistada e de articular seu relato com tópicos esparsos do roteiro. Evidentemente, os tópicos não abordados nessa entrevista deverão constar das seguintes, para garantir a relativa unidade na condução de todos os depoimentos incluídos naquela pesquisa. Se, por exemplo, foi julgado importante saber como cada entrevistado chegou a estabelecer-se naquela região, e não foi possível perguntar isso a Maria Barbosa, este assunto deverá ser abordado na próxima entrevista. E, para sistematizar essas questões, será preciso elaborar novo roteiro: o roteiro parcial de entrevista.

6.2.3 Roteiro parcial: desdobramento do roteiro individual

O roteiro parcial deve ser elaborado entre uma sessão e outra de uma mesma entrevista, tendo em vista a preparação para a sessão seguinte. É o momento de verificar o que foi deixado de lado na sessão anterior, ou seja, os tópicos do roteiro individual que não foram abordados, e de formular novas questões, antes não previstas, com base em informações que o entrevistado deu durante a entrevista.

Quando trabalhamos com entrevistas de história de vida, em sua maioria longas, a elaboração de roteiros parciais torna-se prática comum, sempre que nos preparamos para uma próxima sessão. Isto porque o roteiro individual, nesses casos, é bastante extenso, sendo impossível abordar em profundidade toda a trajetória de vida do sujeito em apenas duas horas de entrevista. Assim, para cada sessão, inclusive a primeira, deve ser preparado um roteiro parcial, com base no roteiro individual, onde estarão listados tópicos a serem abordados apenas naquela entrevista. Obviamente, esse roteiro deve ser igualmente aberto e flexível, permitindo que se converse sobre assuntos nele não arrolados. Eventualmente, pode conter anotações mais detalhadas sobre documentos ou acontecimentos específicos, a respeito dos quais se tenciona indagar o entrevistado naquela sessão.

O roteiro parcial pode ser tido como um roteiro que destaca e aprofunda as passagens contidas no roteiro individual. Digamos, por exemplo, que os pesquisadores, após avaliar as sessões de entrevista anteriores, tenham considerado oportuno, para a próxima, indagar o entrevistado sobre sua atuação como chefe de gabinete no ministério X. No roteiro individual haverá apenas alguns tópicos a respeito desse assunto, entre outras atividades e experiências do entrevistado ao longo de sua vida. A elaboração do roteiro parcial constitui então a preparação mais aprofundada de cada um desses tópicos, com auxílio do material obtido pela pesquisa realizada anteriormente. Assim, em nosso exemplo, se pretendemos nos preparar para entrevistar o sujeito sobre sua atuação no ministério X, é hora de relacionar uma série de tópicos sobre o assunto, tentando abarcar diversos aspectos nele envolvidos: a composição daquele e dos demais ministérios, os problemas políticos do período, a relação entre aquele ministério e outros, medidas adotadas na gestão daquele ministro, outros funcionários do quadro e suas atuações, acontecimentos de relevo no período etc. Eventualmente, para um ou outro assunto específico, será necessário consultar novas fontes — livros, documentos ou artigos de jornal, por exemplo —, a fim de reunir outros elementos indispensáveis para o roteiro.

Como os demais roteiros, o parcial deve ser feito em conjunto pelos pesquisadores envolvidos na entrevista. Encerrada uma sessão, devem sentar-se diante do roteiro individual e do material de pesquisa e avaliar o que foi feito até então: o que o entrevistado falou; até que ponto alguns tópicos do roteiro individual foram cobertos, quais tópicos foram esgotados e quais devem ser retomados; o que o entrevistado revelou em seu discurso que não havia sido previsto e que merece pequena pesquisa para ser aprofundado nas próximas sessões e assim por diante. Após essas reflexões e feitas as consultas necessárias, elabora-se o roteiro parcial, em folha separada, arrolando, em tópicos, os assuntos a serem tratados na próxima sessão. Esse procedimento não é exclusivo de entrevistas de história de vida, devendo ser igualmente adotado nos casos de entrevistas temáticas que se prolongam por mais de uma sessão.

Exemplo de primeira página de roteiro parcial de entrevista com Evandro Lins e Silva

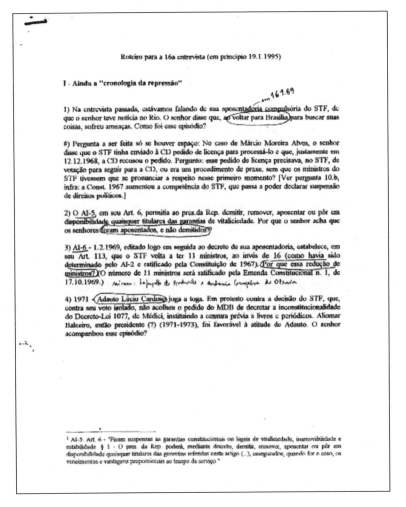

No momento da entrevista, o roteiro parcial terá maior destaque. Em princípio, é a ele que se deve recorrer sempre que houver ocasião de formular novas perguntas. Mas os demais instrumentos de auxílio, como o roteiro individual e o material resultante da pesquisa, devem ser igualmente utilizados, caso a entrevista siga rumos diferentes dos previstos no roteiro parcial. É sempre bom, portanto, ter todos esses instrumentos à mão ao dirigirmo-nos para uma nova sessão de entrevista.

6.2.3.1 SÍNTESE: OS ROTEIROS, EM TRABALHOS COM HISTÓRIA ORAL

Há, portanto, três tipos de roteiros a serem elaborados em fases distintas de um trabalho com história oral: o roteiro geral, os roteiros individuais e os roteiros parciais. O primeiro deve ser elaborado após a etapa de pesquisa exaustiva sobre o tema, constituindo momento de sistematização do conhecimento adquirido e instrumento que garante a unidade de todas as entrevistas. Ao longo da pesquisa, ele poderá ser revisto e aprimorado. Os roteiros individuais são elaborados a partir de um cruzamento da biografia do entrevistado com o roteiro geral, considerando-se as inter-relações entre o caso daquele sujeito e o tema geral da pesquisa. Constituem um dos instrumentos de orientação do pesquisador no momento da entrevista. Os roteiros parciais devem ser elaborados nos intervalos de sessões de cada entrevista, com base no roteiro individual e no material obtido das pesquisas sobre o tema e sobre a biografia do entrevistado. Sua elaboração permite a constante avaliação de cada sessão de entrevista e o estabelecimento de diretrizes para as próximas. Constitui igualmente um dos instrumentos de orientação do pesquisador no momento da entrevista.

Esquematicamente, poderíamos representar os diversos tipos de roteiro numa pesquisa em história oral da seguinte forma:

	Roteiro individual Entrevistado A →	Roteiro parcial 1ª entrevista Entrevistado A →	Roteiro parcial 2ª entrevista Entrevistado A →	Roteiro parcial 3ª entrevista Entrevistado A →
Roteiro geral →	Roteiro individual Entrevistado B →	Roteiro parcial 1ª entrevista Entrevistado B →	Roteiro parcial 2ª entrevista Entrevistado B →	...
	Roteiro individual Entrevistado C →	Roteiro parcial 1ª entrevista Entrevistado C →	Roteiro parcial 2ª entrevista Entrevistado C →	...
	Roteiro individual Entrevistado D →	...	...	...

A entrevista

6.3 Ficha da entrevista e caderno de campo

Ainda no contexto de preparação de uma entrevista, convém dar início a dois registros de seu acompanhamento, que devem ser completados paulatinamente, à medida que o trabalho avança: a ficha da entrevista e o caderno de campo.

A ficha de uma entrevista constitui instrumento de controle das diversas etapas pelas quais passa um depoimento até ser liberado para o público. Os dados nela contidos podem variar, segundo decisão de cada programa, de acordo com os objetivos da pesquisa e os critérios estabelecidos para o processamento. Convém que seja iniciada no momento da preparação da entrevista, quando já se dispõe de alguns dados referentes ao depoimento, como nome, endereço e telefone do · entrevistado, tipo de entrevista e nomes dos entrevistadores. No Programa de História Oral do Cpdoc, essa ficha faz parte, atualmente, de uma base de dados que reúne todas as informações sobre o acervo (parte IV).

O caderno de campo deve ser elaborado pelos pesquisadores responsáveis pela entrevista. Nele será registrado todo tipo de observações a respeito do entrevistado e da relação que com ele se estabeleceu, desde antes do primeiro contato: os motivos que levaram o programa a escolhê-lo como entrevistado em potencial; os canais de mediação entre o programa e aquele depoente, se houver (por exemplo: quem o indicou para o programa); como o entrevistado reagiu à solicitação dos pesquisadores, por ocasião do primeiro telefonema ou encontro; descrições sobre como decorreram as sessões de entrevista: a reação do entrevistado a determinadas perguntas, dificuldades dos pesquisadores, interrupções e problemas na gravação, relação do entrevistado com o objeto de pesquisa, comentários sobre sua memória, informações obtidas quando o gravador estava desligado; a evolução da relação: o que mudou na atitude de ambas as partes (entrevistado e entrevistadores) ao longo das sessões de entrevista e à medida que a relação foi se aprofundando; eventuais alterações do local da entrevista e do corpo dos entrevistadores; como, quando e por que se decidiu encerrar a entrevista; como reagiu à assinatura do documento de cessão; contatos posteriores com o entrevistado etc.

A elaboração desse caderno de campo auxiliará na posterior reflexão sobre o documento no conjunto da pesquisa, constituindo instrumento de crítica e de avaliação de seu alcance e de suas limitações, dada a própria especificidade da entrevista de história oral, sempre vinculada às condições e situações de sua produção. Caso a entrevista seja consultada por outros pesquisadores, é interessante fornecer-lhes, na forma de prefácio ao depoimento transcrito, um resumo das informações contidas no caderno de campo, de forma a auxiliá-los na crítica que farão ao documento.

No Cpdoc, os entrevistadores são solicitados a preencher o "Relatório de entrevista" reproduzido no apêndice deste manual (apêndice 3), que fornece muitas das informações do "caderno de campo" que integra a base de dados do PHO de que trata a imagem a seguir.

Campos do "Caderno de campo" na base de dados do Programa de História Oral do Cpdoc

7. Realização de uma entrevista

7.1 A relação de entrevista

A relação estabelecida entre entrevistado e entrevistadores não se diferencia, de modo genérico, das demais relações que mantemos com outras pessoas ao longo da vida. Em toda relação há códigos que indicam padrões de conduta, a serem seguidos ou não, conforme a empatia entre as partes, a cumplicidade e a duração daquela experiência. Os padrões de conduta variam em função da situação (a relação que estabelecemos com nosso dentista, por exemplo, é diferente da que podemos estabelecer com um companheiro de trabalho) e em função da singularidade de cada uma das partes envolvidas (podemos ter mais empatia com um companheiro de trabalho do que com outro, por exemplo).

Uma relação de entrevista é, em primeiro lugar, uma relação entre pessoas diferentes, com experiências diferentes e opiniões também diferentes, que têm em comum o interesse por determinado tema, por determinados acontecimentos e conjunturas do passado. Esse interesse é acrescido de um conhecimento prévio a respeito do assunto: da parte do entrevistado, um conhecimento decorrente de sua experiência de vida, e, da parte do entrevistador, um conhecimento adquirido por sua atividade de pesquisa e seu engajamento no projeto.

Tem-se então uma relação em que se deparam sujeitos distintos, muitas vezes de gerações diferentes, e, por isso mesmo, com linguagens, culturas e saberes diferentes, que interagem e dialogam sobre um mesmo assunto.

Como em toda relação, quando se inicia uma entrevista, entrevistado e entrevistadores se avaliam mutuamente e começam a formular uma ideia do interlocutor. Como o outro se comporta, como fala, como reage, como expressa sua disposição em estar ali fazendo parte daquela relação, tudo isso são informações para que entrevistado e entrevistadores teçam impressões e ideias sobre aquele com quem dialogam. Tais impressões e ideias vão sendo corroboradas ou alteradas à medida que se prolonga a entrevista e que, portanto, ambas as partes passam a se conhecer melhor. É por isso que essa relação tende a se aperfeiçoar quando se estende por mais de uma sessão de entrevista. Passada a fase inicial de estranhamento recíproco, é possível alcançar uma empatia benéfica para a reflexão pretendida, de modo que entrevistado e entrevistadores se tornem cúmplices na proposta de recuperar, problematizar e interpretar o passado. Considerada nesses termos, a entrevista deve ser tomada e analisada como um todo, levando-se em conta todos os passos percorridos, as mudanças na situação de entrevista, o modo como são feitas as perguntas e as características das respostas, enfim, todo indício de como efetivamente se deu aquela relação particular.

Vamos a um exemplo, para tornar mais clara a interdependência entre a relação estabelecida e os resultados da entrevista. Digamos que, numa primeira sessão, seja proposto ao entrevistado que expresse sua opinião sobre determinado assunto, e que, em razão do estranhamento com que percebe seus interlocutores, o entrevistado seja conciso e formal em sua resposta. Se, mais adiante, na quarta sessão, por exemplo, lhe for proposto o mesmo tema, de forma talvez diferente, é possível que, devido à confiança já adquirida, o entrevistado se sinta mais à vontade para expressar sua opinião, o que, evidentemente, incidirá sobre os resultados da entrevista. É por isso que dizemos que a qualidade da entrevista, das informações obtidas e das declarações, associações e opiniões emitidas pelo entrevistado depende estreitamente do tipo de relação estabelecida entre as partes.

O ideal, numa situação de entrevista, é que se caminhe em direção a um diálogo informal e sincero, que permita a cumplicidade entre entrevistado e entrevistadores, à medida que ambos se engajam na reconstrução, na reflexão e na interpretação do passado. Essa cumplicidade pressupõe necessariamente que ambos reconheçam suas diferenças e respeitem o outro enquanto portador de uma visão de mundo diferente, dada por sua experiência de vida, sua formação e sua cultura específica. Assim, cabe ao entrevistador, em primeiro lugar e principalmente, respeitar o entrevistado como produtor de significados diferentes dos seus, e de forma nenhuma tentar dissuadi-lo de suas convicções e opiniões, ou ainda tentar convencê-lo de que está "errado" e de que deveria aderir às posições do entrevistador. Essas tentativas se tornam inteiramente estéreis num trabalho de história oral, que se caracteriza justamente por recuperar e interpretar o passado através da experiência e da visão de mundo daquele que o viveu e/ou testemunhou. Se o entrevistador não souber respeitar essa experiência e ouvi-la, permitindo que seja gravada para transformar-se em fonte de estudo, é preferível optar por outro tipo de trabalho, no qual se sinta mais recompensado.

Isso não quer dizer, contudo, que o entrevistador deva manter-se apenas calado e atento ao que diz o entrevistado, pois nesse caso não haveria sequer necessidade de sua presença, bastando que estivesse virtualmente presente através do gravador. Assim, o padrão de conduta de uma entrevista inclui também a participação do entrevistador, que deve se adequar ao ritmo do entrevistado, procurando não interromper o curso de seu pensamento, acompanhando sua narrativa ao formular perguntas, reformulando suas próprias ideias a partir daquilo que lhe é relatado, enfim, procurando ajustar o diálogo com base nos dados que lhe fornece o entrevistado a respeito de si mesmo e de suas limitações. É o entrevistado, então, que imprime o tom à entrevista e cabe ao entrevistador aprender seu estilo para adequar seu próprio desempenho àquela relação específica.

Imaginemos, por exemplo, dois casos opostos: um entrevistado prolixo, que gosta de relatar os acontecimentos com todos os detalhes, ao mesmo tempo que expressa suas opiniões com convicção, não parecendo disposto a problematizá-las, e um entrevistado que se expressa com poucas palavras, não se aprofunda com facilidade nas questões propostas e se caracteriza por ser conciso. Trata-se de dois ritmos e estilos diferentes, que precisam ser observados e aprendidos pelo pesquisador, a fim de otimizar o resultado da entrevista.

No primeiro caso, convém escutar o entrevistado, suas opiniões e convicções, correspondendo, portanto, a seu desejo de ser ouvido, mas, ao mesmo tempo, procurar introduzir questões que o entrevistado não considera em sua narrativa e que, no contexto da pesquisa, são julgadas relevantes. Desse modo, sugerem-se-lhe outros caminhos de recuperação e interpretação do passado, sendo possível até problematizar algumas de suas opiniões já cristalizadas. Essas sugestões, evidentemente, devem ser feitas com cuidado, para que o entrevistado não se sinta ofendido ou provocado, e é sempre bom acompanhá-las com expressões que revelem o efetivo interesse do pesquisador pela resposta, e não formulá-las como se fossem contraprovas ao ponto de vista do entrevistado. Não há por que fazer o entrevistado se sentir testado, uma vez que o que interessa é justamente sua experiência e sua opinião sobre o assunto. Como o pesquisador estudou aquele tema a fundo, pode e deve ter outros pontos de vista, mas na relação de entrevista, baseada no diálogo e na cumplicidade, tais pontos de vista não devem ser apresentados como verdades absolutas, contraprovas ao que o entrevistado pensa, e sim como novos aspectos a serem observados e igualmente passíveis de questionamento. No caso, portanto, de um entrevistado que parece já ter formado toda a sua concepção a respeito do tema pesquisado e constrói seu discurso sem espaço para novas abordagens, o pesquisador deverá se moldar a tais características, ouvindo com interesse e atenção, mas também sugerindo cuidadosamente novos aspectos a serem discutidos.

Já no segundo exemplo, o do entrevistado que desenvolve um estilo mais conciso, cabe ao entrevistador tentar estimulá-lo com perguntas de natureza diversa, específicas a determinado acontecimento, ou mesmo gerais, de interpretação dos fatos, a fim de ativar sua memória e sua disposição para falar. Tais perguntas devem ser formuladas — como em geral todas as questões propostas numa entrevista — com o cuidado de serem abertas, de não encerrarem, em si mesmas, as respostas, de modo que o entrevistado não se limite a apenas concordar ou discordar do que foi dito, e se sinta efetivamente inclinado a explorar aquele assunto. O esforço de estimular o entrevistado deve ser empreendido de várias maneiras, experimentando abordar o tema de diferentes ângulos, a fim de que se possa aprender, ao longo da entrevista, quais atitudes concorrem para um melhor resultado. Eventualmente e se for possível, convém incluir nesse esforço alguns recursos concretos que incentivem o entrevistado, como fotografias, artigos de periódicos ou outros documentos da época em questão, a partir dos quais pode ser mais fácil conversar.

A entrevista

Assim, sobre a relação de entrevista, deve-se dizer que seu ritmo, o percurso da lembrança e da construção do pensamento são dados pelo entrevistado, mas que a entrevista não se faz sem o entrevistador, que tem um papel fundamental na busca da cumplicidade entre ambos, de modo que o tema proposto possa ser aprofundado e explorado em um diálogo profícuo. É por causa dessas características que geralmente uma *relação prolongada* de entrevista se mostra mais apropriada para os objetivos do trabalho com a história oral: é a continuidade da relação entre entrevistado e entrevistador que permite a ambos se conhecerem melhor, estabelecerem pontes e aproximações entre o que foi dito em sessões diferentes e identificarem as peculiaridades de cada um e as situações que parecem conduzir a um diálogo mais proveitoso para o objetivo do trabalho.

Isso não quer dizer, contudo, que se deva invalidar qualquer tentativa de entrevista que não se estenda por mais de uma sessão. Muitas vezes, um depoimento de pouco menos de duas horas de duração pode fornecer dados relevantes e constituir fonte de reflexão primordial para a compreensão do objeto de estudo. Isso depende da profundidade alcançada por entrevistado e entrevistadores, condicionada pela boa preparação da entrevista e pela experiência do entrevistado e seu hábito de refletir sobre seu mundo. De qualquer forma, havendo a oportunidade e sendo conveniente para os propósitos da pesquisa, é preferível procurar estender a duração da entrevista de modo a alcançar melhores resultados.

Dito isso, é fácil depreender que a relação de entrevista, assim como a entrevista em si, deve ser tida e analisada como um todo, importando tanto o conteúdo do que se deixa gravado como a forma com que é enunciado. O fato, por exemplo, de determinado assunto ter sido abordado ou aprofundado em uma ocasião e não em outra pode ser explicado pelas circunstâncias da relação naqueles dois momentos distintos. Considerar esse fator é importante, tanto durante a entrevista, quanto depois, quando ela é analisada. Cabe ao entrevistador observar e treinar sua sensibilidade para as condicionantes que influem no andamento da entrevista, aprendendo a identificar seus efeitos sobre o depoimento, a fim de alcançar os melhores resultados possíveis. Estão entre essas condicionantes, por exemplo, a percepção que o entrevistado tem de seu interlocutor, que pode influir no conteúdo do que diz. Assim, determinado entrevistado pode dizer certas coisas a um entrevistador e não a outro, já que *o que* se diz depende sempre de *a quem* se diz. O entrevistador competente deve saber avaliar os limites da relação estabelecida e perceber de que forma ele próprio interfere sobre a informação que obtém.

Isso não quer dizer que o entrevistador deva forjar uma atitude que não corresponda à sua prática de vida, a fim de obter melhores resultados durante a entrevista. Ao contrário, qualquer simulação numa relação de entrevista pode incidir negativamente sobre seu objetivo. Ao impostarmos uma conduta à qual não estamos acostumados, é bastante provável que nosso interlocutor perceba a discrepância e nos retribua com outra afetação. E assim, aquela relação, que vinha sendo construída com cuidado, pode desviar-se dos propósitos da pesquisa.

Digamos, por exemplo, que numa entrevista haja uma diferença de geração significativa entre entrevistado e entrevistador. É possível que o depoente identifique seu interlocutor com um neto, ou uma neta, passando a construir seu discurso como se estivesse ocupando um papel de avô: explica minuciosamente cada detalhe, imprime um tom didático a suas respostas, cuida para que o entrevistador aprenda algo sobre o mundo através da larga experiência de vida que ele próprio carrega. O entrevistador não poderá aparentar muito mais idade do que a que tem, mas deve estar apto a reconhecer de que modo ele mesmo determina em grande parte o que e como fala o entrevistado. E, percebendo tais características, deve reconhecê-las como únicas, aproveitando aquela oportunidade singular: as explicações pacientes e extensivas que o entrevistado tende a dar a seu interlocutor mais jovem, por exemplo, podem ser de muita valia para o estudo proposto. Fazer uma entrevista é, portanto, analisá-la e avaliá-la constantemente — enquanto é gravada, mais tarde, quando se prepara a próxima sessão e, finalmente, quando se produzem os textos de análise do material obtido com a pesquisa.

Cabe sublinhar uma última evidência: a entrevista — e a relação de entrevista —, além de se constituir num todo, é sempre única, não

A entrevista 195

havendo possibilidade de se repetir em outras circunstâncias. Se um mesmo entrevistado for procurado mais tarde por outros pesquisadores, mesmo que com objetivos semelhantes, para prestar um novo depoimento, as duas entrevistas poderão até ser parecidas, mas jamais serão iguais: a relação entre as partes será diferente, a começar pelas pessoas, que não serão as mesmas, e o momento de realização da entrevista também será outro, seja do ponto de vista da vida pessoal do entrevistado, seja em função do quadro social, político e econômico de seu grupo ou país. Do mesmo modo, se entrevistado e entrevistadores se encontram mais adiante para uma nova entrevista, passados alguns meses, por exemplo, o resultado dessa segunda relação será bastante diferente daquele obtido anteriormente. Além das mudanças decorrentes do intervalo de tempo entre uma entrevista e outra, o fato de ambas as partes já se conhecerem imprime novas características à relação. Assim, mesmo que as pessoas envolvidas nas entrevistas não sejam diferentes, cada um dos depoimentos será único e precisa ser analisado em função das peculiaridades em que é produzido (o momento pessoal e histórico de realização da entrevista, os objetivos que o geraram e a relação que se estabeleceu entre as partes).

Tomada, então, como um todo que se desenvolve com uma lógica própria, determinada pelas pessoas que a produzem e pelo contexto em que é realizada, a entrevista de história oral adquire especificidade. Trata-se de uma relação entre pessoas diferentes que segue determinados padrões de conduta, dados pelos objetivos da pesquisa e do método da história oral, e cuja atualização varia conforme a simpatia e a empatia entre as partes.

Tendo fixado a necessidade de se conceber uma entrevista de história oral como relação, passemos agora para aspectos mais práticos que podem ser observados em função das circunstâncias de sua realização.

7.2 As circunstâncias de entrevista

Chamamos aqui de circunstâncias de entrevista os aspectos físicos e práticos que fazem parte do ambiente de produção de um depoimento de história oral, como o local, a duração, o número e o tipo de pessoas presentes e o papel do gravador. O peso de tais aspectos pode tornar-se reduzido no momento em que se consulta a entrevista, quando a atenção se volta especialmente para o material colhido e registrado, muitas vezes já transcrito. Mas durante a realização da entrevista, as circunstâncias que a envolvem podem muitas vezes sobrepor-se ao depoimento, incidindo indubitavelmente sobre seu andamento e conteúdo.

Se, por exemplo, em determinada sessão de entrevista, o entrevistado tiver um compromisso que o obrigue a encerrar o depoimento mais cedo do que de costume, essa circunstância poderá interferir em sua disposição de falar mais detalhadamente sobre um assunto, já que estará preocupado em consultar o relógio para não perder a hora. Os entrevistadores, por sua vez, avisados de que a entrevista deverá ser encerrada antes do que esperavam, podem sentir necessidade de alterar o roteiro daquela sessão, deixando questões mais extensas e complexas para outra oportunidade. Eis como circunstâncias em princípio alheias à entrevista podem interferir em seu andamento. Sua ocorrência é muitas vezes inevitável, e cabe aos entrevistadores adequar-se a elas. Há, contudo, algumas circunstâncias cuja interferência pode ser minimizada de modo a não incidir prejudicialmente sobre a entrevista, e é sobre elas que falaremos neste item.

7.2.1 Local

O local de gravação da entrevista deve ser decidido de comum acordo com o entrevistado. Dependendo de sua disponibilidade, pode-se realizar a entrevista nas instalações do programa, caso haja uma sala de gravação. Se a entrevista for feita na casa do entrevistado ou em seu local de trabalho, deve-se escolher um ambiente que reúna boas condições para sua gravação: de preferência um cômodo reservado, ao qual outras pessoas não tenham acesso durante a entrevista, o mais silencioso possível e, se for viável, com uma mesa em torno da qual entrevistado e entrevistadores possam se instalar confortavelmente.

O recurso à mesa se justifica devido ao manuseio do equipamento de gravação durante a entrevista: se o gravador puder ser colocado sobre a mesa e próximo de um dos entrevistadores, é mais fácil controlá-lo. Além disso, sobre a mesa os pesquisadores podem acomodar o material de pesquisa, o roteiro e as folhas suplementares em que fazem anotações. E sentando-se em torno de uma mesa, é mais fácil concentrar-se naquilo que se está fazendo, olhando o outro de frente e relativamente de perto, havendo menos possibilidade de dispersão. Se houver, por exemplo, um documento ou uma fotografia sobre os quais discutir, é melhor estar próximo um do outro e contar com o anteparo da mesa, do que passar o documento de mão em mão, sem que todos o vejam ao mesmo tempo.

O ideal é que o espaço e a acomodação não perturbem a concentração e a atenção sobre o que se está fazendo. Se for o caso, pode-se solicitar ao entrevistado permissão para arrumar um pouco os móveis ou improvisar uma mesa. Além de cuidar da acomodação das pessoas, é preciso adequar o espaço ao equipamento de gravação, aproximando o gravador da fonte de energia (caso não se usem pilhas), posicionando adequadamente os microfones, se forem usados, e reduzindo os sons externos, conforme explicado na Parte II. O importante é que o local de realização da entrevista contribua para se atingir os objetivos que a geraram e não prejudique a relação estabelecida, nem a gravação do depoimento.

7.2.2 Duração

A duração de uma sessão de entrevista depende da relação estabelecida entre entrevistado e entrevistadores e das circunstâncias específicas àquele momento. É preciso, em primeiro lugar, respeitar os limites do entrevistado: se for uma pessoa muito ocupada, podendo dispor de apenas uma hora por semana para a entrevista, é evidente que a duração de cada sessão deve se condicionar a essa exigência. Se suas condições físicas a impedirem de falar durante muito tempo, é preciso igualmente compreender esses limites. O interesse demonstrado pelo entrevistado também pode determinar o encerramento de uma entrevista. Se a conversa estiver sendo penosa e pouco estimulante, é possível que o momento de conclusão de determinado assunto coincida com o momento adequado de encerrar a sessão, procurando-se recuperar a empatia e o interesse no próximo encontro. Por outro lado, se entrevistado e entrevistadores estiverem mantendo um diálogo informal e rico, pode ser que se esqueçam da hora e prolonguem aquela sessão para além do tempo inicialmente previsto.

Consideradas, enfim, as circunstâncias particulares a cada entrevistado e a cada relação de entrevista, pode-se, de qualquer modo, estimar uma média de duas horas de gravação por sessão de entrevista. Essa duração permite que sejam abordados e aprofundados mais de um assunto específico, uma vez que há tempo suficiente para estabelecer um diálogo profícuo e refletir em conjunto sobre o passado. Por outro lado, é bom que a entrevista não se estenda para muito além de duas horas, a fim de que entrevistado e entrevistadores não se sintam esgotados com o esforço empreendido. Realizar uma entrevista é sempre cansativo para ambas as partes. Do lado do entrevistado, porque é solicitado a exercitar sua memória e a refletir sobre o passado, o que muitas vezes exige elevado esforço intelectual e emocional. Do lado dos entrevistadores, porque devem estar permanentemente atentos a tudo: ao que diz o entrevistado, ao funcionamento do gravador, ao andamento daquela relação, às indicações do roteiro, às oportunidades de formular as perguntas, às anotações que devem ser feitas, enfim, a todo um conjunto de procedimentos que exige um esforço redobrado e contínuo.

7.2.3 Apresentação dos entrevistadores

Neste subitem trataremos de uma circunstância que pode parecer fora de propósito para alguns pesquisadores, mas cuja observação pode favorecer a relação de entrevista. Trata-se da apresentação física, ou seja, da roupa que se usa no primeiro contato com o entrevistado e nas sessões de entrevista subsequentes. Não queremos sugerir com

A entrevista 199

isso que o entrevistador deva providenciar um guarda-roupa novo para exercer sua função, ou ainda que deva vestir-se em desacordo com seu estilo usual. Queremos apenas chamar a atenção para um fator importante em nossa cultura, que exerce influência sobre as avaliações que fazemos dos outros e sobre aquelas que se fazem a respeito de nós.

Se, por exemplo, nos dirigirmos a uma entrevista com um alto funcionário do governo de tênis e camiseta, essa nossa apresentação possivelmente trará problemas ao andamento da entrevista. O entrevistado pode identificar em nosso modo de vestir um sinal de negligência e de desrespeito, o que pode comprometer sua boa vontade em prestar o depoimento. Por outro lado, se formos a uma entrevista com uma lavadeira com trajes finos, como se estivéssemos prontos para assistir a um casamento, tal apresentação não favorecerá a empatia necessária ao desenvolvimento de uma relação de entrevista.

Isso não quer dizer, entretanto, que o entrevistador deva se vestir de modo diferente do que é de seu agrado; basta escolher, entre as roupas de que dispõe e nas quais se sinta à vontade, aquela que melhor se adapta à ocasião da entrevista e ao estilo de vida do entrevistado. Essa é uma das circunstâncias, em princípio externas à entrevista, que sem dúvida interferem em seu andamento. Se o modo como o entrevistador se apresenta não chama a atenção do entrevistado, é mais fácil estabelecer o diálogo e se voltar para o objetivo mesmo da entrevista, economizando assim as atenções para aquilo que efetivamente interessa na entrevista.

7.2.4 Pessoas presentes à entrevista

Temos insistido no caráter concentrado de uma situação de entrevista, ou seja, no esforço de impedir que circunstâncias alheias à relação e aos objetivos da conversa interfiram em seu andamento. É necessário que entrevistado e entrevistadores estejam concentrados sobre o que (e como) se fala. Nesse sentido, a presença de terceiros durante a gravação de uma entrevista pode constituir elemento dispersivo e às vezes limitador. Digamos, por exemplo, que em determinada entrevista o cônjuge do entrevistado esteja assistindo ao depoimento. Mesmo que não participe com opiniões ou lembranças próprias, pode ser que o entrevistado se sinta inibido com sua presença, ou de alguma forma obrigado a reportar-se ao cônjuge na reconstituição do passado, de maneira a incluí-lo na conversa. O mesmo se aplica a colegas de trabalho, outros parentes ou amigos.

Um amigo, por exemplo, pode sentir-se inclinado a prestar seu próprio depoimento sobre o assunto tratado, tirando a palavra do entrevistado e impedindo que expresse seu ponto de vista. Essa situação pode se agravar se o entrevistado for uma pessoa de estilo mais conciso, passando a se sentir aliviado diante da prolixidade do amigo. A solução para esse tipo de situação pode ser dada com um convite expresso ao amigo, para que ele mesmo seja entrevistado em data a ser marcada, sugerindo-se que não participe mais daquela entrevista, uma vez que terá oportunidade de falar sobre sua experiência mais tarde. É claro que tal decisão só deve ser tomada se efetivamente o depoimento daquela terceira pessoa for considerado relevante para a pesquisa. Pode ser que o amigo ou parente também tenha participado ativamente do tema que se investiga, havendo então um real interesse em aproveitar aquele contato para uma nova entrevista. Caso não exista tal interesse, deve-se procurar contornar a situação, solicitando cuidadosamente que a entrevista seja feita a sós com o entrevistado.

Algumas vezes, contudo, pode não ser possível impedir que uma terceira pessoa participe da entrevista. Nesses casos, será necessário um cuidado especial quando de seu tratamento. Os dados do amigo ou parente presente devem ser registrados na base de dados e no caderno de campo, caracterizando-se claramente, na apresentação da entrevista, qual seu papel ao longo do depoimento. Podem ocorrer com mais frequência conversas paralelas e superposição de vozes, que devem ser identificadas na passagem da entrevista para a forma escrita. O responsável pela conferência de fidelidade deve saber diferenciar com precisão a voz do entrevistado da voz do amigo, para não atribuir àquele observações feitas pelo último. Ou seja, a interferência resultante da participação de terceiros no depoimento ultrapassa

A entrevista   201

o âmbito estrito de realização da entrevista e requer cuidados especiais na liberação do documento para o público.

Mas pode acontecer, em determinadas situações de entrevista, que a presença de uma terceira pessoa constitua fator favorável para a relação estabelecida. Digamos, por exemplo, que determinado entrevistado julgado essencial para o desenvolvimento da pesquisa esteja fisicamente debilitado para falar. Após avaliação criteriosa desses limites, pode ser que os pesquisadores ainda considerem relevante realizar a entrevista, em função da atuação estratégica daquele entrevistado e da contribuição crucial de seu depoimento para a compreensão do objeto de estudo. Nesse caso, a presença de um parente ou de pessoa próxima ao entrevistado durante a gravação do depoimento pode ajudar bastante, principalmente se essa terceira pessoa tiver sensibilidade suficiente para auxiliar o entrevistado em seu esforço de ser compreendido ou de rememorar o passado, sem interferir em suas opiniões e em sua visão de mundo. Assim, essa terceira pessoa estaria funcionando como uma espécie de intérprete, viabilizando a produção daquela entrevista, que, de outro modo, não seria factível. É claro que em casos como esse é necessário considerar essa terceira presença por ocasião da análise do documento, avaliando de que forma incidiu sobre aquela situação específica. Além disso, é preciso incluir esse dado na apresentação do documento liberado para consulta, para que o público também seja inteirado dessa circunstância especial.

Há outra situação em que a presença de mais uma pessoa pode ser considerada favorável para a entrevista. Digamos, por exemplo, que seja objetivo da pesquisa entrevistar um casal que teve participação relevante no tema investigado. Pode ser que a entrevista se desenvolva muito bem estando ambos os entrevistados presentes, e que, por meio de um diálogo rico, se estabeleça um incentivo recíproco: cada um dos entrevistados passa a se sentir motivado a falar sobre seu próprio ponto de vista e sua atuação à medida que o outro também fala e se lembra dos detalhes e das situações relacionadas ao tema. Em casos como esse, entretanto, não se pode falar em presença de "terceiros", uma vez que a terceira pessoa passa a ser um dos entrevistados, perfeitamente integrado à entrevista.

Manual de história oral

E já que tocamos no assunto, vale abrir um parêntese para falar sobre a realização de entrevistas com mais de um depoente. Na prática de trabalho do Programa de História Oral do Cpdoc não é comum realizarmos entrevistas com dois ou mais entrevistados ao mesmo tempo. Ao contrário, a grande maioria de nosso acervo é composta de entrevistas com um único depoente. Isso se deve, em primeiro lugar, à própria metodologia de história oral, que pressupõe um estudo comparado de casos particulares, cada um deles tomado como objeto de investigação específico. A profundidade com que se estuda um ator e a qualidade da entrevista produzida são tanto maiores quanto mais exclusiva for a dedicação àquele caso nos momentos de preparação, realização e processamento da entrevista. Elaborar um roteiro de entrevista para um único entrevistado permite abranger aquele caso mais concentradamente do que se tivéssemos de nos ocupar de dois atores concomitantemente. O mesmo se aplica ao momento da entrevista: quando duas pessoas são entrevistadas ao mesmo tempo, as atenções têm que ser redobradas, é preciso cuidar para que um entrevistado não se sobreponha a outro e torna-se mais custoso resgatar a experiência e as opiniões individuais, no ritmo e na perspectiva de cada um em particular. Por fim, o trabalho exigido na passagem do documento gravado para a forma escrita também requer esforço redobrado.

Optar pela realização de entrevistas com mais de um depoente depende, pois, da avaliação dos pesquisadores envolvidos no projeto sobre a adequação desse procedimento aos objetivos da investigação. Se, por exemplo, a oportunidade de entrevistar dois atores relevantes para a pesquisa só puder se concretizar com a condição de ambos serem entrevistados ao mesmo tempo — o que pode ocorrer se os pesquisadores tiverem de se deslocar para outra cidade para gravar o depoimento e se os próprios entrevistados só dispuserem de um tempo restrito para prestar seus depoimentos —, é possível que, após avaliação criteriosa de tais limites, os pesquisadores julguem conveniente realizar a entrevista, mesmo contando com circunstâncias pouco favoráveis.

A entrevista

7.2.5 O gravador

Uma última circunstância sobre a qual é preciso falar diz respeito ao papel do gravador numa situação de entrevista. É claro que não se pode pensar em história oral sem o equipamento de gravação, de áudio ou vídeo: é o gravador que permite falar em produção de documento, no retorno à fonte, na montagem de acervos de depoimentos, na autenticidade de trechos transcritos e na análise de entrevistas. Uma entrevista que não pode ser gravada é apenas uma entrevista durante a qual o pesquisador certamente faz anotações de próprio punho, adquire conhecimento e subsídios para trabalhos posteriores, mas à qual não pode retornar para checar informações, tirar novas conclusões, recuperar associações, ou ainda reavaliar sua análise.

Durante a realização de uma entrevista de história oral, o gravador evoca a presença virtual de outros ouvintes, do público e da "posteridade". Em geral, entrevistado e entrevistadores preocupam-se mais com seu desempenho, cuidam da linguagem e do peso de suas palavras. Não estamos falando apenas com nosso interlocutor direto, mas também com um universo ainda pouco definido de ouvintes. Sabendo que será ouvido e talvez citado mais tarde, o entrevistado se preocupa com os efeitos de seu depoimento sobre o público. Isso pode resultar, por exemplo, em discursos laudatórios a respeito de si mesmo, ou, do contrário, em uma inibição exacerbada. É possível também que estimule uma vontade de denúncia, ou seja: já que o depoimento está sendo gravado e que possivelmente o entrevistado julga que não tem nada a perder, a entrevista pode se transformar em excelente ocasião para "colocar os pingos nos is".

Seja como for, é indubitável que a presença do gravador na entrevista exerce influência sobre o que e como se fala. E quanto a isso, o papel dos entrevistadores é muito importante: cabe a eles procurar minimizar essa influência, conferindo ao gravador apenas a atenção indispensável. Para alcançar esse objetivo, é preciso, em primeiro lugar, que os próprios entrevistadores já tenham perdido grande parte de sua inibição: que não se sintam constrangidos ao falar ao microfone, que não se preocupem em demasia com seu desempenho, com possíveis erros de conteúdo ou de gramática, e assim por diante. É por isso que uma entrevista é geralmente mais bem-sucedida quando os entrevistadores já têm, atrás de si, uma experiência significativa naquela função: quando já tomam o ato de entrevistar e, portanto, de falar ao gravador, como familiar. Caso isso não seja possível, convém que o entrevistador novato realize sua primeira entrevista juntamente com um pesquisador já experiente na função, atenuando, assim, sua insegurança. Convém também que aprenda a lidar com o gravador, experimentando gravar sua própria voz.

Para conferir ao gravador a atenção apenas indispensável é preciso saber usar o equipamento corretamente e confiar em seu funcionamento. Se o pesquisador se mostrar muito preocupado com o gravador durante a entrevista, verificando seu funcionamento de cinco em cinco minutos, por exemplo, ou ainda interrompendo frequentemente a gravação para certificar-se de que o depoimento está sendo registrado, é claro que esse comportamento levará o entrevistado a se preocupar também com a aparelhagem, funcionando como um lembrete permanente de que seu depoimento está sendo gravado. Se, ao contrário, o entrevistador mostrar desembaraço e prática ao lidar com o equipamento e com o microfone, falando naturalmente e dirigindo-se para o entrevistado (e não para o gravador), essa atitude levará o depoente a situar o gravador também em segundo plano, concorrendo para minimizar a influência que o equipamento pode exercer sobre o andamento da entrevista.

Pelo mesmo motivo, deve-se evitar desligar o gravador com muita frequência, ou ainda acionar a tecla "pausa" muitas vezes, limitando-se esses procedimentos apenas às situações realmente necessárias: quando a entrevista é interrompida por um telefonema ou por outras pessoas, quando há necessidade de inserir nova mídia ou cartão de memória, ou ainda quando o próprio entrevistado solicita que o gravador seja desligado. À exceção de situações como essas, é preferível não acionar os comandos do gravador durante a entrevista, o que se aplica também aos momentos de silêncio relativamente prolongado, durante os quais é melhor deixar o gravador funcionando normalmente, para que o entrevistado não se preocupe com o tempo que gasta para formular seus pensamentos.

A entrevista

No decorrer de uma entrevista, pode acontecer de o entrevistado expressar preocupações a respeito do gravador. Digamos, por exemplo, que a certa altura, alcançado um clima cordial e informal, o entrevistado se surpreenda com a lembrança de que aquela conversa está sendo gravada: ele pode ter contado uma anedota, por exemplo, ou ainda ter descuidado por alguns instantes do uso da norma gramatical. Se estiver preocupado com os efeitos de tal informalidade no uso que se fará de seu depoimento, pode expressar sua insegurança perguntando, afinal, como será tratada aquela gravação. Nesse caso, os pesquisadores devem assegurar-lhe que o depoimento passará por um tratamento cuidadoso e que, caso o entrevistado julgue oportuno, pode-se, embargar aquela anedota ou outro trecho que porventura queira suprimir do depoimento. O importante, nesse tipo de negociação, é procurar manter o clima informal já alcançado, certificando o entrevistado de que suas preocupações serão respeitadas, e prosseguindo a entrevista novamente sem dar atenção demasiada ao gravador. Outro entrevistado, por exemplo, pode expressar sua preocupação quanto às dificuldades em se compreender e/ou transcrever seu depoimento. Em ocasiões como essa, é sempre bom demonstrar com atitudes e palavras que os aspectos técnicos daquela entrevista (a qualidade da gravação e o tratamento posterior do documento) correm por conta do programa, que já acumulou experiência suficiente a respeito para produzir bons resultados. Por fim, ainda com relação às preocupações do entrevistado, resta falar das ocasiões em que ele expressa seu desejo de que o gravador seja desligado, para que possa falar sobre determinado assunto em *off*. Nesses momentos, é muito importante obedecer imediatamente a sua solicitação e desligar o gravador, para reiterar o respeito sobre o qual se constrói a relação de entrevista.

7.3 A condução de uma entrevista

Tendo passado pelas características de uma relação de entrevista e pelas circunstâncias que a envolvem, chegamos enfim ao cerne deste capítulo, ou seja, ao "como conduzir" uma entrevista. Desde já, é preciso lembrar que cada sessão de entrevista guarda sua especificidade e que aquilo que se dirá a seguir deve ser ponderado e criticado antes de ser adotado. Como já dissemos mais de uma vez, este manual constitui apenas uma orientação para que cada um discuta e defina sua própria prática de trabalho, e não pretendemos esgotar todas as situações e nuanças que podem ocorrer durante a condução de entrevistas de história oral.

7.3.1 O papel dos entrevistadores

Durante a gravação de uma entrevista, é preciso destinar o máximo de atenção ao entrevistado, não só pela importância do que ele diz, mas também porque essa clara demonstração de interesse concorre para que se sinta estimulado a falar. Assim, deve-se procurar desviar o menos possível os olhos para o gravador ou para as anotações de apoio, e estar constantemente olhando para o entrevistado, certificando-o de que acompanhamos o que diz. Sabemos o quanto incomoda estar conversando com uma pessoa que não nos olha de frente, parecendo estar ocupada com outros pensamentos — incômodo que se acentua quando estamos relatando experiências cuja sequência é preciso acompanhar para compreender o desfecho. Convém também usar gestos e expressões que demonstrem ao entrevistado que se está acompanhando seu relato e que ele tem diante de si interlocutores interessados. Por exemplo, afirmar com a cabeça e usar expressões do tipo "hum, hum", "é", "sei" etc.

Uma entrevista de história oral constitui um relato e uma reflexão sobre o passado levada a efeito ao longo de uma conversa. Uma conversa comum, entretanto, não é gravada e tampouco acompanhada de anotações. Se um aluno assiste a uma aula, é de se esperar que tome nota e que, portanto, não fique olhando para o professor durante todo o tempo. Numa conversa, ao contrário, não é costume tomar nota daquilo que o outro fala, e é possível que o recurso frequente a anotações durante uma entrevista produza no entrevistado certo retraimento: ele pode se sentir inibido ao ver que aquilo que diz adquire peso semelhante ao de uma aula. Ou então, pode achar que aquilo sobre o que se está tomando nota é especialmente importante para o pesquisador e que, portanto, é necessário falar mais a respeito. Tomar nota durante uma entrevista pode ter um efeito parecido com o de sua gravação: o fato de chamar a atenção do entrevistado para a responsabilidade do depoimento.

Pode-se dizer que uma situação de entrevista reúne os hábitos da conversa, por um lado, e da aula, por outro. Da conversa, em virtude do que já dissemos acima acerca das vantagens de um relacionamento mais informal com o entrevistado; da aula, porque dela fazem parte tipos de registro e de fixação, como a gravação e as anotações. É bastante difícil para um único entrevistador desenvolver todas as funções exigidas pela conjunção de ambas as modalidades de interação: manter o olhar dirigido ao entrevistado, acompanhando seu discurso com sinais de compreensão e interesse; ouvir o que diz; consultar o roteiro; articular perguntas a partir de "ganchos" fornecidos pelo próprio entrevistado; verificar o funcionamento do gravador; tomar nota de palavras, nomes próprios e de questões a serem aprofundadas depois que o entrevistado concluir seu raciocínio; localizar, em meio aos fichamentos e ao material de apoio à entrevista (documentos, fotografias etc.), aspectos a serem explorados com mais vagar, e assim por diante. Digamos que fazer uma entrevista é praticar no limite máximo nosso poder de concentração em mais de uma coisa ao mesmo tempo: utilizamos os olhos, os ouvidos, a fala, as mãos — para escrever e manusear o equipamento de gravação — e, essencialmente, a cabeça. E tudo deve funcionar harmonicamente, de modo que o entrevistado não fique ansioso ou de alguma forma ofuscado pela perturbação do pesquisador.

É para viabilizar essa harmonia que convém dividir os encargos da condução de uma entrevista entre dois entrevistadores. Ao primeiro caberia, em princípio, tomar a dianteira da conversa, isto é, conduzir propriamente a entrevista, mantendo o olhar voltado para o entrevistado, formulando as perguntas, ouvindo suas respostas, enfim, funcionando como uma espécie de primeiro interlocutor no campo de visão do depoente. O segundo entrevistador seria responsável pelos elementos de apoio àquela entrevista, controlando o gravador; tomando nota das questões a serem aprofundadas ou esclarecidas, das palavras e nomes próprios que serão checados posteriormente com o entrevistado; verificando os pontos do roteiro que foram/não foram abordados; registrando gestos e outras situações que surjam no decorrer da conversa e que devam constar do depoimento depois de transcrito; localizando documentos, como cartas, fotografias etc., em meio ao material de pesquisa levado para a entrevista e assim por diante.

Essa divisão de tarefas não implica necessariamente que o primeiro entrevistador não possa se encarregar de tomar notas ou de ajudar a verificar o funcionamento do gravador, nem tampouco que ao segundo seja vedada a formulação de perguntas. O segundo entrevistador também pode e deve intervir quando achar necessário, retomando questões pouco exploradas ou ainda lançando outras que tenham passado despercebidas pelo primeiro. É possível também que ambos estabeleçam entre si uma alternância de funções, conforme a natureza do assunto a ser tratado, de modo que cada um tome a dianteira da conversa no momento em que o tema tratado é aquele que mais domina. O importante é que ambos estejam muito bem entrosados — entre si e com o roteiro — e determinem previamente como conduzirão cada sessão de entrevista.

Isso posto, vale abrir um parêntese para discutir se a presença de mais de dois entrevistadores se torna prejudicial no trabalho com a história oral. Novamente estamos diante de uma questão que deve ser avaliada em cada programa, em função dos casos particulares com que se deparar. Pela prática do Cpdoc, podemos dizer que a participação de mais de três entrevistadores numa entrevista já começa a incidir negativamente sobre o seu andamento. É preciso lembrar que muitas sessões são realizadas também com a presença do técnico de som, o que já eleva o número de pessoas presentes. É possível que o depoente comece a se sentir inibido ao constatar que há pessoas demais interessadas no que vai dizer — pessoas, aliás, muito bem preparadas e informadas a respeito de sua vida e do assunto em questão.

Geralmente, quando acontece de uma entrevista ser realizada com três pesquisadores, convém que o terceiro seja um consultor ou especialista, cuja participação seja considerada indispensável para a qualidade do depoimento. Se estamos realizando uma pesquisa sobre a história de uma indústria química, por exemplo, é possível que determinadas entrevistas exijam a presença de um especialista no processo de produção das substâncias químicas, para que se compreenda, por exemplo, as relações com os fornecedores de matérias-primas, o custo da mercadoria, o grau de especialização da mão de obra etc. É necessário evidentemente que o consultor esteja bem integrado com o projeto de pesquisa e com os outros entrevistadores.

Quando se ultrapassa o número de três entrevistadores numa sessão, aquela entrevista corre risco de se transformar em um debate, nos moldes dos que são veiculados pela televisão. Na história oral, o que interessa não é tanto o debate de temas com a presença de um ator que deles tenha participado, mas sim um exame mais detido da experiência particular de indivíduos e de sua visão do passado. Para isso, é necessário que se dê prioridade ao relato do entrevistado, a suas opiniões, reservando-lhe o espaço da entrevista, situação que pode não ser plenamente alcançada quando mais de três pessoas participam ativamente do depoimento.

Além do número de entrevistadores e de suas atribuições, cabe acrescentar, neste item, algumas observações que dizem respeito à atitude dos pesquisadores durante uma entrevista. Vale lembrar que tal atitude deve se basear na ética e no respeito ao entrevistado, considerando-se as preocupações que ele expressa no decorrer do depoimento. Assim, como já foi dito, faz parte da atitude do entrevistador informar o depoente sobre a existência da carta de cessão de direitos, esclarecer os objetivos e o destino daquela entrevista, bem como desligar o gravador sempre que solicitado. Além desses procedimentos, pode acontecer de o entrevistado querer ver o roteiro da entrevista antes de se iniciar a gravação. Nesses casos, convém também mostrar-lhe o que pede, esclarecendo tratar-se apenas de uma orientação de apoio que não será seguida à risca. Eventualmente, caso o entrevistado solicite o roteiro com antecedência, pode-se preparar uma síntese, listando os principais assuntos, de modo a inteirá-lo do conteúdo da conversa.

Recomenda-se conduzir a entrevista com bastante calma e tranquilidade, evitando-se expressar impaciência ou ansiedade em encerrar o depoimento, cobrir os pontos do roteiro, ou questionar o que está sendo dito. Assim, por exemplo, caso o entrevistado esteja se desviando do objetivo de uma questão, convém agir com tato e paciência para trazê-lo de volta ao tema, esperando que conclua seu pensamento antes de refazer a pergunta. Do mesmo modo, é preciso aprender a conviver com os períodos de silêncio durante uma entrevista, evitando-se formular compulsivamente novas perguntas apenas para "preencher o vazio". Há casos, por exemplo, em que o entrevistado faz pausas de reflexão para articular melhor seu pensamento, e é preciso distinguir entre tais momentos e aqueles que se seguem à conclusão de uma ideia. Nesses últimos, quando o depoente dá por encerrado aquele pensamento, é possível preencher o silêncio com uma nova pergunta, dando andamento à entrevista. Quando, ao contrário, a pausa serve para pensar em como formular melhor um pensamento, é preferível aguardar que o entrevistado encontre o caminho de sua narrativa sem interrompê-la com outras perguntas. É claro que isso é muito relativo e depende da sensibilidade do entrevistador em identificar o tipo de pausa com que se depara. Em todo caso, é bom saber de antemão que os períodos de silêncio são comuns em entrevistas de história oral e que convém respeitá-los. Há estudos, inclusive, que tomam o silêncio dos entrevistados como objeto de análise para identificação do que se pode chamar de zonas de interdito, ou seja, aqueles temas sobre os quais não se pode ou não se consegue falar.[2]

A calma que se deve manter diante dos períodos de silêncio é a mesma que convém utilizar para não interromper o entrevistado

---

[2] Ver, por exemplo, POLLAK, Michael. La gestion de l'indicible. *Actes de la Recherche en Sciences Sociales*, n. 62/63, p. 30-53, juin 1986. Do mesmo autor: Memória, esquecimento, silêncio. *Estudos Históricos*; 3: Memória, Rio de Janeiro, Associação de Pesquisa e Documentação Histórica, v. 2, n. 3, p. 3-15, 1989.

enquanto fala. Digamos, por exemplo, que, durante o relato de um caso, ocorra ao entrevistador uma nova questão, seja para esclarecer determinada passagem, seja para aprofundar um ponto pouco explorado. Se o entrevistador interromper o depoente, é possível que este último acabe esquecendo aquilo que iria dizer antes de ser interrompido, perdendo-se talvez informações importantes para a entrevista. Para evitar tais situações, convém que o entrevistador tome nota da questão que lhe ocorreu, sem interromper o entrevistado, e aguarde o momento de conclusão daquela ideia para formular sua pergunta. Há casos, entretanto, em que o fato de interromper o entrevistado pode produzir efeitos positivos. Como a entrevista de história oral se caracteriza por sua forma dialógica, há ocasiões em que um pequeno comentário sobre o que está sendo dito funciona como estímulo para o entrevistado continuar sua narrativa e contribui para estabelecer o clima de cumplicidade da entrevista. Digamos, por exemplo, que o entrevistador interrompa a narrativa lembrando o apelido de determinada pessoa sobre a qual o entrevistado estava falando. Trata-se de uma interrupção pequena e pitoresca que pode reforçar a cumplicidade entre ambos. O entrevistado pode se sentir gratificado pela oportunidade de se lembrar daquele apelido e prosseguir seu depoimento mais estimulado, o que enriquece a entrevista.

Como a entrevista de história oral constitui uma conversa, deve-se respeitar também as ocasiões em que o próprio entrevistado pode estar solicitando ser interrompido. Isso ocorre quando, em seu relato, encontra dificuldades em precisar fatos, datas, nomes etc., hesitando antes de definir o que quer dizer. Nesses casos, convém vir em seu auxílio e esclarecer a dúvida, ou ainda admitir que também não se tem conhecimento exato a respeito.

Quando se recomenda não interromper o entrevistado, isso deve ser tomado mais como orientação do que como regra. Novamente, cabe ao entrevistador colocar em prática sua sensibilidade para saber que atitude tomar em cada situação. O exercício dessa sensibilidade é tanto mais fácil quanto maior a experiência do entrevistador na condução de entrevistas e na apreensão do estilo de cada entrevistado em particular. Assim, se a interrupção de determinado relato se mostrar

212 Manual de história oral

prejudicial, esse "erro" cometido pelo entrevistador serve de aprendizado para as próximas ocasiões, o que significa dizer que é fazendo entrevistas que se aprende a fazê-las.

7.3.2 Como conduzir a entrevista

Uma vez tendo fixado o papel dos entrevistadores em uma entrevista de história oral, tratemos agora de alguns aspectos que dizem respeito ao "como fazer" a entrevista: o que dizer, como dizer, como ouvir. Na literatura sobre história oral, é possível encontrar autores que defendem diferentes práticas de realização de entrevistas, desde aquelas em que o entrevistador apenas liga o gravador e ouve o relato do entrevistado, passando por modalidades mistas de condução da entrevista (uma primeira parte em que o entrevistador apenas ouve e, em seguida, propõe questões para discussão), até aquelas em que se formulam perguntas que dirigem o andamento do depoimento. No Programa de História Oral do Cpdoc optamos por adotar a prática do diálogo entre entrevistado e entrevistadores, com maior peso e espaço para a fala daquele. Isso implica que o entrevistador ouve muito, mas também conduz a conversa; ou seja: também fala. Essa opção pela entrevista diretiva se baseia na crença de que uma entrevista conduzida em forma de conversa, na medida do possível prolongada, produz melhores resultados do que aquela em que o pesquisador não intervém diretamente.

Há pessoas que nos perguntam se a atuação do entrevistador ao conduzir uma entrevista não compromete a imparcialidade do depoimento, uma vez que se leva o entrevistado por caminhos traçados pela pesquisa, em vez de deixá-lo falar espontaneamente. É evidente que isso acontece, e sabemos que não há como fugir a isso em trabalhos com a história oral e em pesquisas históricas em geral. Se admitirmos a interferência de nossa própria visão do objeto de estudo na forma de conduzir uma pesquisa, teremos andado meio caminho em direção à "objetividade científica" na história e nas ciências sociais. E, como reverso da objeção que se faz a entrevistas diretivas, diría-

A entrevista

mos que a atitude e a presença do pesquisador naquelas que não são dirigidas também intervêm no conteúdo e na forma do depoimento. O entrevistado solicitado a discorrer livremente sobre certo assunto pode orientar sua narrativa de acordo com o que imagina que seu ouvinte queira ouvir e de acordo com a postura, a expressão, o comportamento do pesquisador.

Se optamos por entrevistas diretivas, isso não quer dizer que o façamos sem maiores cuidados. Ao contrário, conduzir uma entrevista procurando reduzir as influências do pesquisador sobre o depoimento requer muita atenção na hora de falar. Assim, se o que nos interessa é a experiência e a visão do entrevistado sobre o passado, não cabe, em uma entrevista de história oral, induzir o depoente a concordar com nossas próprias ideias sobre o assunto. Isso significa que se deve cuidar para formular perguntas abertas, que forneçam espaço para o entrevistado expor seu ponto de vista, independente de uma direção previamente traçada.

Assim, por exemplo, ao invés de "O senhor acha que o general X agiu dessa forma porque estava comprometido com os fazendeiros da região?", teríamos: "A que o senhor atribui o fato de o general X ter agido dessa forma?". Observe-se que a primeira pergunta pode levar o entrevistado a dizer apenas "sim" ou "não", ou, quando muito, a acrescentar uma justificativa para a resposta, do tipo "Não, porque o general não se importava com os fazendeiros". A segunda pergunta, ao contrário, não fornece direção *a priori* para a resposta e se abre para qualquer caminho que o entrevistado queira seguir. Desse modo, deve-se atentar para não introduzir nas perguntas elementos que sugiram o percurso das respostas, e muito menos usar de malabarismos que deixem o entrevistado sem alternativa. Tais procedimentos devem ser reservados a outros tipos de entrevista, e não aos propósitos da história oral.

Uma vez tendo obtido do depoente sua resposta à questão formulada, pode acontecer que o entrevistador ainda queira discutir sua própria opinião a respeito. Nesse caso, ele pode lançar mão da pergunta fechada, mas com cuidado para conservá-la flexível: "Mas o senhor não acha que o general X também agiu assim porque estava comprometido com os fazendeiros da região?". Dessa forma, e somente após ter dado espaço para a visão do entrevistado, o pesquisador estará colocando o tema em discussão, abrindo novas possibilidades de abordagem.

Além de evitar que o entrevistado seja induzido a responder aquilo que o entrevistador deseja, o emprego de perguntas abertas funciona como recurso para que o entrevistado efetivamente fale — e fale bastante — sobre o que se pede. Perguntas que podem ser respondidas apenas com "sim" ou "não" geralmente não fornecem estímulos para seu desenvolvimento, o que pode constituir problema se o entrevistado é pouco falante. Em vez de perguntar "O senhor participou da Revolução de 30?", talvez seja mais produtivo usar "O que o senhor fez durante a Revolução de 30?".

Ao lado das perguntas abertas, há outras formas de incentivar o depoimento, como procurar ancorar as questões a documentos de época (fotos, artigos de jornal etc.) e a fatos específicos. Uma referência a um fato concreto pode ajudar na recordação do passado e permite o desdobramento da resposta por meio de associações com outros fatos. Assim, em vez de perguntar genericamente "O que o senhor achou do governo de Fulano de Tal?", pode ser mais produtivo remeter-se a um decreto, a uma greve ou à composição do ministério naquela gestão. Outra forma de estimular as respostas é retomar referências que o entrevistado tenha feito e que possam ser usadas como ganchos para novas questões. Assim, por exemplo: "O senhor falou há pouco que Fulano não pôde subir a seu apartamento por falta de elevador e que o senhor teve de descer os nove andares no escuro. Era muito frequente a falta de energia naquela época?". O recurso a fatos concretos não quer dizer que se devam abandonar as questões generalizantes. Ao contrário, elas podem ser de grande valia em momentos de análise de conjunturas e de elaboração de sínteses, por exemplo.

Na reconstituição de acontecimentos e conjunturas do passado no contexto de uma pesquisa de história oral, é muito útil poder contar com versões detalhadas de cada entrevistado, para ampliar a margem de comparação dos depoimentos entre si. Assim, cabe aos

A entrevista   215

entrevistadores cuidar para que as questões relevantes para a pesquisa sejam desenvolvidas extensivamente, propondo diferentes ângulos de abordagem, fazendo perguntas que forneçam detalhes que confirmem ou não aquilo que o entrevistado acabara de dizer, enfim, cercando aquele tema com vistas ao por quê?, o quê?, onde?, quando?, como?, quem? etc. Mas atenção: ao fazer essas diversas perguntas, deve-se cuidar para não interrogar o entrevistado sobre aquilo que já tenha dito. Ou seja: se, em meio a seu relato, disser que a passeata X foi na avenida Rio Branco, não se vá perguntar adiante onde foi a passeata X. Isso é óbvio, mas muitas vezes pode ser esquecido e é preciso antes de tudo saber ouvir para poder perguntar. Ouvir com atenção evita que se pergunte sobre algo que já tenha sido dito e permite identificar, no discurso do entrevistado, os pontos importantes que podem se transformar em belas perguntas adiante.

Outro aspecto a ser considerado é a formulação de perguntas curtas, simples e diretas. Devem-se evitar introduções extensas antes de enunciar a pergunta propriamente dita, porque elas geralmente dão uma impressão de formalidade, podendo prejudicar a relação de entrevista. É preferível ser simples e direto, aproximando o ritmo da entrevista daquele de uma conversa. Questões longas, com muitos itens, também devem ser evitadas, sendo mais conveniente proceder a seu desdobramento, perguntando uma coisa de cada vez, de modo que o entrevistado não se sinta extenuado antes mesmo de começar a responder.

Além de saber ouvir e de formular perguntas, o entrevistador deve aprender a lidar com alguns elementos recorrentes em entrevistas de história oral e que variam em função do estilo do entrevistado. São eles as repetições, os avanços e recuos e a falta de cronologia. Os três últimos já foram tratados no capítulo sobre a preparação de entrevistas, quando enfatizamos a necessidade de tomar os roteiros de modo flexível. Se o entrevistado avança, recua ou não segue a cronologia em sua narrativa, isso não deve constituir problema para o entrevistador acompanhar a entrevista e continuar a conduzi-la. Uma entrevista de história oral é também repleta de repetições. Repetem-se temas, fatos, expressões. Numa entrevista com mais de uma sessão, é muito comum constatarmos que um mesmo tema é tratado mais de uma vez, em dias diferentes. O próprio entrevistador pode ser responsável por isso, quando solicita esclarecimentos sobre assuntos já tratados. O entrevistado também é gerador de repetições, e é muito interessante verificar que tipo de acontecimentos e expressões se repetem, como se estivessem cristalizados em sua narrativa. Por exemplo, determinadas expressões-chave em forma de ditados que começam a se revelar recorrentes, mesmo aplicadas a ocasiões distintas. Ocorreu-nos, por exemplo, entrevistar uma pessoa que empregava recorrentemente uma espécie de máxima ao se referir à administração de diferentes governos. Dizia que Fulano "se servia do povo, ao invés de servir o povo", ou então que Fulano efetivamente "servia o povo e não se servia do povo". Tal expressão, ao se tornar frequente, mostra seu caráter fixo na visão de mundo do entrevistado, permitindo que seja incorporada à análise de sua interpretação do poder.

Um entrevistador atento percebe quando as repetições refletem cristalizações de determinadas maneiras de ver o mundo. Elas podem ocorrer também com relação a episódios do passado. Determinado acontecimento, por exemplo, pode ser relatado pelo entrevistado em sessões diferentes, mas sempre da mesma forma, incluindo seus detalhes. Isso acontece em função do caráter estável que aquela história adquiriu no conjunto da experiência de vida, à medida que foi sendo narrada repetidamente depois de ter acontecido. Também ocorre de o entrevistado repetir episódios por esquecer que já falou a respeito. Ele então começa a contar o caso como se os entrevistadores não o conhecessem. Tais repetições, se não oferecerem maior interesse, podem ser gentilmente interrompidas com enunciações do tipo "O senhor já nos contou sobre isso". Entretanto, é sempre bom, antes de interromper o entrevistado, procurar verificar se aquilo que no momento nos conta sobre o episódio pode vir acrescido de novas informações ou de comentários importantes, que modifiquem a primeira versão fornecida. Nesse caso, é preferível aguardar que conclua seu raciocínio.

As repetições devem ser tratadas com cuidado durante a condução de entrevistas de história oral. Elas podem ser importantes por

A entrevista

indicarem cristalizações e recorrências na forma de o entrevistado conceber o mundo, e podem vir acompanhadas de novas abordagens sobre o assunto já tratado, fazendo o entrevistado lembrar de aspectos que anteriormente não tinha mencionado. Tanto elas como os avanços e recuos devem ser respeitados como características do depoimento. Não cabe ao entrevistador imprimir-lhes sua própria lógica sem antes avaliar cuidadosamente os efeitos de sua interferência.

7.3.3 Auxiliando no tratamento da entrevista gravada

Quando se conduz uma entrevista de história oral, deve-se ter em mente que aquela gravação passará por uma série de etapas e será aberta ao público. Assim, com o objetivo de facilitar seu tratamento e de fornecer aos futuros pesquisadores um documento compreensível, é preciso observar alguns aspectos importantes.

Em primeiro lugar, ao iniciar uma sessão de entrevista, o entrevistador deve gravar os dados relativos a ela. No Cpdoc, utilizamos uma fórmula semelhante a esta: "Rio de Janeiro, 10 de julho de 1988, segunda entrevista com Fulano de Tal, a cargo dos pesquisadores tais e tais, no contexto do projeto tal, desenvolvido pelo Cpdoc da Fundação Getulio Vargas". Pode-se acrescentar ainda o local da entrevista (se estamos no escritório do entrevistado, em sua casa, ou nas dependências do programa, por exemplo), ou outros dados julgados relevantes. As vantagens de se iniciar a gravação com essa espécie de cabeçalho são muitas: desde a organização do arquivo sonoro, passando pelo controle da transcrição, até o acesso a essas informações durante a consulta. Se um programa não adotar essa prática, à medida que ampliar seu acervo irá se deparar com um grande volume de mídias gravadas, sem condições de saber de que entrevistas se trata, quando e por quem foram feitas etc. A cada nova sessão, deve-se repetir o "cabeçalho", informando o novo número da entrevista.

Tomada essa medida, inicia-se a entrevista dirigindo-se a primeira pergunta ao entrevistado. No decorrer da conversa, e também com vistas a não dificultar a escuta e o processamento do depoimento, convém evitar falas superpostas. É bom sempre esperar o entrevistado parar de falar para fazer nova pergunta ou tecer um comentário, caso contrário, no momento de ouvir ou transcrever a entrevista, torna-se mais difícil identificar o que cada um falou, correndo-se o risco de perder o fim do enunciado do depoente. Do mesmo modo, caso o entrevistado comece a falar enquanto ainda estamos formulando uma pergunta, convém parar de falar para que apenas a voz dele seja gravada. Em seguida, se necessário, esperamos que encerre seu pensamento para refazer a pergunta antes interrompida. Esses são cuidados que se mostram indispensáveis nos momentos em que o depoimento é transcrito e em que é feita a conferência de fidelidade da transcrição. É durante a realização dessas tarefas que o responsável por elas percebe o quanto é difícil decifrar tudo o que foi dito quando entrevistado e entrevistador falam ao mesmo tempo.

Outro tipo de precaução que se deve tomar durante a realização de entrevistas diz respeito às anotações que vão servir de apoio para a consulta do depoimento, ou para a tarefa de conferência de fidelidade da transcrição. Durante a entrevista, convém tomar nota dos nomes próprios que o entrevistado proferir, sobretudo daqueles sobre os quais não se tem conhecimento. Pode acontecer, por exemplo, de o entrevistado citar um professor de nome Álvares. Durante a escuta do depoimento, pode ser que se ouça Alves ou Álvaro, em vez de Álvares. A lista de nomes elaborada durante a entrevista ajuda a esclarecer a questão, evitando-se ter de recorrer ao entrevistado para verificar o nome correto do professor, ou ainda impedindo que a entrevista seja aberta ao público com uma informação incorreta.

Além dos nomes próprios (de pessoas e de lugares), convém anotar também as palavras proferidas de forma pouco clara e que possam causar dificuldade na escuta do depoimento. Nesses casos, é bom escrever a frase ou um trecho da frase em que a palavra aparece, para facilitar a consulta à anotação feita. Se, por exemplo,

A entrevista

o entrevistado disser a palavra "zênite" de forma pouco clara, sua anotação deve vir acompanhada do trecho de frase em que aparece, para não ficar solta em meio às outras observações, dificultando sua localização na entrevista. Assim, cabe escrever a frase proferida, "os atores saem lá do zênite cá para baixo", sublinhando a palavra que pode gerar dúvidas.

As anotações feitas durante a entrevista devem conter também todo tipo de observação que facilite as tarefas de tratamento do depoimento. Assim, por exemplo, se a gravação for interrompida por alguma razão especial — digamos que o entrevistado tenha feito um gesto solicitando que se desligasse o gravador, ou ainda que tenha atendido a um telefonema sobre o qual se venha a falar em seguida, retomada a entrevista —, cabe ao entrevistador anotar a ocorrência, procurando registrar em que altura do depoimento ocorreu a interrupção. Isso permitirá uma nota de orientação à escuta da entrevista, a ser também incluída no documento transcrito, informando a especificidade daquela interrupção.

Em entrevistas gravadas apenas em áudio, as expressões faciais e os gestos que acompanham a fala do entrevistado e que incidem sobre o significado de sua enunciação também merecem ser anotados. Se, por exemplo, o entrevistado disser "Fulano tinha uma cicatriz bem aqui", o entrevistador deve registrar, em suas anotações, o local da cicatriz, para que se possa elaborar uma nota a respeito quando o documento estiver sendo tratado. O mesmo se aplica a tamanhos e cores. Uma cor pode ser referida, por exemplo, com enunciações do tipo "O uniforme era dessa cor aqui", e os tamanhos podem ser informados com gestos: "Era mais ou menos desse tamanho".

Convém que as palavras e situações sejam anotadas em forma de lista, de modo que a ordem em que aparecem na folha de anotações corresponda à ordem em que ocorreram durante a gravação. Isso facilita sua localização durante o tratamento da entrevista, pois à medida que o responsável pelas tarefas vai ouvindo o depoimento, encontra, na folha de anotações, as informações de que precisa.

Exemplos de folhas de anotações feitas durante entrevistas

[Página reproduzindo notas manuscritas, em grande parte ilegíveis, feitas durante uma entrevista. O cabeçalho apresenta o nome "Josilene Brandão de Lisle" e a data "6/10/05", seguidos de anotações cronológicas e listas de nomes.]

Em determinadas situações, caso não seja inconveniente interromper o entrevistado, pode-se registrar, na própria gravação, os esclarecimentos necessários à compreensão de determinado trecho.

Assim, quando o entrevistado enunciar o nome de seu professor, pode-se repeti-lo em forma de pergunta para deixar claro, na gravação, que se trata de Álvares e não de Alves ou Álvaro. No caso da palavra proferida de forma pouco clara, pode-se perguntar: "Os atores saem de onde? Do zênite?". "Sim, do zênite." O local da cicatriz pode ser traduzido: "Na testa", por exemplo. Se o entrevistado fizer um gesto indicando uma cor, pode-se dizer a cor apontada; se mostrar um tamanho com as mãos, pode-se sugerir, em voz alta, sua medida: "Aproximadamente 40 centímetros?". Assim se estará traduzindo em palavras os elementos não verbais que completam o sentido do que o entrevistado diz. Muitas vezes, contudo, tais interferências podem parecer redundantes, sendo então preferível optar pela anotação.

Outra interrupção com vistas a facilitar a escuta e o processamento da entrevista pode se dar quando o entrevistado enuncia nome ou palavra estrangeira de difícil compreensão. Nesses momentos, é possível optar por interromper a narrativa para pedir que soletre o nome enunciado. Antes de fazê-lo, contudo, convém se perguntar se aquela interrupção não poderá desviar o entrevistado do rumo de seu pensamento anterior, prejudicando o encadeamento do relato. Caso não se queira correr o risco de interferir prejudicialmente na narrativa, deve-se anotar a palavra proferida, escrevendo-a de forma aproximada ao que foi ouvido, e aguardar o momento de esclarecer a grafia correta com a ajuda do entrevistado.

Geralmente convém reservar os minutos finais da entrevista para checar, com o depoente, a lista de nomes e palavras desconhecidas elaborada ao longo da entrevista. Assim, já com o gravador desligado, pode-se completar e corrigir as anotações feitas naquela sessão, aproveitando que os assuntos estão frescos na memória e que o entrevistado se lembra do contexto em que aquelas palavras foram proferidas.

7.4 Retornando ao caderno de campo

É recomendável que o pesquisador se ocupe do caderno de campo logo após a entrevista, nele registrando suas ideias e impressões sobre o que aconteceu. Ele pode começar com um exercício retrospectivo, escrevendo tudo o que se passou desde o início da entrevista, e intercalando o relato com observações acerca das reações do entrevistado e de suas próprias expectativas com relação ao depoimento. Uma narrativa retrospectiva permite avaliar o que mudou: que informações importantes modificaram a conduta do pesquisador e sua concepção do objeto de estudo, fazendo com que saísse da entrevista de modo diferente do que quando nela entrou; quais perguntas e/ou observações modificaram o comportamento do entrevistado, alteraram o tom que imprimia à narrativa ou resultaram em informações relevantes; enfim, o que efetivamente aquela entrevista trouxe de novo (ou não) para a pesquisa.

Pode ser útil ao pesquisador consultar o roteiro parcial daquela sessão e as anotações feitas durante a entrevista para recuperar o clima que se estabeleceu, os momentos problemáticos e os pontos significativos do depoimento, de modo a explorar exaustivamente aquele encontro no caderno de campo.

Além de permitir uma avaliação da entrevista realizada, verificando-se até que ponto foi bem-sucedida, a prática do caderno de campo contribui para arrumar as ideias para as novas sessões, detectando-se áreas a serem aprofundadas, questões não resolvidas e novas perguntas. O exercício de reflexão também constitui passo importante para articular os resultados obtidos com o projeto de pesquisa como um todo. Escrever no caderno de campo as impressões e ideias decorrentes da entrevista é, portanto, praticar a reflexão em torno do objeto de estudo.

Por se constituir em um exercício muito individual, não há receita para se escrever o caderno de campo, a não ser a recomendação de se procurar ser o mais sincero e perspicaz possível na reconstituição do que se passou. Há, entretanto, certos aspectos a serem observados no sentido da organização formal do que se escreve. Como o caderno de campo poderá ser consultado mais tarde pelos outros membros da equipe e pelo pesquisador que nele escreveu suas impressões, convém lançar mão de recursos que permitam a rápida identificação dos trechos: dividir o relato em subtítulos e convencionar destaques gráficos para os temas tratados, de modo que seja possível distinguir, por exemplo, os comentários sobre o andamento da entrevista, os trechos de reflexão sobre o objeto de estudo e aqueles em que se registram ideias para as próximas sessões de entrevista. No mesmo sentido, é preciso não esquecer as informações sobre o número da entrevista, a data, o local etc., para não misturar os registros de sessões diferentes e permitir a rápida localização do material após arquivado. Além disso, convém que o pesquisador se identifique no caderno de campo, assinando seu relato ou simplesmente anotando seu nome. Essas medidas se justificam diante do volume de material que um programa pode acumular ao longo dos anos, considerando-se inclusive a possibilidade de a equipe ser alterada.

8. Encerramento de uma entrevista

Uma vez tendo coberto as fases de preparação e realização de uma entrevista, passemos agora rapidamente pelas implicações de seu encerramento. O que fazer quando, depois de alguns encontros com o entrevistado, é chegada a hora de encerrar aquela relação, reiterar os agradecimentos e se despedir? Como escolher esse momento? Quando e como dar a entrevista por concluída?

8.1 Quando encerrar

Em situações normais de realização de entrevista, quando a continuidade do depoimento não é afetada por circunstâncias alheias à vontade dos entrevistadores, é a eles que cabe decidir sobre o momento de encerrar aquela relação. As circunstâncias alheias podem ser de diversos tipos, desde a recusa do entrevistado em prosseguir a entrevista, passando por sua transferência para lugares de difícil acesso (digamos que tenha ido morar fora do país), até eventualmente — e infelizmente — sua morte.

Mas deixemos de lado essas situações particulares, para ingressar na questão que efetivamente importa neste item: quando encerrar uma entrevista? Em se tratando de uma decisão dos entrevistadores, claro está que devem estar preparados para tomá-la. Não trataremos das entrevistas que se realizam com apenas uma sessão, porque, nesses casos, a decisão sobre seu final vem acompanhada de outras circunstâncias importantes: o tempo decorrido — que não pode ser excessivo, sob pena de cansar entrevistado e entrevistadores —, ou o andamento da conversa — que pode se encaminhar para um desfecho que coincida adequadamente com o final da sessão.

Para reconhecer o momento de encerrar uma entrevista que se prolonga por mais de duas sessões deve-se tomar seu roteiro e verificar se todos os pontos foram cobertos, se não há alguns que poderiam voltar a ser explorados à luz de novas declarações do entrevistado, ou se não vale a pena retomar outros sobre os quais o depoente não tenha querido falar anteriormente. Em seguida, com base nos debates com os outros membros da equipe e no andamento da pesquisa como um todo, convém se perguntar se não haveria outras questões a serem colocadas ao entrevistado, das quais não se tenha cogitado durante a elaboração dos roteiros, e que, por força dos rumos da pesquisa, igualmente merecem atenção. Um documento antes não consultado ou uma declaração feita por outro depoente podem exigir a formulação de novas perguntas ao entrevistado, a fim de que se possa comparar sua versão com as novas fontes. No mesmo sentido, vale reler atentamente o caderno de campo para certificar-se de que todas as ideias suscitadas pela reconstituição de cada entrevista foram consideradas, e verificar se aquelas que podiam se transformar em novas perguntas tiveram seu destino cumprido.

Pode ser útil também recorrer ao conceito de "saturação" e aplicá-lo ao caso de uma única entrevista. Já nos referimos a esse conceito quando tratávamos do número de entrevistados necessário para o desenvolvimento de uma pesquisa de história oral (cap. 1). Trata-se, *grosso modo*, de encerrar a realização de entrevistas após ter sido atingido o ponto em que os novos depoimentos começam a se tomar repetitivos em relação aos que já foram feitos. Quando se trabalha com uma entrevista longa, especialmente as de história de vida, em que se procura, entre outras coisas, compreender a relação do entrevistado com o mundo e com seu passado, pode ser interessante incorporar o conceito de saturação aos critérios que vão determinar o encerramento da entrevista. Ou seja, além de esgotar os pontos do roteiro e as demais questões julgadas relevantes, é possível verificar quando a visão que o entrevistado tem sobre o mundo e sobre sua experiência de vida começa a se repetir, a ponto da entrevista não trazer mais nada de substancial àquilo que já foi gravado. Esse seria o ponto em que aquele investimento começa a se saturar. Entretanto, em virtude da riqueza de uma entrevista de história oral e do muito que ela tem de imponderável, é preciso extremo cuidado para não diagnosticar uma saturação quando não se explorou todo seu potencial.

Em entrevistas temáticas e nos cortes temáticos que se fazem em entrevistas de história de vida (por exemplo: dedicar algumas sessões da entrevista para tratar extensivamente da atuação do entrevistado na presidência de determinado órgão), é possível também que se detecte, após horas de conversa, uma certa saturação do tema. Isto é: indagado de diversas maneiras e a partir de diferentes ângulos de abordagem, o entrevistado não tem mais nada a acrescentar sobre aquele assunto; verifica-se que seu discurso começa a se repetir. O conceito de saturação, então, além de poder ajudar na decisão sobre quando encerrar uma entrevista, pode indicar o momento de se mudar de assunto e propor novo tema ao entrevistado.

Decidir sobre o momento de encerrar uma entrevista pressupõe, então, uma avaliação de seu rendimento; verificar se aquele trabalho efetivamente rendeu o máximo que podia, dados os propósitos da pesquisa e os limites do entrevistado. É nessa oportunidade também que os entrevistadores devem se perguntar pela última vez sobre seu desempenho, seus próprios limites, e verificar se algumas questões não poderiam ser retomadas com mais afinco, para delas obter um depoimento mais completo; por exemplo, se não deixaram passar informações ou declarações importantes sem investigá-las mais profundamente.

8.2 Como encerrar

Uma vez que os próprios entrevistadores têm consciência dos objetivos da entrevista, isto é, daquilo que afinal querem saber do entrevistado, não lhes é difícil perceber quando a entrevista está chegando ao fim. À medida que o roteiro vai sendo coberto e que resta pouca coisa a perguntar, à medida que as narrativas do entrevistado sobre sua experiência e seu passado começam a se repetir, evidenciando zonas de estabilidade em sua concepção do mundo, então os entrevistadores podem prever aproximadamente quantas sessões ainda faltam para concluir o depoimento.

O entrevistado, entretanto, pode não ter conhecimento disso, já que não sabe o que consta no roteiro, desconhece a extensão do interesse dos entrevistadores e, sendo a entrevista semelhante a uma conversa em que um assunto puxa outro, pode imaginar que aquela relação tem tudo para se prolongar indefinidamente, sendo pouco provável que se encerre por falta de assunto. Assim, se antes os entrevistadores procuravam de toda forma imprimir um cunho informal à relação, estimular o entrevistado a falar, e mostravam interesse em praticamente tudo o que era dito, revelando que estavam, acima de tudo, dispostos a ouvir, agora seu procedimento é quase o oposto: trata-se de mostrar ao entrevistado que a entrevista está chegando a seu fim, que não se encontrarão mais toda semana, enfim, que o interesse que tinham foi saciado.

Alguns entrevistados podem se sentir aliviados diante do encerramento da entrevista. Se for uma pessoa ocupada, pode enfim deixar de pensar naquele compromisso semanal; se o esforço de repensar o passado tiver sido penoso, pode finalmente voltar ao presente sem a obrigação de dedicar algumas horas por semana àquela parte de sua vida que prefere esquecer; enfim, se o tema sobre o qual foi entrevistado nunca lhe pareceu tão importante, pode afinal descansar do esforço de tentar responder àqueles pesquisadores tão bem inteirados do assunto. Outros entrevistados, entretanto, podem mesmo sentir muito o rompimento daquela relação que lhes permitia falar sobre o que quisessem, reviver episódios esquecidos, refletir sobre si mesmos e garantir a sobrevivência de suas ideias muito além do imaginado: estavam ali as gravações, que seriam trabalhadas e pesquisadas por várias gerações.

Num caso como no outro, os entrevistadores são capazes de perceber, com base naquilo que aprenderam sobre o estilo e as expectativas do entrevistado, como o encerramento da entrevista será recebido. Se o entrevistado lhes parecer muito envolvido com a entrevista, importando-se com seu andamento e com a relação estabelecida, convém prepará-lo com alguma antecedência para a possibilidade de terminar o depoimento. Assim, nas duas ou três sessões anteriores à última, talvez seja bom fazer ligeiros comentários indicando a proximidade do encerramento: ao final das sessões, ao reiterar os agradecimentos, pode-se observar que já se está chegando ao final, que resta pouca coisa a tratar, ou que em mais dois ou três encontros se terá liquidado tudo o que ainda falta. Essas breves observações, feitas em meio às despedidas costumeiras, permitem que o entrevistado se acostume com a ideia, evitando ser surpreendido quando efetivamente se encerrar a entrevista. Já nos casos em que se pressupõe, pela atitude do entrevistado, que o final da entrevista possivelmente será de seu agrado, o aviso pode ser dado com menos antecedência, bastando talvez informá-lo, na penúltima sessão, que o depoimento se encerrará provavelmente no próximo encontro.

Dado o aviso, os entrevistadores devem se preparar para a última entrevista. Prepara-se o roteiro parcial da última sessão, incorporando-lhe as questões de esclarecimento, os pontos a serem retomados e aqueles que tenham ocorrido durante a avaliação da entrevista. Convém prever um espaço para que o entrevistado tenha oportunidade de retomar, ele mesmo, algumas questões, fazer esclarecimentos e emitir opiniões sobre a entrevista e seu conteúdo. É hora de permitir que ele também faça um balanço do que foi dito e destaque aquilo que julgar importante.

Uma vez preparados para a última sessão, pode acontecer de os entrevistadores se surpreenderem ao verificar, no decorrer da conversa, que aquela não será a sessão de encerramento. Isso ocorre, por exemplo, quando uma questão de esclarecimento provoca um desenvolvimento maior do que o esperado, suscitando outras formas de abordagem ou ainda informações importantes, ou quando, ao emitir suas opiniões finais, o entrevistado acaba se lembrando de outros episódios, faz associações relevantes etc., exigindo novas investigações. Nesses casos, convém transferir o final do depoimento para a sessão seguinte e se adaptar ao novo estado de coisas, prosseguindo a conversa como de costume.

A entrevista

Entre as providências a serem tomadas quando se aproxima o final de uma entrevista está a carta de cessão de direitos sobre o depoimento, que os pesquisadores devem levar para a última sessão, a fim de que seja assinada pelo entrevistado.

8.3 Carta de cessão

Ao final da última sessão, desligado o gravador, feitos os esclarecimentos de praxe sobre nomes e palavras enunciados durante a entrevista, é hora de iniciar as despedidas, reforçar os agradecimentos e apresentar ao entrevistado a carta de cessão de direitos, elaborada previamente pelos pesquisadores: "Como havíamos dito ao senhor (ou à senhora), nós precisamos de uma assinatura sua cedendo a entrevista ao programa, para que ela possa ser consultada pelos pesquisadores que nos procuram. Este é o documento de cessão. O senhor, por favor, leia, verifique se os dados estão corretos e assine aqui embaixo".

Este é um momento bastante delicado, porque, mesmo tendo sido informado sobre a carta de cessão desde o primeiro encontro, o entrevistado pode sentir o peso da responsabilidade de tudo o que tenha dito e hesitar em permitir que aquilo se torne público. Além disso, a assinatura é um ato carregado de sentido em nossa sociedade. Não é à toa que todos aprendemos a não assinar um documento sem antes ler seu conteúdo e ter ciência de seu destino. Assim, por mais que a relação de entrevista tenha decorrido em clima amigável e de cumplicidade mútua, havendo poucas razões para o entrevistado desconfiar dos pesquisadores, o momento de assinar a carta de cessão pode ser desconfortável para o depoente.

Os entrevistadores podem procurar minimizar esse incômodo observando que aquilo tem apenas um conteúdo burocrático, o qual infelizmente deve ser obedecido, e sugerindo, com isso, que a relação estabelecida não será afetada por uma formalidade como aquela. Entretanto, isso pode não ser suficiente para desviar o entrevistado de suas preocupações e pode acontecer de ele querer impor algumas condições para liberar o documento. Inicia-se, então, um período de negociação, que deve ser conduzido com todo respeito.

Para facilitar o acordo, os entrevistadores devem saber colocar-se no lugar do entrevistado. Com base em tudo o que aprenderam a seu respeito e sobre seu estilo de vida, podem procurar descobrir onde efetivamente está o problema e por que seu interlocutor está reticente em assinar o documento. Com isso, pode ser mais fácil negociar a cessão do depoimento, principalmente porque o entrevistado passa a perceber que suas preocupações são compreendidas pelos pesquisadores, neles reconhecendo dois aliados, ao invés de dois inimigos. O importante, nesse momento, é mostrar ao entrevistado que a relação mantida até então não se alterou, que a sinceridade e a honestidade continuam a imperar na intenção dos entrevistadores.

Entre as condições impostas pelo entrevistado podem estar a alteração dos termos da carta de cessão, o acréscimo de observações que restrinjam o alcance do que está escrito, a disposição de permanecer com o documento por alguns dias a fim de melhor analisá-lo antes de assinar, e a condição de apenas concordar com a cessão depois de examinar a entrevista transcrita. Se a negociação caminhar para qualquer uma dessas hipóteses, os entrevistadores devem acatá-la de bom grado, a fim de evitar que o entrevistado acabe não cedendo os direitos do depoimento ao programa.

É sempre preferível tentar encaminhar o problema para soluções de curto prazo e procurar marcar logo uma data na qual as condições para a assinatura do documento possam estar cumpridas. Assim, por exemplo, se o entrevistado levar a carta de cessão para casa com o fim de examiná-la antes de assinar, convém acertar o dia em que será devolvida ao programa; se impuser modificações na redação do documento, deve-se marcar um próximo encontro, no qual a nova versão esteja pronta para ser assinada; se preferir primeiro examinar a entrevista transcrita, convém estimar o tempo necessário para seu processamento, a fim de combinar quando se tornará a procurá-lo com a versão final do depoimento. Por fim, se as restrições puderem ser sanadas apenas com a redação de uma nota limitando o conteúdo da carta de cessão, é preferível solicitar que o entrevistado escreva a observação de próprio punho na parte inferior do documento, solucionando de imediato o problema. Dentre as modificações passíveis de serem feitas

A entrevista

231

dessa maneira estariam: limitar a consulta da entrevista a pesquisadores de determinado nível, reservar-se o direito de decidir sobre a publicação do depoimento, embargar trechos da entrevista em que tenha falado sobre determinado assunto e, finalmente, impor prazos para a abertura do documento ao público: "só poderá ser consultado daqui a dez anos", ou "só poderá ser aberto ao público cinco anos após minha morte" etc.). Feitas essas ressalvas, de próprio punho e na carta de cessão, o entrevistado pode então se sentir mais à vontade para assinar o documento, solucionando de vez o problema.

Nada disso, entretanto, tem validade se o entrevistado não souber assinar seu nome, nem ler o que diz o documento de cessão de direitos. Como fazer nos casos em que o depoente é analfabeto? A impressão do polegar direito certamente não é adequada para resolver o problema. Do mesmo modo que a assinatura, a impressão do polegar carrega consigo conotações específicas em nossa cultura, caminhando em direção à humilhação e à vergonha. Como solução, pode ser conveniente obter a cessão da entrevista em forma de gravação. Ou seja: ao final da última sessão, ainda com o gravador ligado, solicita-se ao entrevistado que ceda ao programa aquele depoimento iniciado no dia tal, prestado aos pesquisadores tais e tais, com tantas horas de gravação, no local Y etc. Ao entrevistado bastaria concordar verbalmente com a cessão, acrescentando ou não ressalvas ao uso que se pode fazer de sua entrevista.

Vejamos agora quais os procedimentos de preparação da carta de cessão, que deve estar pronta antes de os pesquisadores se dirigirem para a última entrevista. Convém que o programa elabore um modelo de carta de cessão de direitos, a ser utilizado cada vez que se encerra uma nova entrevista. Nesse modelo, devem estar previstos os dados do entrevistado, dos entrevistadores e da própria entrevista (data de realização, local etc.). Ao redigi-lo, cabe ao programa estabelecer o alcance da cessão a ser dada pelos futuros entrevistados: se apenas os direitos de abertura da entrevista para consulta, se o uso do depoimento para fins de divulgação do trabalho realizado, se, enfim, os direitos de sua publicação. Convém consultar um advogado para adequar a redação do documento a seus objetivos, garantindo assim sua coerência.

Exemplo de modelo de carta de cessão de direitos

**CESSÃO DE DIREITOS SOBRE DEPOIMENTO ORAL
PARA O(A) [NOME DA INSTITUIÇÃO]**

1. Pelo presente documento, ...(nome), ... (nacionalidade), ... (estado civil), ... (profissão), Carteira de Identidade nº ...., emitida por ...., CPF nº ...., residente e domiciliado em ....
....
...., cede e transfere neste ato, gratuitamente, em caráter universal e definitivo ao(à) [NOME DA INSTITUIÇÃO] a totalidade dos seus direitos patrimoniais de autor sobre o depoimento oral prestado no dia (ou entre os dias) ...., na cidade ...., perante os pesquisadores .... e ....

2. Na forma preconizada pela legislação nacional e pelas convenções internacionais de que o Brasil é signatário, o DEPOENTE, proprietário originário do depoimento de que trata este termo, terá, indefinidamente, o direito ao exercício pleno dos seus direitos morais sobre o referido depoimento, de sorte que sempre terá seu nome citado por ocasião de qualquer utilização.

3. Fica pois o(a) [NOME DA INSTITUIÇÃO] plenamente autorizado(a) a utilizar o referido depoimento, no todo ou em parte, editado ou integral, inclusive cedendo seus direitos a terceiros, no Brasil e/ou no exterior.

Sendo esta a forma legítima e eficaz que representa legalmente os nossos interesses, assinam o presente documento em 02 (duas) vias de igual teor e para um só efeito.

...., ...
          Local,   data

[NOME DO CEDENTE]   [NOME DA INSTITUIÇÃO]

TESTEMUNHAS:

Nome Legível: Nome Legível
CPF: CPF:

A entrevista

Uma vez dispondo do modelo de carta de cessão, cabe aos entrevistadores preenchê-lo com os dados relativos àquela entrevista nos espaços a eles reservados. Caso não saibam, por exemplo, o número da carteira de identidade e do CPF do entrevistado, ou ainda seu endereço completo e a profissão pela qual costuma se identificar, podem deixar esses espaços em branco, a fim de que sejam preenchidos pelo entrevistado no momento da assinatura do documento. No Cpdoc, solicitamos ao entrevistado que complete a "Ficha para preenchimento da cessão de direitos", reproduzida no apêndice deste manual (apêndice 5).

Deve-se providenciar também para que sejam impressas duas vias do documento de cessão: uma para o programa e outra para o entrevistado. Se for considerado conveniente, pode-se ainda perguntar ao entrevistado, uma vez assinado o documento, em que cartório tem registro de sua assinatura, para que se possa reconhecer sua firma.

Uma última observação a ser feita diz respeito aos casos em que o entrevistado falece antes de assinar a carta de cessão. Inicia-se então uma negociação com seus herdeiros, que deve ser encaminhada com muita paciência. Possivelmente o entrevistado estava disposto a ceder o depoimento sem restrição alguma, tendo conhecido seus entrevistadores e confiado no programa. Já seus herdeiros podem ter dúvidas a respeito, receosos da imagem que se fará de seu parente se a entrevista for aberta ao público. Podem julgar, por exemplo, que o entrevistado falou demais sobre certos assuntos, não censurou suas opiniões, ou ainda confundiu fatos e detalhes, denunciando falhas de memória e dificuldades de raciocínio.

É preciso saber respeitar esses cuidados, procurando conduzir a negociação para um desfecho favorável, ou seja, para a assinatura da cessão de direitos, mesmo que ela venha acompanhada de restrições importantes. Se os herdeiros quiserem examinar o depoimento antes de cedê-lo, ou se impuserem restrições para sua consulta e sua publicação, tais condições devem ser respeitadas, caso contrário, corre-se o risco de ficar com aquela entrevista totalmente fechada, o que decididamente não interessa ao programa.

Ao elaborar a carta de cessão a ser assinada pelos herdeiros, deve-se ter o cuidado de nela listar todos os que judicialmente têm poder de decidir a respeito, evitando que o documento fique invalidado pela ausência de uma ou outra assinatura. Quanto à forma de redigi-la, convém basear-se no modelo normalmente utilizado, fazendo apenas as modificações necessárias na identificação do autor da cessão: não mais o próprio entrevistado, mas o conjunto de seus herdeiros, todos identificados de modo completo.

Parte IV
O tratamento do acervo

Chamamos de tratamento do acervo de um programa de história oral todo o trabalho posterior à gravação propriamente dita das entrevistas. Ele inclui a duplicação da gravação para a formação de um acervo de segurança (Parte II), o registro da entrevista na base de dados do programa, a elaboração dos instrumentos de auxílio à consulta (sumário e índice temático), a passagem da entrevista para a forma escrita, a que também damos o nome de processamento (de que fazem parte a transcrição, a conferência de fidelidade e o copidesque), e sua liberação para consulta.

9. A base de dados[1]

*Verena Alberti e Vanessa Matheus Cavalcante**

Preservar e possibilitar acesso a entrevistas de história oral é uma tarefa difícil. O acervo de entrevistas do Cpdoc tem atualmente, em

---

[1] A primeira versão deste capítulo baseou-se no texto "Informatização de acervos de história oral", apresentado por Verena Alberti durante o XII Congresso Internacional de História Oral, realizado em Pietermaritzburg, África do Sul, em junho de 2002 (disponível para *download* em: <http://cpdoc.fgv.br/>). A presente versão, revista e modificada, foi elaborada em coautoria com Vanessa Matheus Cavalcante, que acompanhou de perto a atualização da base do PHO, a partir de 2009.

* Vanessa Matheus Cavalcante é analista de documentação e informação do Cpdoc.

2012, mais de 6 mil horas gravadas, relativas a quase 2 mil depoimentos produzidos desde 1975, como parte de diversos projetos relativos à história contemporânea do Brasil. Há diferentes variáveis distinguindo as entrevistas: entrevistadores, projetos, resultados, duração, assuntos, data, suportes, formas de tratamento e acesso, entre outras. Desenvolvemos um sistema informatizado para facilitar o controle dessas variáveis e o acesso às informações sobre cada entrevista. Os dados podem ser acessados via internet (<http://cpdoc.fgv.br/>), de modo que pesquisadores e pessoas interessadas em história contemporânea possam ser informados sobre o conteúdo de nosso acervo. Neste capítulo apresentaremos a experiência do Cpdoc na informatização de seu banco de entrevistas.

9.1 Concepção e desenvolvimento

O desenvolvimento de uma base de dados decorre da necessidade de maior controle sobre, e de rápido acesso a, um grande volume de informações dispersas. Em 1996, dado o tamanho do acervo de entrevistas de história oral do Cpdoc, começamos a cogitar de produzir uma base de dados que nos possibilitasse responder rapidamente a questões como "quais entrevistas versam sobre tal assunto?", ou "quais entrevistas do projeto tal ainda não têm carta de cessão e por quê?". Eram perguntas que interessavam tanto ao pesquisador que quisesse consultar nossos depoimentos quanto aos responsáveis pela organização do acervo. No início da existência do PHO, a própria equipe controlava essas informações e uma rápida consulta às fichas servia para confirmar a resposta. Hoje, com uma média de 100 entrevistas gravadas por ano, no contexto de vários projetos, é imprescindível contar com um sistema informatizado de gestão do acervo.

A constituição de uma base de dados requer, de um lado, um sólido suporte de informática, tanto no que diz respeito ao equipamento quanto aos profissionais envolvidos, e, de outro, a disponibilidade da equipe do programa em acompanhar todas as etapas de desenvolvimento e implantação do sistema. Isso significa que se deve dispor

O tratamento do acervo

de tempo e de recursos financeiros para a tarefa.[2] Além disso, é muito importante que haja uma boa integração entre o pessoal da área de informática e os futuros usuários do sistema.

Cabe ao programa conceber, em uma primeira etapa, o sistema que irá atender às suas necessidades. Para isso, convém informar-se junto aos profissionais de informática sobre os requisitos e limites de uma base de dados. No caso do PHO do Cpdoc, por exemplo, foi importante trabalhar de antemão com a ideia de subtabelas que visam a preservar a integridade dos dados. Em vez de permitir que se alimentem campos livres com o nome dos entrevistadores, o local de realização da entrevista, o nome do projeto etc., essas informações são previamente inseridas em subtabelas como forma de garantir a manutenção de um padrão. Esse procedimento evita, por exemplo, que um mesmo entrevistador apareça em uma entrevista com o nome completo (digamos, José Antônio da Silva) e, em outra, com o nome incompleto (José Antônio, por exemplo). A tabela principal e as subtabelas relacionam-se entre si. É preciso definir os campos que serão criados em cada tabela, seu tamanho (geralmente estabelecido em número de caracteres alfanuméricos) e a obrigatoriedade ou não de serem preenchidos. Convém igualmente estabelecer os diferentes níveis de usuários do sistema. No âmbito interno, os usuários do sistema são autorizados a modificar dados tendo como parâmetro diferentes perfis de acesso — administrador, gerente, estagiário e consulente —, que delimitam a escolha das operações que cada um pode efetuar em cada registro. No âmbito externo, o consulente tem acesso às entrevistas liberadas para consulta pelo portal do Cpdoc,

---

[2] O desenvolvimento da primeira versão da base de dados do Programa de História Oral do Cpdoc contou, em parte, com o auxílio do Conselho Nacional de Desenvolvimento Científico e Tecnológico (CNPq), que apoiou o projeto integrado de pesquisa "Modernização do Setor de História Oral. Primeira etapa: informatização do acervo do Programa de História Oral do Cpdoc" com uma bolsa de aperfeiçoamento, entre março de 1997 e fevereiro de 1999. A segunda versão (atual) contou com auxílio do Banco Santander através do "Projeto de Preservação e Difusão do Acervo Histórico do Cpdoc" (2008-10). Ver: <http://cpdoc.fgv.br/projetoreal>. Acesso em: 22 jun. 2012.

informações essas acessíveis pela conexão e o espelhamento com a base de dados.

Outro conjunto de questões a ser considerado no momento da concepção da base é o das consultas. De nada adianta desenvolver e alimentar um sistema se ele não pode responder às perguntas que desejamos fazer. Isso significa definir não só o que será perguntado (por exemplo, "Quais entrevistas foram feitas pelo entrevistador José Antônio da Silva?") como também o que o sistema irá responder (apenas o título da entrevista, ou também o projeto, a data, a duração, o estágio de tratamento da entrevista etc.?).

Uma etapa fundamental no desenvolvimento da base de dados é a definição dos descritores (ou temas) que darão conta dos assuntos tratados nas entrevistas. Novamente é necessária a criação de uma subtabela para uniformizar todos os descritores, que devem ser suficientemente, mas não excessivamente, abrangentes. Por exemplo, de pouco adianta criar um descritor ao qual será relacionada apenas uma entrevista do acervo, mas também não é produtivo criar um descritor ao qual estão vinculadas todas as entrevistas sem exceção. É claro que o escopo dos temas vai depender do universo dos assuntos tratados no acervo como um todo. A lista de descritores deverá estar sempre aberta a acréscimos, conforme novos temas forem se tornando recorrentes e, portanto, necessários para indexar corretamente as entrevistas.

Uma vez concebida a base de dados, em conjunto com os profissionais de informática responsáveis pela execução da tarefa, a equipe do programa deve manter-se à disposição para acompanhar o desenvolvimento do sistema e efetuar os testes de verificação de seu correto funcionamento. Esta etapa geralmente se estende por um período maior do que o inicialmente previsto, porque muitas vezes a correção de um erro acaba fazendo surgir outro antes inexistente, de modo que, a cada nova versão da base, é preciso repetir os testes em sua totalidade. Os testes devem consistir de: inserir, excluir e alterar registros em todas as tabelas e executar todas as consultas previstas, utilizando diferentes variáveis. Aprovado o sistema, é possível alimentar a base com as informações do acervo.

O tratamento do acervo

A concepção, o desenvolvimento e a manutenção de uma base de dados são etapas que requerem muita tenacidade dos membros da equipe de um programa de história oral. Se o projeto for bem executado, tudo leva a crer que a base irá ajudar em muito as atividades de gestão e de liberação do acervo para consulta. É preciso manter o grau de qualidade e de exigência após o funcionamento do sistema, garantindo sua correta alimentação. As possibilidades são muitas, incluindo, como no caso da base do PHO do Cpdoc, uma conexão imediata com a internet: toda vez que uma nova entrevista é liberada para consulta, as informações a seu respeito se tornam acessíveis pelo Portal do Cpdoc. Dependendo dos recursos tecnológicos, é possível ainda relacionar a cada registro de entrevista o arquivo contendo sua gravação digital em áudio ou em vídeo, permitindo a escuta da entrevista através da própria base. Um fator importante a ser considerado é a realização de *back-ups* diários do sistema, a fim de evitar qualquer tipo de perda de informações relacionadas ao acervo de entrevistas.

9.2 A base do Programa de História Oral do Cpdoc

Segue-se uma descrição da base de dados do PHO do Cpdoc, como forma de fornecer um exemplo do que é possível implantar nesse terreno. Ela é composta de uma tabela principal, o Cadastro de Entrevistas, e nove subtabelas, os cadastros de Projetos, Temas, Entrevistadores, Entrevistados, Instituições, Locais, Equipe, Doadores e Matrizes. Todos os cadastros relacionam-se entre si. No Cadastro de Projetos, por exemplo, há um campo intitulado "Responsáveis pelo projeto", que, em vez de ser preenchido de forma livre, é relacionado ao Cadastro de Equipe: os responsáveis pelo projeto são selecionados entre os nomes já registrados como pertencentes à equipe. Como explicado acima, isso garante que o preenchimento do campo obedeça sempre ao mesmo padrão.

Em todos os cadastros é possível inserir novos registros, excluir e alterar registros, sendo impossível a criação de registros idênticos. O sistema conta ainda com os seguintes comandos: salvar registro, cancelar alteração, localizar registro, ir para o próximo registro, voltar para o registro anterior, ir para o primeiro/último registro, listar os registros por ordem numérica ou alfabética, listar campos que ainda não foram preenchidos (em cada registro ou na base como um todo) e atualizar a base.

9.2.1 As subtabelas

Eis o conteúdo de cada uma das subtabelas da base do PHO do Cpdoc:

▼ Cadastro de Projetos. Nessa subtabela são cadastrados todos os projetos em cujo contexto são realizadas as entrevistas de história oral do Cpdoc. A cada novo projeto cria-se um novo registro, composto dos seguintes campos: título do projeto, período de vigência, responsáveis, principais resultados, convênio ou financiamento (se for o caso), condições de uso das entrevistas estipuladas no contrato de financiamento (digamos, por exemplo, que a instituição financiadora só autorize a publicação das entrevistas após consulta) e observações. A partir desse cadastro temos a possibilidade de acessar todas as entrevistas realizadas no âmbito de determinado projeto.

Campos do Cadastro de Projetos

▼ Cadastro de Temas. Nesse cadastro estão registrados todos os descritores usados para a indexação das entrevistas. No Cpdoc utilizamos uma tabela comum de descritores para os documentos dos arquivos pessoais e do acervo de história oral.
▼ Cadastro de Entrevistadores. Esse cadastro reúne as informações relativas aos entrevistadores: nome, endereço completo, dados profissionais, como instituição de vínculo (relacionada ao Cadastro de Instituições) e área de formação. Além das informações pessoais, ao final do cadastro, é possível visualizar e acessar as entrevistas realizadas pelo entrevistador.

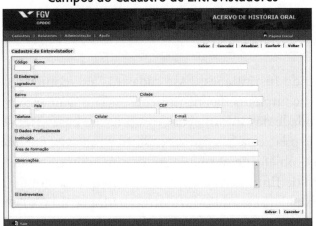

Campos do Cadastro de Entrevistadores

▼ Cadastro de Entrevistados. Nessa subtabela estão arrolados os dados dos entrevistados: nome completo e informações necessárias para o preenchimento do documento de cessão de direitos (número da identidade e do CPF, nacionalidade, profissão e estado civil); endereço completo; pessoas para contato, se houver (por exemplo, secretária ou familiares); dados biográficos, como data e local de nascimento e falecimento, se for o caso, formação e atividades. Cada novo entrevistado do PHO constitui um registro desse cadastro, podendo estar relacionado a mais de um registro do Cadastro de Entrevistas, porque pode acontecer de um mesmo entrevistado conceder entrevistas para diferentes projetos.

Campos do Cadastro de Entrevistados

▼ Cadastro de Instituições. Esse cadastro, que contém o nome e o endereço completos das instituições, visa novamente a garantir a uniformidade das informações inseridas na base. Trata-se de uma subtabela relacionada a outros cadastros toda vez em que uma instituição é objeto de alimentação de um campo, o que ocorre no Cadastro de Entrevistadores (no campo que dá conta do vínculo institucional do pesquisador-entrevistador) e no Cadastro de Projetos (nos campos que dão conta das instituições financiadoras ou conveniadas).

Campos do Cadastro de Instituições

O tratamento do acervo   243

▼ Cadastro de Locais. A criação deste cadastro, contendo os campos cidade, unidade da federação e país, visou igualmente à uniformidade das referências a locais no Cadastro de Entrevistados (nos campos locais de nascimento e falecimento) e no Cadastro de Entrevistas (no campo locais de realização da entrevista).

Campos do Cadastro de Locais

▼ Cadastro de Equipe. Neste cadastro estão arrolados os nomes completos de todos os profissionais (exceto entrevistadores, que já têm um cadastro específico) envolvidos nas diferentes atividades do PHO, desde os técnicos de som, passando pelos transcritores e pelos encarregados dos sumários e do tratamento da entrevista, até os responsáveis pelo preenchimento do caderno de campo, por exemplo.

▼ Cadastro de Doadores. Aqui são registrados os eventuais doadores (pessoas físicas ou jurídicas) de entrevistas de história oral para o acervo do Cpdoc. Algumas entrevistas que integram nosso acervo não foram feitas pela instituição, sendo necessário, nesse caso, registrar os dados referentes à doação. Esse cadastro é composto de apenas dois campos: o nome do doador e um campo livre de observações, para que as circunstâncias da doação sejam especificadas.

▼ Cadastro de Matrizes. Este cadastro possibilita o registro dos suportes ou tecnologias utilizados para a gravação das entrevistas.

Assim, toda vez que o PHO optar pela gravação em uma nova matriz, conforme forem mudando as tecnologias de gravação, será possível cadastrá-la em nossa base de dados.

Campos do Cadastro de Matrizes

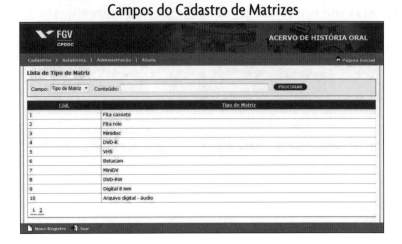

9.2.2 A tabela principal: cadastro de entrevistas

A principal tabela da base do PHO é o Cadastro de Entrevistas. A cada nova entrevista realizada, criamos um novo registro nessa tabela. A lista de entrevistas do acervo pode ser visualizada a partir da primeira página do cadastro.

Listagem dos registros de entrevistas. Cada registro leva ao cadastro daquela entrevista

O tratamento do acervo

São os seguintes os campos deste cadastro:

▼ Título da entrevista: campo livre, preenchido com o nome do entrevistado. Pode acontecer de o título da entrevista não corresponder ao nome completo do entrevistado (por exemplo, Barbosa Lima Sobrinho, em vez de Alexandre José Barbosa Lima Sobrinho). Assim, não há necessariamente uma correspondência entre este campo do Cadastro de Entrevistas e o campo contendo o nome completo do entrevistado no Cadastro de Entrevistados. Caso haja mais de uma entrevista gravada com o mesmo entrevistado, os títulos das entrevistas são acrescidos de números em romanos para diferenciá-las entre si (por exemplo: "Barbosa Lima Sobrinho I", "Barbosa Lima Sobrinho II" etc.).

▼ Tipo da entrevista: campo com duas opções excludentes entre si, devendo-se optar pela classificação "Temática" ou "História de vida".

▼ Razões da escolha do entrevistado e objetivos da entrevista: campo de preenchimento livre.

▼ Entrevistadores: campo próprio para inserir os entrevistadores daquela entrevista (relacionado ao Cadastro de Entrevistadores).

▼ Entrevistados: campo próprio para inserir o(s) entrevistado(s) daquela entrevista (relacionado ao Cadastro de Entrevistados). Geralmente uma entrevista é feita com um entrevistado apenas, mas há exceções no acervo do Cpdoc, sendo então necessário relacionar mais de um entrevistado ao registro de uma entrevista.

▼ Cessão: parte referente à assinatura da carta de cessão e que se desdobra em diferentes campos:
  • Cedente: campo com quatro opções excludentes, devendo-se optar por "Entrevistado", "Herdeiro(s)", "Doador", e, caso o entrevistado não tenha assinado o documento de cessão de direitos sobre a entrevista, "Não concedida";
  • Nome(s) do(s) herdeiro(s): campo livre a ser preenchido caso a cessão tenha sido assinada pelo(s) herdeiro(s);

- Data da assinatura da cessão;
- Restrições: campo livre a ser preenchido caso a cessão tenha sido assinada com restrições;
- Observações: campo livre destinado ao detalhamento do processo de obtenção do documento de cessão (por exemplo, se o documento está com o entrevistado para exame, ou onde se encontra arquivado, caso já tenha sido assinado);
- Condições de uso conforme o contrato com a instituição conveniada: campo preenchido automaticamente pelo sistema, através de espelhamento das informações contidas no campo "Condições do contrato" do Cadastro de Projetos.

Campos do Cadastro de Entrevistas

▼ Projeto(s): campo próprio para inserir o(s) projeto(s) em cujo contexto foi realizada a entrevista (relacionado ao Cadastro de Projetos).

▼ Locais: campo próprio para inserir a(s) cidade(s) onde foi(foram) gravada(s) a(s) entrevista(s) (relacionado ao Cadastro de Locais). Pode acontecer de as sessões de uma entrevista serem gravadas em cidades diferentes.

▼ Resumo para ficha técnica: campo livre para a redação de um pequeno resumo com as principais informações sobre a entrevista, como o contexto de realização da entrevista, período de vigência do projeto, explicitação de instituições parceiras (se houver) e os produtos finais resultantes do projeto.

▼ Situação da entrevista: parte que contém informações relativas ao acesso às entrevistas pelo usuário externo:
  • Entrevista liberada ou fechada para consulta: opções excludentes entre si;
  • Justificativa: campo livre para preencher no caso de a entrevista estar fechada para consulta;
  • Entrevista transcrita? Sim/não;

▼ Condições de Acesso: parte que diz respeito às formas de consulta de determinada entrevista. São oito modalidades, não excludentes entre si:
  "Texto disponível para download"; "Áudio, com consulta no Cpdoc"; "Vídeo, com consulta no Cpdoc"; "Datilografado"; "Em livro"; "Em livro, disponível para download"; "Áudio, com consulta no Cpdoc e trecho(s) no Portal"; "Vídeo, com consulta no Cpdoc e trecho(s) no Portal".

  Além das modalidades de consulta, essa parte também é composta pelos campos:
  • "Restrições de Consulta": campo livre que se refere às restrições impostas pelo entrevistado para a consulta de sua entrevista. No PHO do Cpdoc temos alguns casos, como aquele em que o entrevistado solicita que a entrevista só seja consultada em sua versão integral após determinada data;
  • "Referência Bibliográfica": campo livre que deve ser preenchido toda vez que a modalidade de consulta for "Em livro" ou "Em livro, disponível para download";

Campos do Cadastro de Entrevistas (continuação)

▼ Sumário da entrevista: campo livre para inserção do texto do sumário;

▼ Caderno de campo: parte relativa a informações acerca da realização da entrevista. É composta por diferentes campos:

- Data do preechimento do caderno de campo;
- Responsável pelo preenchimento: campo relacionado ao Cadastro de Equipe;
- Contato: campo livre onde devem ser preenchidas as informações sobre o contato feito com o entrevistado (através de que pessoas ou instituições, se houve dificuldade em contatá-lo, qual foi sua reação etc.);
- Local da entrevista: campo livre onde deve ser indicado onde foi feita a entrevista (se no Cpdoc, na casa ou no escritório do entrevistado, por exemplo). Para a informação sobre a cidade em que foi realizada a entrevista, é usado o campo Locais (ver acima);
- Observações sobre o andamento da entrevista: campo livre;
- Mudanças durante a entrevista: campo livre destinado a informações sobre mudanças relevantes para o entendimento da entrevista (pode ter havido mudança de ocupação do entrevistado, ou mudanças relativas ao próprio tema estudado);

O tratamento do acervo

- Interrupções: campo livre onde podem ser inseridas informações sobre longas interrupções na gravação da entrevista (por exemplo, por doença do entrevistado);
- Pessoas presentes à entrevista: campo livre onde pode ser informado se, além dos entrevistadores e do entrevistado, houve outras pessoas presentes;
- Comentários sobre a cessão do depoimento: campo livre para informar se a cessão foi assinada sem problemas ou se houve resistências por parte do entrevistado;
- Outras observações: campo livre.

Campos do Cadastro de Entrevistas (continuação)

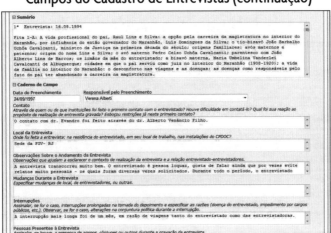

▼ Observações finais: campo livre para observações que forem necessárias.

▼ Trechos para o Portal: campo onde é possível incluir trechos de arquivos digitais em áudio, vídeo e em texto, os quais o usuário externo poderá acessar a partir do Portal do Cpdoc.

▼ Fotografias: a partir desse campo é possível o acesso a fotos referentes à situação da entrevista.

▼ Entrevista doada ao Cpdoc: campos destinados às seguintes informações, caso a entrevista tenha sido doada: nome do doador (relacionado ao Cadastro de Doadores), data da doação e de liberação da entrevista para consulta, além de observações.

▼ Arquivo no Programa de Arquivos Pessoais: campo para registrar se há arquivo do entrevistado no Programa de Arquivos Pessoais do Cpdoc.

▼ Forma de citação: campo cujas informações são geradas automaticamente pelo sistema. Seu conteúdo se refere à forma como deve ser feita a citação da entrevista e antecede sempre a ficha técnica no arquivo PDF de uma entrevista disponibilizada em texto para download.

Campos do Cadastro de Entrevistas (continuação)

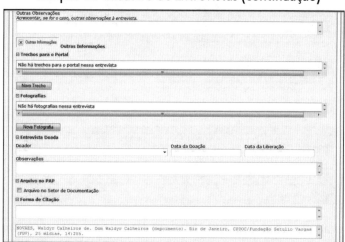

9.2.2.1 Os subcadastros da tabela principal

Além da página principal, o cadastro de entrevistas é formado por três subcadastros: Ficha de Gravação, Equipe e Temas.

▼ Ficha de gravação: esse é um espaço destinado ao cadastro das informações técnicas da entrevista. É composto por diferentes campos que se referem a cada sessão de gravação da entrevista:

- Observação: por exemplo, "A fita 3-A não foi gravada", ou "A gravação apresenta ruídos" etc.;
- Há gravação de cobertura (sim/não); campo no qual é possível marcar se houve utilização de outra câmera na gravação da entrevista;
- Número da sessão;
- Data da sessão;
- Duração (horas e minutos);
- Nome do técnico de som (relacionado ao Cadastro de Equipe);
- Tipo e quantidade de matrizes.

A cada nova sessão inserimos as informações na base, e o sistema processa automaticamente a contagem total da duração da entrevista, registra as datas inicial e final (a primeira e a última sessões) e calcula o total de fitas, ou de outro suporte, gravadas.

Preenchimento das informações relativas à 3ª sessão de entrevista com dom Waldyr Calheiros

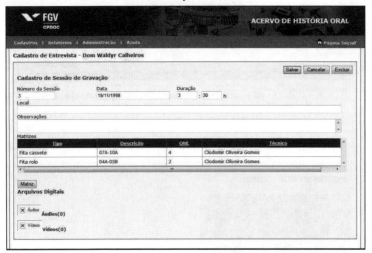

Todas as sessões de entrevista com dom Waldyr Calheiros

Além de reunir os dados técnicos das entrevistas do programa, é a partir da ficha de gravação que é possível acessar os arquivos digitais em áudio e/ou em vídeo gerados.

Gravação em vídeo acessada diretamente da Ficha de Gravação do Cadastro de Entrevistas

O tratamento do acervo

No âmbito interno, o acesso imediato às entrevistas via base de dados otimiza o trabalho da equipe pela busca de algum dado acerca de determinado depoimento. Para alimentar o sistema com os arquivos digitais, utilizamos cópias dos mesmos em formato comprido, armazenadas em um espaço separado do servidor. Tal prática tem como objetivo evitar qualquer dano às matrizes digitais, que ficam resguardadas de constante manuseio.

No âmbito externo, o usuário poderá ter acesso ao conteúdo digitalizado de algumas entrevistas através de uma interface entre a base de dados e o Portal Cpdoc.

Entrevista em vídeo acessível pelo Portal Cpdoc

▼ Equipe: seção onde são inseridos os responsáveis pelo processamento, levantamento de dados e pesquisa para a elaboração do roteiro das entrevistas. Esse subcadastro é formado por diversos campos, todos relacionados ao cadastro de equipe, a fim de manter a padronização da alimentação. São eles:
  • Responsáveis pela transcrição;
  • Responsáveis pela conferência de fidelidade da transcrição;
  • Responsáveis pelo copidesque;
  • Responsáveis pelo sumário;
  • Levantamento de dados: campo próprio para inserir o(s) nome(s) do(s) responsável(is) pelo levantamento de dados para a elaboração do roteiro (relacionado ao Cadastro de Equipe);

- Pesquisa e elaboração do roteiro: campo próprio para inserir o(s) nome(s) do(s) responsável(is) pelo roteiro (relacionado ao Cadastro de Equipe).

Campos do Cadastro de Entrevistas relacionados à equipe que trabalhou naquela entrevista, com atividades e nomes

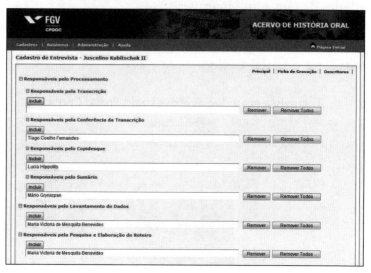

▼ Temas: campo próprio para inserir o(s) tema(s) da entrevista (relacionado ao Cadastro de Temas).

Campo do Cadastro de Entrevistas que permite inserir/remover temas relacionados àquela entrevista

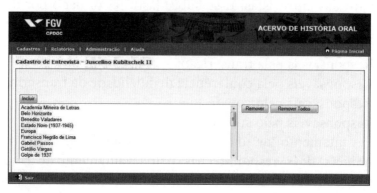

9.2.3 Relatórios

Os relatórios são importantes ferramentas para o controle interno do acervo de história oral, pois a partir deles é possível reunir informações que otimizam sua gestão, organização e posterior disponibilização das entrevistas e de seus metadados ao público externo.

A base de dados do PHO do Cpdoc possibilita a geração de cinco tipos de relatórios: entrevistas, projetos, entrevistados, entrevistadores e "liberação". Os quatro primeiros permitem consultar o sistema sobre questões como: quais entrevistas de determinado projeto se encontram fechadas ou liberadas para consulta; quantos projetos foram realizados entre os anos de 1999 e 2009; quais entrevistas tratam de determinado assunto; em quais projetos determinado pesquisador atuou e quais entrevistas realizou, entre outras.

Relatório de Entrevistas

Relatório de Projetos

Relatório de Entrevistados

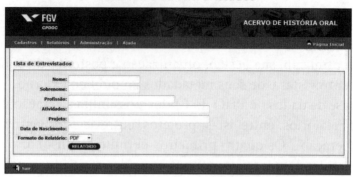

Relatório de Entrevistadores

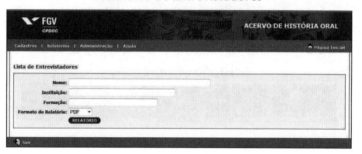

O relatório de "liberação" se diferencia dos demais, já que sua função é anteceder o material transcrito que será disponibilizado ao usuário externo. Ele é montado toda vez em que uma nova entrevista é liberada para consulta na forma de texto, sendo composto pela folha de rosto, a ficha técnica e o sumário da entrevista.

Segue o exemplo da entrevista de Barbosa Lima Sobrinho.

O tratamento do acervo

FUNDAÇÃO GETULIO VARGAS
CENTRO DE PESQUISA E DOCUMENTAÇÃO DE HISTÓRIA
CONTEMPORÂNEA DO BRASIL (Cpdoc)

Proibida a publicação no todo ou em parte; permitida a citação. A citação deve ser fiel à gravação, com indicação de fonte conforme abaixo.

LIMA SOBRINHO, Alexandre José Barbosa. Barbosa Lima Sobrinho I (depoimento, 1977). Rio de Janeiro, Cpdoc/Fundação Getulio Vargas (FGV), (16h 45min).

Barbosa Lima Sobrinho I

(depoimento, 1977)

Rio de Janeiro
2012

Ficha Técnica

Tipo de entrevista: História de vida

Entrevistador(es): Célia Maria Leite Costa; Dulce Chaves Pandolfi;

Levantamento de dados: Célia Maria Leite Costa; Dulce Chaves Pandolfi;

Pesquisa e elaboração do roteiro: Célia Maria Leite Costa; Dulce Chaves Pandolfi;

Técnico de gravação: Clodomir Oliveira Gomes;

Local: Rio de Janeiro — RJ — Brasil;

Data: 26/4/1977 a 11/10/1977

Duração: 16h 45min

Fita cassete: 14; Fita rolo: 9;

Entrevista realizada no contexto da pesquisa "Trajetória e desempenho das elites políticas brasileiras", parte integrante do projeto institucional do Programa de História Oral do Cpdoc, em vigência desde a sua criação em 1975. Trechos da entrevista foram publicados no livro GETÚLIO: uma história oral. / Valentina da Rocha Lima (Coordenação) ; Dora Rocha... [et al]. Rio de Janeiro: Record, 1986. 321. il. A escolha do entrevistado se justificou pelos cargos de presidente da Associação Brasileira de Imprensa — ABI (1926-1932 e 1980-2000); deputado federal de Pernambuco (1935-1937, 1946-1948 e 1959-1963); presidente do Instituto do Açúcar e do Álcool (1938-1946); deputado constituinte (1946); governador de Pernambuco (1948-1951); e presidente da Academia Brasileira de Letras.

Temas: Abertura política; Agamenon Magalhães; Agricultura; Ato Institucional, 5 (1968); Barbosa Lima Sobrinho; Cartas falsas; Constituição federal (1934); Coronelismo; Crise de 1961; Democracia; Ditadura; Eletrobrás; Empresas estrangeiras; Golpe de 1964; Governo Ernesto Geisel (1974-1979); Governo Eurico Gaspar Dutra (1946-1951); Governo João Goulart (1961-1964); Governo Juscelino Kubitschek (1956-1961); Integralismo; João Pessoa; Leonel Brizola; Lima Cavalcanti; Nacionalismo; Partidos políticos; Pernambuco; Petrobras; Política agrícola; Política estadual; Política nacional; Queremismo (1945); Redemocratização de 1945; Revolução de 1930; Tenentismo;

Sumário

1ª Entrevista: origem familiar; formação escolar; escolha da carreira; a Faculdade de Direito do Recife; ingresso no jornalismo; início da vida profissional; crise política em Pernambuco (1922); o Centro Pernambucano, Joaquim Pimenta e o movimento operário pernambucano; a indústria açucareira de Pernambuco; a produção de açúcar em Pernambuco e no Sudeste, antes de 1930; a Cooperativa Açucareira de Pernambuco; a Sociedade Auxiliadora de Agricultura; os usineiros na política pernambucana; a crise do açúcar em 1929; o governo federal e a indústria açucareira no Nordeste.

2ª Entrevista: a Cooperativa Açucareira e a comercialização do açúcar; o clima político em Pernambuco antes de 1930; atividades no *Jornal do Brasil*; a Aliança Liberal em Pernambuco; a Revolução de 1930; o tenentismo; as cartas falsas; o coronelismo; modificações econômicas e políticas após a Revolução; a criação do IAA; o Instituto de Tecnologia; ação do IAA; o Estatuto da Lavoura Canavieira; a Comissão de Defesa do Açúcar.

3ª Entrevista: a Revolução de 1930; a oposição de Carlos de Lima Cavalcanti a Estácio Coimbra; o assassinato de João Pessoa; a escolha do interventor em Pernambuco; o governo de Lima Cavalcanti; João Cleofas e a questão do açúcar; divergências entre Lima Cavalcanti e José Américo; ingresso na vida política; Joaquim Pimenta e o movimento operário em Pernambuco; oposição ao governo Lima Cavalcanti; os interventores no Norte; a representação classista; a Sociedade dos Amigos de Alberto Torres; a Constituição de 1934; o integralismo.

4ª Entrevista: as eleições de 1934; o coronelismo; a oposição a Lima Cavalcanti e o grupo ABC; o rompimento entre João Alberto e Carlos de Lima; o tenentismo; a organização dos partidos durante o governo de Lima Cavalcanti; deputado e líder da bancada de Pernambuco; a ANL; o fechamento da Ação Integralista; o movimento de 1935 em Pernambuco; divergências entre Carlos de Lima e Getúlio; a sucessão presidencial (1937); a separação entre Agamenon e Carlos de Lima; o projeto de criação do Instituto de Resseguros; a atuação de Agamenon no Ministério do Trabalho; o golpe de 1937; o Partido Comunista; Agamenon como interventor em Pernambuco.

5ª Entrevista: o acordo de livre comércio entre o Brasil e os Estados Unidos (1935); relator do projeto para criação do Instituto de Resseguros; a organização partidária (1935-37); o governo de Agamenon; a atuação de Agamenon no Ministério do Trabalho; candidato a governador durante o governo de Demerval Peixoto; relações entre Agamenon e Vargas; a lei Marcondes Filho; a redemocratização de 1945; a atuação da Sociedade dos Amigos da América; a escolha de Agamenon para o Ministério da Justiça; a lei antitruste; o episódio de 13 de março em Pernambuco; o assassinato de Demócrito; a ditadura de Vargas e os regimes nazista e fascista; no IAA; cargos políticos.

6ª Entrevista: a nomeação de Agamenon para o Ministério da Justiça; a emenda constitucional de Marcondes Filho; a organização dos partidos políticos; a formação do PSD em Pernambuco; o queremismo e a criação do PTB; o PSP; a campanha para a presidência da República (1945); candidato ao governo de Pernambuco; eleição para governador e a luta pela posse no TRE.

7ª Entrevista: governador de Pernambuco; áreas prioritárias do governo; a oposição; o secretariado; os coronéis; a política municipal; problemas ligados à terra; relações com fornecedores de cana e com usineiros; relações com o governo federal; a prefeitura de Recife; o governo Dutra; os ministros da Fazenda; o rompimento entre Dutra e Getúlio.

8ª Entrevista: a luta pelo nacionalismo; procurador do estado da Guanabara; o caso da Light; a criação da Petrobras e da Eletrobras; a aprovação do Código Nacional de Telecomunicações e a criação da Embratel; a lei de remessa de lucros; o governo Juscelino e o nacionalismo; a renúncia de Jânio Quadros; o governo João Goulart; Jango e Arrais; a participação de Brizola no governo Jango.

9ª Entrevista: o nacionalismo; empresas estrangeiras no Brasil; o protecionismo; as correntes nacionalistas e antinacionalistas; a Light; o nacionalismo, o imperialismo e a Revolução de 1964; luta de classe; abertura democrática; a liderança de São Paulo no processo político de oposição; o governo Geisel; a campanha pela Constituinte; o AI-5; a candidatura de Magalhães Pinto à presidência da República; Gama e Silva, Buzaid e Armando Falcão; a expulsão de Brizola do Uruguai; as lideranças políticas no Brasil atual.

O tratamento do acervo

261

9.2.4 Alimentação

A eficácia de uma base de dados depende não apenas da boa concepção de sua estrutura e de suas consultas e relatórios, mas igualmente de uma alimentação fidedigna e atualizada. De pouco adianta fazer uma consulta à base (digamos, quais entrevistas ainda não estão abertas ao público e por quê?) quando nem todas as entrevistas gravadas estão registradas e nem todos os campos estão preenchidos corretamente.

É claro que, uma vez desenvolvido e colocado em funcionamento o sistema, deve-se calcular um período relativamente extenso para a alimentação da base com as informações de todo o acervo já existente. Ao mesmo tempo, é possível já ir alimentando o sistema com as novas entrevistas. No PHO do Cpdoc, por exemplo, toda vez que uma nova entrevista é gravada, as informações a seu respeito (título da entrevista, entrevistadores, nome do entrevistado, projeto, data e duração das sessões de gravação, locais etc.) são acrescidas à base, mesmo que ainda não seja possível preencher todos os campos. Isso permite estar sempre em dia com a produção do Centro, sendo possível, a qualquer momento, por exemplo, perguntar ao sistema quantas horas de entrevistas ou quantas entrevistas temos no total.

10. Instrumentos de auxílio à consulta

Cabe a um programa de história oral elaborar instrumentos que auxiliem a consulta de seu acervo: os sumários e os índices das entrevistas. Para que tais instrumentos cumpram efetivamente sua finalidade, é preciso que a equipe os mantenha permanentemente atualizados, evitando o acúmulo de tarefas para o futuro.

10.1 O sumário

Cada entrevista do acervo de um programa deve ser liberada ao público precedida de um sumário que informe o pesquisador sobre seu conteúdo. A existência do sumário poupa o usuário do programa do trabalho de vasculhar toda a entrevista à procura do assunto que lhe interessa, ou, por outra, impede que, depois de ouvida a gravação ou lida a versão da entrevista em texto, se dê conta de que nela não há subsídios para o que pretendia pesquisar.

Convém também que o sumário indique aproximadamente a localização dos assuntos no corpo da entrevista. Se o pesquisador estiver interessado em saber o que o entrevistado fala sobre sua atuação em determinado órgão, por exemplo, o sumário da entrevista deve ser suficiente para permitir um primeiro contato com o depoimento: informar se o depoente fala sobre o assunto naquela entrevista e, se fala, em que altura da gravação ou em que páginas isso pode ser encontrado. Outro recurso possível é anotar, no sumário, o número do contador de segundos equivalente ao início de cada assunto, de modo a facilitar a localização dos temas na gravação.

Uma das características da formação de acervos de depoimentos para consulta é o fato de nunca podermos saber com precisão que tipo de interesse os pesquisadores poderão ter com relação às entrevistas. Por isso, na elaboração do sumário não se deve descartar *a priori* temas que pareçam pouco importantes aos olhos da equipe do programa, por não se referirem diretamente ao projeto de pesquisa. A função do sumário é informar sobre o que se falou. Se o entrevistado passa vários minutos falando sobre um filme a que assistiu, e mesmo que isso não tenha relação com o projeto, deve-se incluir um tópico a respeito no sumário: "comentários sobre o filme X, de Fulano, a que assistiu em 1965". Isso quer dizer que, ao elaborarmos um sumário, não cabe selecionar os assuntos, registrar apenas o que é "importante" e dispensar o que não é. Não se trata de uma síntese dos principais temas, tampouco de um resumo das ideias do entrevistado. Trata-se, isso sim, de uma sucessão de tópicos, que devem dar conta, em poucas palavras, dos assuntos que aparecem na entrevista. A cada assunto dá-se um título e, na sucessão de títulos, o pesquisador procura aquele que se refere à questão que investiga.

Por exemplo:

1ª Entrevista (5/9/2000): Origem familiar; formação escolar; motivações da escolha da carreira de economista; influência e relação com Ignácio Rangel; o curso da Faculdade de Economia e Administração da Universidade Federal do Rio de Janeiro, no qual ingressou em 1964: professores e sua participação na formulação do Programa de Ação Econômica do Governo (Paeg); avaliação do Plano Trienal e as divergências entre Celso Furtado e Ignácio Rangel; atuação do entrevistado na política estudantil em 1964...

10.1.1 O formato

Para elaborar os sumários das entrevistas, o programa deve estabelecer um conjunto de normas, padronizando o uso de maiúsculas e minúsculas, a grafia de nomes próprios, o emprego de siglas, a referência a datas etc. Note-se que no exemplo acima os tópicos se sucedem em linha contínua, sendo separados entre si por pontos-e-vírgulas. Essa é a norma usada no Cpdoc até o momento. Há programas que elaboram sumários graficamente mais esquemáticos, nos quais a mudança de tópico é também representada por uma mudança de linha. É importante que se defina um padrão único para todos os sumários de um mesmo acervo, a fim de uniformizar a apresentação das entrevistas e conferir-lhes um mesmo tratamento. Cabe à equipe do programa, portanto, decidir sobre o formato de sumário adequado a seus objetivos e a sua prática de trabalho.

Quando a entrevista tem mais de uma sessão, convém elaborar um sumário para cada uma delas, já que conservam certa unidade em relação ao depoimento como um todo. No Cpdoc, o sumário de cada sessão vem precedido do número da entrevista a que corresponde e, ao final de cada bloco resumido, colocamos um ponto final para indicar o encerramento da sessão, bem como informamos as páginas correspondentes àquele sumário no corpo da entrevista. No caso de a entrevista estar disponível apenas em sua forma gravada, o número de páginas pode ser substituído pelo nome e número dos arquivos sonoros em que aparecem os assuntos.

Pelo padrão de sumário adotado no Cpdoc, cada bloco é iniciado com letra maiúscula e as subdivisões internas aos tópicos podem ser feitas com vírgulas ou dois-pontos. Assim, se um assunto a que se deu um título mais amplo é desdobrado na entrevista, recorre-se à pontuação para representar essa situação. O recurso aos dois-pontos permite também que se aglutinem os assuntos tratados sob um mesmo título, evitando repetições desnecessárias. Assim, por exemplo, em vez de escrevermos quatro tópicos – "Getúlio, Juscelino, o desenvolvimento e a inflação; Getúlio, Juscelino e as relações com a classe trabalhadora; Getúlio, Juscelino e a conjuntura econômica externa; Getúlio, Juscelino e a política interna" ", podemos lançar mão de um único tópico " "Comparação entre Getúlio e Juscelino: desenvolvimento e inflação, relações com a classe trabalhadora, conjuntura econômica externa e política interna".

10.1.2 Quem faz e quando

Em situações ideais, convém que o próprio pesquisador que participou da entrevista seja responsável pela elaboração do sumário. Ele conhece extensamente os temas abordados na entrevista, sendo-lhe mais fácil sintetizá-los em tópicos pertinentes e agrupar os subtemas correlatos sob uma mesma rubrica. Além disso, corre menos risco de omitir assuntos relevantes, de confundir abordagens diferentes reunindo-as impropriamente em tópicos por demais generalizantes, ou ainda de supervalorizar questões que não tenham peso semelhante na entrevista como um todo.

Se a entrevista tiver sido transcrita, ele pode se ocupar do sumário ao mesmo tempo que faz a conferência de fidelidade. Isso evita que se tenha de recorrer a dois profissionais para o cumprimento de ambas as tarefas e economiza tempo. A título de recomendação, diríamos que convém intercalar ambas as tarefas: fazer o sumário por sessão de entrevista, assim que se concluir a conferência da transcri-

O tratamento do acervo

ção correspondente. Encerrada a conferência de fidelidade da primeira sessão, por exemplo, o pesquisador se ocuparia do sumário daquela entrevista, passando em seguida à conferência de fidelidade da segunda sessão e assim por diante. Esse procedimento permite que se concluam ambas as tarefas praticamente ao mesmo tempo, o que significa que o trabalho não ficará acumulado.

A elaboração do sumário pode ser também atribuída a um estagiário ou auxiliar de pesquisa. Bem treinado, possuindo boa capacidade de síntese e conhecendo o assunto tratado, o estagiário estará apto a elaborar o sumário de uma entrevista, desde que possa recorrer ao pesquisador sempre que tiver dúvidas. É claro que o sumário deve ser revisto pelo pesquisador antes de aberto para consulta.

Quando a entrevista não é transcrita, o sumário tem de ser feito a partir da escuta da gravação. Convém então estabelecer alguma forma de localização do assunto tratado na mídia utilizada. Atualmente, o registro do contador de segundos parece ser o mais indicado, pois independe do suporte em que o arquivo sonoro está gravado.

10.1.3 Como fazer

Baseando-se nas respostas

O primeiro aspecto a ser considerado na realização do sumário de uma entrevista é voltar a atenção para as respostas do entrevistado, e não para as perguntas que lhe são feitas. Se elaborarmos os tópicos do sumário com base nas perguntas, muitas vezes estaremos deixando de retratar o conteúdo da entrevista, porque frequentemente o entrevistado simplesmente não responde ao que foi solicitado, ou se desvia dos objetivos da pergunta. Essa regra, entretanto, tem também sua exceção. Trata-se das ocasiões em que o entrevistado não sabe ou não quer discorrer sobre determinado tema proposto pelos entrevistadores. Se for um assunto importante, proposto aos outros depoentes para fins de comparação entre as versões, sua ausência, no sumário, pode dar a entender que não foi abordado. Assim, é importante que nesses casos o sumário possa informar que aquele assunto esteve em pauta na entrevista, mas que o entrevistado não falou a respeito. Como informar essa "presença ausente" deve ser estipulado pelo programa com antecedência, juntamente com as demais regras de elaboração do sumário.

Identificando os assuntos

Ler uma entrevista com a atenção voltada para os assuntos nela tratados é atividade de interpretação de texto. Trata-se de saber detectar quando um assunto se esgota e quando outro se inicia. Muitas vezes, porém, um novo assunto pode se iniciar antes de um outro acabar. Isso é muito comum na linguagem oral: desenvolvendo determinado tema, o entrevistado pode se lembrar de outro, explorá-lo, e só então voltar ao primeiro. É preciso então muita atenção para identificar os assuntos, verificando se eles têm algum estatuto independente que os diferencie em meio ao volume de temas tratados. Para cada assunto "detectado" numa entrevista, convém ler o trecho até o fim (até ser substituído por outro assunto), antes de lhe atribuir o título pelo qual será identificado no sumário. É bom que o programa estabeleça algumas regras para essa tarefa. Digamos que, em meio a determinado desenvolvimento, o entrevistado emita uma curta opinião sobre outro assunto completamente diferente. Essa pequena passagem tem atributos suficientes para se transformar em tópico do sumário?

No Cpdoc, os critérios para decidir a esse respeito são, evidentemente, muito permeados pela opinião particular daquele que elabora o sumário. É ele que, no final das contas, vai decidir se aquele "microassunto" merece ou não ser incluído no sumário. Entretanto, temos como regra geral não omitir os assuntos, mesmo que sejam pouco explorados. Por isso os sumários tendem a ser extensos. Para diferenciar os "assuntos" dos "microassuntos" usamos alguns recursos que serão detalhados adiante.

O tratamento do acervo

Seguindo a ordem da entrevista

Na elaboração do sumário, deve-se cuidar para que os tópicos se sucedam na mesma ordem em que os assuntos a eles correspondentes ocorrem na entrevista. Isso facilita a localização dos temas a partir do sumário. Vejamos um exemplo em que a ordem cronológica foi ignorada, em respeito à ordem em que os assuntos se sucedem na entrevista:

> Campanha do entrevistado para o Senado pela Bahia (1954); eleição para o governo da Bahia (1958); disputa com Jânio Quadros pela candidatura à presidência da República (1960); prisão em 1922; o período na Escola Militar: os colegas de turma e suas tendências políticas, as confraternizações anuais; início das atividades conspiratórias de 1923; atuação de Luís Carlos Prestes no Senado (1947) e seu debate com o entrevistado...

Lidando com repetições

Na elaboração do sumário de entrevistas de história oral, é muito comum nos depararmos com assuntos repetidos. Por exemplo: depois de desenvolver três ou quatro assuntos diferentes, o entrevistado volta a falar do primeiro. Como proceder nesses casos? Deve-se repetir o assunto em novo tópico ou basta sua referência na primeira vez em que aparece?

No Cpdoc utilizamos uma regra simples: se a repetição ocorrer próximo à primeira menção ao tema, não cabe elaborar novo tópico para a segunda vez em que aparece. Digamos que no exemplo dado acima o entrevistado tenha voltado a falar sobre a campanha para o Senado logo depois de discorrer sobre sua eleição para o governo da Bahia. Nesse caso, não é necessário fazer nova referência ao assunto no sumário, uma vez que consideramos a primeira suficiente para informar o pesquisador que naquela entrevista se fala sobre aquilo. Já se a repetição ocorrer distante da primeira vez em que o assunto

268   Manual de história oral

aparece na entrevista, julgamos necessário registrá-la em novo tópico, para informar que mais adiante há outras informações a respeito. Ainda com relação ao exemplo acima, se o entrevistado voltasse a falar sobre a campanha para o Senado depois de explorar o período da Escola Militar, caberia elaborar um novo tópico: "outras observações sobre a campanha para o Senado pela Bahia", por exemplo. No caso de determinado assunto se repetir em diferentes sessões de entrevista, optamos igualmente por repetir sua menção no sumário. Assim, se a campanha para o Senado for ainda objeto de discussão, digamos, na terceira, na quinta e na sexta sessões, os sumários de cada uma dessas entrevistas terão sempre um tópico a respeito.

DEFININDO OS ASSUNTOS

Na elaboração dos tópicos de um sumário, é necessário definir bem de que assunto se trata, para efetivamente informar o pesquisador sobre o conteúdo da entrevista. Tópicos vagos devem ser evitados, porque acabam não cumprindo a função informativa. Convém, sempre que possível, indicar o contexto do assunto e localizá-lo no espaço e no tempo. Algumas vezes isso exige uma pesquisa complementar em obras de referência ou outras fontes, a fim de que nomes próprios, datas, siglas e demais informações estejam corretamente referidos no sumário. Vejamos um exemplo de sumário que se torna pouco informativo em função de sua indefinição:

> Origem familiar; início da vida profissional; políticos paraibanos (o que sobre eles?, quando?); coronelismo (o que sobre?); pluripartidarismo e voto secreto (idem); papel do parlamentar (quando?, em que contexto?); reforma agrária (quando?, onde?, o que sobre ela?); salário mínimo (quando? o que sobre ele?); política estudantil (onde?, o que sobre?) etc.

Ao invés dessa linguagem telegráfica, um sumário que objetiva orientar o pesquisador deve conter dados suficientes para que ele

O tratamento do acervo

possa identificar os assuntos que lhe interessam. Assim, por exemplo, em vez de simplesmente "Força Naval do Nordeste", o tópico do sumário deve procurar explicar o assunto a que se refere: "atuação da Força Naval do Nordeste no final da Segunda Guerra Mundial". Ou ainda, em vez de simplesmente "política econômica e divergências entre Simonsen e Veloso", ter-se-ia "as medidas macroeconômicas adotadas em 1974 e as discordâncias entre os ministros da Fazenda, Mário Henrique Simonsen, e do Planejamento, Reis Veloso".

A ESTRUTURA GRAMATICAL DOS TÓPICOS

Entre as regras que orientam a elaboração do sumário, convém estabelecer qual a estrutura gramatical que será usada na construção dos tópicos. Isso permite que os sumários adquiram uma linguagem relativamente uniforme, tanto internamente, como entre si.

No Cpdoc optamos por adotar uma construção substantivada, que funciona como título para o assunto. Assim, preferimos "participação do entrevistado na Revolução de 1930" a "o entrevistado participa da Revolução de 1930". Em vez de um tópico que reproduza pobremente o que disse o entrevistado, do tipo "o regime democrático incentiva o governante" preferimos dar um título ao que foi dito: "opinião sobre o regime democrático", ou "vantagens do regime democrático".

FORNECENDO A DIMENSÃO DO QUE É DITO

Em alguns tópicos, convém recorrer a mecanismos que deem conta da dimensão de tratamento do assunto. Digamos, por exemplo, que em determinado bloco de entrevistas, a maioria dos depoentes fale sobre a Revolução de 1930. Se não estivéssemos preocupados com a especificidade de tratamento desse assunto nas entrevistas, os sumários certamente se tornariam idênticos nesse ponto: em todos haveria o tópico "a Revolução de 1930". Os entrevistados, entretanto, o abordam de maneira diferente. Um pode estar falando sobre sua própria participação na Revolução de 1930; outro pode estar analisando o impacto do movimento na política de seu estado, enquanto outro, ainda, pode estar descrevendo as lembranças que guarda do engajamento de um tio nas fileiras do movimento.

É com o propósito de fornecer ao pesquisador a dimensão de tratamento do assunto que procuramos acrescentar ao tópico elementos que indiquem a especificidade das abordagens. Isso permite reconhecer, já a partir do sumário, as diferenças entre os depoimentos, e evita que o pesquisador seja obrigado a percorrer todas as entrevistas para verificar o que, afinal, se fala sobre o assunto. Se, por exemplo, não estiver interessado no impacto da Revolução de 1930 no estado de Santa Catarina, e o sumário tiver somente a indicação "Revolução de 1930", irá perder seu tempo até descobrir que a abordagem em questão não é propriamente aquela que imaginava.

Em termos instrumentais, pode-se dividir os indicadores das dimensões de tratamento dos assuntos em dois tipos. Os primeiros seriam aqueles que dão conta da dimensão qualitativa de abordagem, ou seja, da sua natureza: que tipo de abordagem é feita? Trata-se do relato da participação do depoente na Revolução de 1930, ou da avaliação dos impactos do movimento no estado de Santa Catarina? A dimensão qualitativa pode ser transmitida pelo emprego de substantivos diferenciadores, que permitem especificar melhor o que sobre aquele assunto é falado. Assim, por exemplo, ao invés de simplesmente "AI-5", pode-se especificar, conforme o caso: "o processo de elaboração do AI-5", "consequências do AI-5", "participação do entrevistado na elaboração do AI-5", "impacto do AI-5 sobre os rumos do movimento" etc.

Listamos a seguir alguns substantivos que podem ser úteis na especificação da natureza do que está sendo dito.

a) com relação a acontecimentos, instituições, períodos etc.: conjuntura, eclosão, antecedentes, histórico, análise, processo, estrutura, consequência de..., impacto de... sobre..., repercussão de... sobre..., limites/resistências de..., razões para..., motivos pelos

O tratamento do acervo

quais..., vantagens/desvantagens de..., exemplos de..., condições de..., efeitos de... sobre..., problemas enfrentados em..., detalhes sobre..., significado de..., implicações de... para..., diferenças entre..., semelhanças entre...

b) com relação a pessoas: interesse de... por..., participação/atuação de... em..., papel do entrevistado em... (também útil para eventos: "papel da crise de 1929 na eclosão da Revolução de 1930"), relação de... com, perfil de Fulano, contatos com..., desempenho de... em..., posição de... em relação a..., reação de... a..., situação de... em..., a experiência de ... em..., influência de... sobre..., opção por..., atitude de...

c) com relação ao tipo de abordagem feita: comparação de... com..., opinião sobre..., relato de..., caracterização de..., descrição de..., observações sobre..., considerações sobre..., comentário sobre..., avaliação/balanço de..., críticas a..., reflexões sobre..., apreciação de..., importância/relevância de... para..., questões sobre..., impressões sobre..., informações sobre..., discussão/debate sobre..., interpretação de..., relato de..., descrição de..., exposição de..., lembranças/recordações de..., explicações sobre...

O segundo tipo de indicador da dimensão em que os temas são tratados diz respeito a sua extensão. Seria, se assim podemos dizer, sua dimensão "quantitativa": fala-se muito ou pouco daquele assunto? Muitas vezes acontece de o entrevistado fazer uma pequena referência, de três frases, digamos, a determinada questão. Suponhamos que mencione em poucas palavras o que significou a vitória da Revolução de 1930 em seu estado. Se, no sumário, constar "significado da vitória da Revolução de 1930 em Santa Catarina", o pesquisador pode ser levado a crer que tal assunto é extensivamente desenvolvido no corpo da entrevista. Localizando o que procura, depara-se com poucas frases, o que contraria sua expectativa.

Os assuntos reduzidamente explorados e aqueles sobre os quais se fala muito podem vir marcados no sumário para fornecer ao pesquisador a dimensão "quantitativa" do tema em questão. No Cpdoc, usamos geralmente o recurso dos dois-pontos para os assuntos sobre os quais se fala extensivamente, indicando que o tema foi explorado de diversos ângulos. Imaginemos, por exemplo, um tópico: "significado da Revolução de 1930 em Santa Catarina: novas configurações de poder, impacto sobre a indústria têxtil, repercussão na imprensa, efeitos negativos sobre a agropecuária e posição das populações periféricas". Se for julgado conveniente, pode-se também indicar que muito foi dito sobre determinado assunto lançando mão de adjetivos: "relato prolongado de", "exposição detalhada de", "longa explicação sobre" etc.

Já os assuntos rapidamente abordados podem vir precedidos de expressões que indiquem essa circunstância. Por exemplo: "breve referência ao significado da Revolução de 1930 em Santa Catarina". Dependendo do caso, convém usar "referência", "ligeira referência", "menção", "breve comentário", "rápida comparação entre", "ligeiras considerações sobre" etc.

O emprego desse recurso diferenciador evita que se deem pesos semelhantes a assuntos que, no corpo da entrevista, adquirem profundidades distintas. Além disso, permite a diferenciação entre os sumários das entrevistas, indicando para o pesquisador quais depoimentos possivelmente exploram mais o tema que procura e quais os que apenas o mencionam.

Na elaboração de sumários no Cpdoc, procuramos sempre seguir as "Normas para elaboração de sumários de entrevistas", reproduzidas no apêndice deste manual (apêndice 6).

10.2 Os índices

Além do sumário, cabe a um programa de história oral elaborar outros instrumentos que auxiliem a consulta de seu acervo, tais como os índices temático e onomástico. O primeiro permite localizar temas específicos de interesse dos pesquisadores e o segundo permite que se localizem os trechos de depoimentos que versam sobre outros atores julgados relevantes no contexto da pesquisa.

10.2.1 Índice temático

O índice temático tem a função de informar o usuário do programa se e onde determinado tema é tratado no acervo de entrevistas. Digamos, por exemplo, que um pesquisador esteja interessado em pesquisar sobre o movimento sindical. Consultando o índice temático do programa, pode verificar: a) se o movimento sindical constitui tema tratado naquele acervo e b) em que entrevistas irá encontrar referência ao assunto.

A elaboração do índice temático de um acervo de entrevistas exige o estabelecimento prévio de regras. Deve-se, em primeiro lugar, decidir pelo escopo de temas (também chamados de descritores) a serem incluídos no índice. Se o programa se dedicar, por exemplo, à história política do Brasil, evidentemente deverá instituir descritores para os partidos políticos, pois é muito provável que, em suas entrevistas, esse seja um assunto recorrente. Pode ser também importante estabelecer os descritores "Segunda Guerra Mundial", ou "Guerra Civil Espanhola" — digamos que, pela geração dos entrevistados, esses também sejam temas frequentemente explorados. Assim, com base no projeto de pesquisa e no universo de entrevistados, a equipe pode chegar a uma listagem justa de assuntos que tenham estatuto suficiente para integrar o índice temático do acervo.

Suponhamos, entretanto, que em determinada entrevista apareça um tema não previsto: a guerra das Malvinas, por exemplo. Trata-se de assunto que merece ser destacado como tema no índice, ou será possível incluí-lo em uma "entrada" já estabelecida, como, por exemplo, "conflitos internacionais"? Para decidir a respeito, convém ponderar se a abertura de um novo registro no índice será efetivamente útil. Se o tema servir para indexar uma ou duas entrevistas apenas, convém não instituí-lo como descritor, mas se cobrir um escopo maior de entrevistas, cabe inaugurá-lo. Isso mostra que o índice temático de um programa será sempre necessariamente flexível, admitindo continuamente novas entradas, se forem julgadas procedentes.

Além de decidir sobre quais assuntos entrarão no índice temático do acervo, cabe ao programa padronizar os títulos dos temas. Ter-

-se-á "Guerra das Malvinas", "Conflito das Malvinas", ou "Questão das Falklands", por exemplo? E quais serão os temas eleitos e os não eleitos? Isto é, como serão as entradas remissivas? Ter-se-á "Falklands — ver Conflito das Malvinas"? Tudo isso são questões a serem discutidas em conjunto, a fim de imprimir o máximo de precisão e qualidade ao instrumento de consulta.

O trabalho de indexação das entrevistas pode ser feito com base no sumário da entrevista. À medida que, no sumário, aparecem os temas tratados, registram-se os descritores específicos àquela entrevista. Convém, portanto, que a indexação de uma entrevista seja feita pela mesma pessoa que faz seu sumário. Ambas as tarefas podem ser realizadas concomitantemente. Ao indexar uma entrevista é bom fazer um exercício de se colocar no lugar de um usuário do programa. Se ele estiver interessado no assunto x, tratado na entrevista, como será que fará para chegar a ele durante sua consulta ao índice temático? Que tema (ou que temas) será que ele pode eleger? É sempre bom lembrar que a elaboração de instrumentos de consulta, como o sumário e os índices, tem a função de tornar o acervo acessível ao público. Por isso, a indexação de uma entrevista deve ser feita pensando nos caminhos que o pesquisador externo pode trilhar para chegar aos assuntos que lhe interessam.

No Cpdoc, o registro dos temas eleitos para cada entrevista é feito hoje diretamente na base de dados do Programa de História Oral (cap. 9). Isso permite que, encerrado o trabalho de indexação de uma entrevista, ela já esteja relacionada ao índice temático do acervo. Como nossa base de dados está ligada ao Portal do Cpdoc, é possível fazer a consulta por assunto via internet. Digamos, por exemplo, que se queira consultar as entrevistas que versem sobre o movimento sindical. Basta eleger esse assunto, ou digitar "sindi" ou semelhante e aguardar o resultado da pesquisa para, em seguida, escolher as entrevistas sobre as quais se deseja mais informações. Pelo sumário, que aparece na janela "Informações sobre a entrevista", é possível verificar se o tipo de abordagem dado ao assunto efetivamente interessa ao pesquisador, para, então consultar a entrevista propriamente dita, como mostrado a seguir.

O tratamento do acervo 275

Optando pela consulta por assunto, na busca avançada

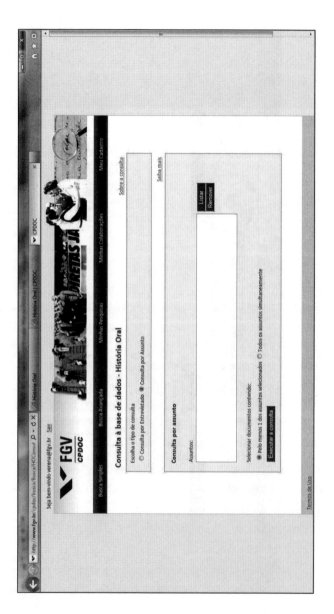

276 Manual de história oral

Escolhendo um ou mais assuntos

O tratamento do acervo

O sistema encontrou 50 ocorrências

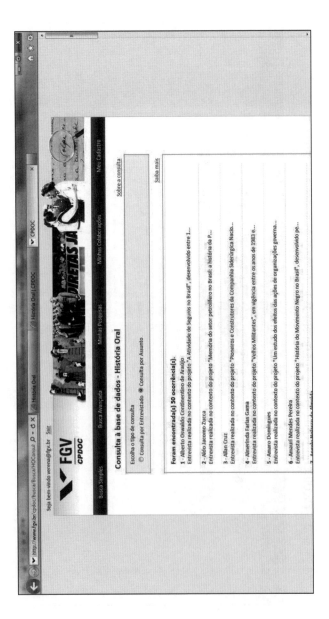

Escolhendo uma delas, aparecem as informações sobre a entrevista

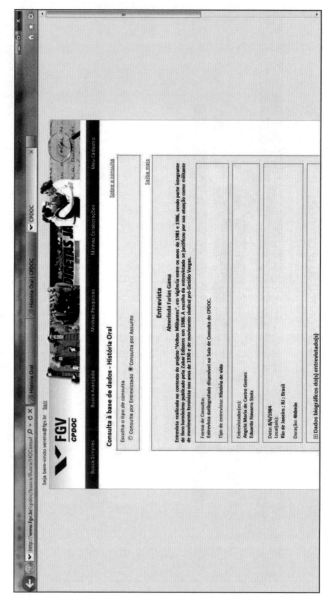

O mesmo procedimento pode ser feito na busca simples, escolhendo-se o assunto e filtrando, em "Acervos", o conjunto "Entrevistas". Nesse caso, como a busca é feita também pelo sumário, o número de ocorrências aumentou.

10.2.2 Índice onomástico

O índice dos nomes citados em uma entrevista também é útil na recuperação das informações de um acervo de história oral. Nos primeiros anos de funcionamento do Programa de História Oral do Cpdoc, as entrevistas processadas contavam com um índice onomástico, que fazia parte do documento em sua forma escrita. Atualmente, limitamo-nos a elaborar índices onomásticos das entrevistas que são publicadas em livro. Os nomes de pessoas recorrentemente referidos nas entrevistas fazem parte do índice temático do acervo, podendo, pois, ser recuperados como assuntos.

Para elaborar o índice onomástico, começa-se por uma listagem dos nomes citados pelo entrevistado, indicando a altura em que aparecem na entrevista, para o caso de ser necessário tirar alguma dúvida. Em seguida, a relação de nomes deve passar por um processo de padronização, acrescentando-se sobrenomes e prenomes àqueles que estiverem incompletos, processo que geralmente exige uma pesquisa

280   Manual de história oral

em obras de referência ou outras fontes. É preciso também padronizar a forma de entrada dos nomes. Por exemplo, optar-se-á por "Branco, Humberto de Alencar Castelo", ou "Castelo Branco, Humberto de Alencar"? E como fazer nos casos de pseudônimos? O pseudônimo remeterá ao nome, ou vice-versa? Convém decidir também se efetivamente todos os nomes citados farão parte do índice. Por exemplo, a professora de primeiras letras do entrevistado, referida apenas como d. Candinha, fará parte da lista de nomes?

Além do índice onomástico por entrevista, um programa pode optar por elaborar um índice onomástico geral do acervo, à semelhança do índice temático do acervo. É preciso avaliar, contudo, se o esforço do trabalho será compensado pelos resultados obtidos.

* * *

O sumário e os índices constituem instrumentos preciosos de consulta às entrevistas produzidas por um programa. Sem eles, podemos dizer que o acervo permanece mudo, pois se torna impossível recuperar seu conteúdo. Se o usuário não puder contar com pelo menos um desses instrumentos de consulta, precisará ouvir ou ler todas as entrevistas para verificar, primeiro, se o que investiga se encontra no acervo, e, segundo, onde e como o assunto de seu interesse é tratado.

Não se pense, contudo, que esses instrumentos de auxílio à consulta refletirão perfeitamente o conteúdo do acervo. Eles serão sempre uma tradução, realizada por diversos membros de uma equipe e, por isso, condicionada às interpretações de cada um. Mas como sua relevância é evidente, o acervo de um programa de história oral não pode passar sem eles.

11. O processamento: passagem para a forma escrita

Chamamos de processamento todo o processo envolvido na passagem da entrevista da forma oral para a escrita, compreendendo as etapas de transcrição, conferência de fidelidade da transcrição e copi-

O tratamento do acervo

desque. Cabe a cada programa decidir qual a forma de apresentação final das entrevistas ao público. Caso opte pela apresentação final na forma escrita, convém que o depoimento passe pelas etapas citadas.

No Programa de História Oral do Cpdoc, até aproximadamente 1990, todas as entrevistas liberadas para consulta eram transcritas e processadas. Com o tempo, optamos por liberar entrevistas também na forma de escuta. Como as demais, elas recebem um sumário e são indexadas. A única diferença é que o pesquisador interessado em consultá-las escuta a gravação ou assiste ao vídeo, em vez de ler a versão escrita do depoimento.

Pode ser conveniente elaborar uma ficha de orientação para a escuta, da qual constariam todas as informações necessárias à compreensão do depoimento, desde a lista de nomes próprios proferidos, passando pela explicação de trechos pouco claros, pela correção de dados inexatos e o esclarecimento de palavras ou frases difíceis de entender, até a descrição de gestos, expressões faciais ou outras circunstâncias que acompanham e muitas vezes alteram o conteúdo do que foi dito. Assim, à medida que o pesquisador escuta a gravação, pode seguir a ficha de orientação de escuta, onde as observações se sucedem na mesma ordem em que as passagens a elas correspondentes aparecessem na entrevista.

A alternativa de consulta aos depoimentos em áudio ou em vídeo não nos exime, contudo, de processar aquelas que necessitam ser apresentadas na forma escrita. Por exemplo, as entrevistas que, por exigência dos entrevistados, só podem ser liberadas para consulta depois de lidas por ele, aquelas que não podem ser consultadas diretamente na gravação, por terem sido parcialmente embargadas pelos entrevistados, ou ainda as que serão publicadas em livro. Nesses casos, é necessário passar o depoimento para a forma escrita.

Vejamos agora com mais vagar em que consiste o processamento de uma entrevista. As tarefas nele envolvidas requerem dedicação, paciência e sensibilidade. É no momento de realizá-las que percebemos o quanto é importante cuidar da qualidade da gravação de um depoimento, não só no que diz respeito ao equipamento e às condições que oferece o local de gravação (ausência de ruídos externos, por exemplo), como também na forma de conduzir a entrevista, evitando-se falas simultâneas e tomando nota, durante a gravação, de palavras ou frases pronunciadas com pouca clareza. É durante o processamento que percebemos, por exemplo, a importância de artigos e preposições, os quais, se aplicados incorretamente, podem modificar o conteúdo da fala do entrevistado. Trata-se, portanto, de trabalho meticuloso, ao qual toda atenção deve ser dispensada, o que significa muitas horas de dedicação.

As etapas do processamento são realizadas sucessivamente, de modo que a qualidade de cada uma delas influirá na realização das posteriores. Isso significa, por exemplo, que quanto melhor a transcrição de um depoimento, mais fáceis e ágeis serão as tarefas subsequentes. Aconselha-se, portanto, que todos os profissionais envolvidos no processamento de uma entrevista consultem as orientações dadas neste capítulo a todas as etapas de processamento. Um transcritor, por exemplo, pode incorporar a seu trabalho procedimentos aqui indicados como próprios à etapa de copidesque da entrevista, facilitando, assim, o desenvolvimento das etapas subsequentes.

O tempo dedicado a cada uma das fases do processamento varia conforme as dificuldades encontradas na escuta das gravações. Pode acontecer de uma entrevista ter sido gravada obedecendo-se a todos os cuidados recomendados, mas ter sua qualidade comprometida pela péssima dicção do entrevistado, o que dificulta seu processamento. Já se a gravação for ótima, e se for possível entender todas as palavras proferidas por entrevistado e entrevistadores, a passagem da forma oral para a escrita será mais fácil e rápida.

11.1 Transcrição

Na passagem da entrevista da forma oral para a escrita, a transcrição constitui a primeira versão escrita do depoimento, base de trabalho das etapas posteriores. Trata-se de um primeiro e decisivo esforço de traduzir para a linguagem escrita aquilo que foi gravado. Por sua importância, é necessário que todos os esforços se dirijam para a

O tratamento do acervo

qualidade do trabalho produzido, o que significa ser fiel ao que foi gravado, cuidar da apresentação do material transcrito e respeitar as normas estabelecidas pelo programa.

11.1.1 Quem faz

O ideal para a transcrição das entrevistas de um programa seria contar com uma equipe fixa de transcritores, que se ocuparia exclusivamente das gravações produzidas. Treinados de acordo com os objetivos do programa e inteirados dos temas das pesquisas, tais transcritores poderiam incorporar, em seu trabalho, alguns dos procedimentos que, neste capítulo, reservamos às etapas de conferência de fidelidade e copidesque.

Em muitas instituições, contudo, não há recursos nem espaço para manter uma equipe fixa de transcritores. No Cpdoc, costumamos entregar a transcrição a prestadores de serviço. Com o tempo, acabamos formando uma equipe estável e competente, mas essa pode não ser a regra. Geralmente, os prestadores de serviço se dedicam a esse trabalho nas horas vagas, como atividade complementar, e isso pode resultar na elevada rotatividade desses profissionais, o que impede, evidentemente, seu aperfeiçoamento cumulativo. Talvez seja proveitoso selecionar os transcritores entre estudantes de história e áreas afins que tenham um bom domínio do português. Seu interesse pelo assunto e o conhecimento de que já dispõem funcionam geralmente como estímulo para a realização de um bom trabalho.

Cabe certificar-se de que o transcritor possui, em casa, um equipamento de reprodução da gravação e um bom fone de ouvido, bem como um computador com o processador de texto utilizado pelo programa, a fim de produzir a versão transcrita em arquivo capaz de ser posteriormente revisto e modificado. Além disso, o *software* gratuito Express Scribe, abordado no capítulo 4, pode ser de grande utilidade na tarefa.

Convém conversar com o profissional sobre a entrevista que irá transcrever, antes que comece seu trabalho. Por exemplo, narrar um pouco da biografia do entrevistado, explicar as razões que levaram o programa a procurá-lo, resumir o conteúdo da gravação, indicar como reconhecer a fala dos diferentes interlocutores e adiantar o tipo de dificuldades que poderá encontrar. Eventualmente, podem-se passar a ele as anotações feitas durante a entrevista e a lista de nomes próprios que são citados naquela gravação (cuidando-se para conservar uma cópia desse material junto ao programa, já que deverá ser consultado também na etapa de conferência de fidelidade).

Caso o programa opte por delegar a transcrição a prestadores de serviço, convém designar um membro da equipe responsável pelo controle dessa tarefa. A ele caberá registrar que gravações estão sendo transcritas fora da instituição e quais os transcritores encarregados de cada uma delas, bem como marcar os prazos de entrega do trabalho concluído. Para isso, deverá organizar também um arquivo com os dados dos transcritores (e-mail, endereço, telefone etc.), para poder contatá-los sempre que necessário (em caso de atraso na entrega, de novas gravações da mesma entrevista a serem transcritas etc.).

11.1.2 Como fazer

O CUIDADO EM OUVIR

É muito importante, antes de começar a transcrição propriamente dita, que o transcritor ouça um trecho da gravação, para se acostumar com o ritmo da entrevista e o falar característico de entrevistado e entrevistadores. Se ouvir a gravação durante uns cinco minutos, ela já se torna relativamente familiar, sendo mais fácil reproduzi-la.

É necessário também que o transcritor se esforce em ouvir as construções — as frases, os apostos etc. — até o fim, antes de transcrevê-las. Isso impede que ele antecipe palavras ao falante, antes de ter ouvido a conclusão de seu pensamento, e facilita a pontuação, evitando, por exemplo, que encerre uma sentença ali onde há apenas uma pausa.

O tratamento do acervo

A APRESENTAÇÃO DO MATERIAL TRANSCRITO

Cabe ao programa estabelecer convenções a serem seguidas na apresentação da transcrição da entrevista. Vejam-se alguns aspectos a serem definidos.

a) O cabeçalho. O programa deve decidir como lidar com o cabeçalho gravado no início de cada sessão de entrevista: convém transcrevê-lo na íntegra, ou basta indicar os dados que contém? No Cpdoc, convencionamos marcar o início de cada nova sessão de entrevista registrando o número da sessão seguido de sua data: "*1ª Entrevista:* 10.3.1988", por exemplo. As demais informações contidas no cabeçalho gravado (nomes do entrevistado e dos entrevistadores, local, projeto, instituição) são incluídas na folha de rosto e na ficha técnica da entrevista.

b) A indicação das mídias. Convém indicar, na transcrição, a que fita ou arquivo digital da entrevista corresponde o trecho transcrito. No Cpdoc efetuamos o registro a cada vez que se encerra o lado de uma fita ou um arquivo digital, por exemplo. Assim, em seguida ao cabeçalho, inicia-se logo a transcrição da entrevista, sem nenhum registro que indique o número da fita ou do arquivo digital em questão. Apenas quando se encerra um lado de fita ou um arquivo digital, interrompemos a transcrição para grafar, no centro da página e entre colchetes, a ocorrência:

[FINAL DO ARQUIVO 1]

ou

[FINAL DA FITA 1-A]

Na eventualidade de a fita não ter sido integralmente gravada, informamos a ocorrência em nota; por exemplo:

[FINAL DA FITA 1-A]*

* A fita 1-A não foi integralmente gravada.

Ou, ainda, entre colchetes:

[A FITA 1-B NÃO FOI GRAVADA]

c) As iniciais dos falantes. É igualmente necessário estabelecer a forma pela qual cada fala da entrevista será graficamente introduzida. No Cpdoc, convencionamos introduzi-la pelas iniciais do falante. Assim, a autoria de cada enunciado é dada pelo registro prévio de quem tomou a palavra. Por exemplo:

Z.E. — O senhor tem alguma lembrança desse período em que sua família era ameaçada?
M.P. — Eu era ainda muito menino, mas me lembro, por exemplo, da ocasião em que tivemos de nos esconder na casa dos meus tios...

Neste exemplo hipotético, Z.E. indica, digamos, Zélia Macedo Esteves (um dos entrevistadores), e M.P. se refere a, suponhamos, Marcos Carvalho de Mendonça Pires (o entrevistado). No Cpdoc formamos as iniciais considerando o primeiro e o último nome dos falantes.

O QUE OBSERVAR AO TRANSCREVER

Como regra geral, o transcritor deve ser instruído para reproduzir tudo o que foi dito, sem fazer cortes ou acréscimos. Entretanto, se for um profissional experiente, que já trabalhe há algum tempo no programa, pode-se solicitar que faça algumas das tarefas aqui reservadas às atividades de conferência de fidelidade e de copidesque. Se o programa decidir, por exemplo, que as transcrições dos depoimentos não virão com expressões do tipo "hã... hm...", pode-se solicitar ao transcritor que não as transcreva, para poupar o trabalho futuro.

Caso o transcritor não consiga compreender determinada palavra ou trecho, deve indicar a ocorrência entre colchetes e em negrito, para que seja facilmente reconhecida pelo encarregado da conferência de

O tratamento do acervo 287

fidelidade. Ele deve ser instruído para escrever as palavras de acordo com a norma ortográfica (não transcrever, por exemplo, "Eu vô fazê um isforçu pra respondê"). É bom solicitar-lhe também que, em caso de contração de palavras, proceda a seu desmembramento: ao invés de "né?", usar "não é?"; ao invés de "pra", usar "para" ou "para a"; ao invés de "tá", usar "está", e de "tô", usar "estou" e assim por diante.

As marcações

Na passagem de narrativas orais para a forma escrita, muitas vezes pode ser necessário lançar mão de marcações que informem o leitor sobre elementos que ultrapassam o conteúdo estrito das palavras proferidas. Essas marcações têm a função de suprir algumas das deficiências que resultam da passagem do documento para a forma escrita: uma vez que não é possível, no documento escrito, reproduzir o tom de voz, seu ritmo, a pronúncia das palavras etc., ao menos se pode procurar fornecer outros indícios que complementam a simples leitura das palavras enunciadas.

A quantidade e a aplicação dessas marcações devem ser estabelecidas em forma de normas do programa, para que sejam adotadas em todas as entrevistas de seu acervo. É no momento da transcrição que elas serão incluídas pela primeira vez no texto escrito, mas cabe ao encarregado da conferência de fidelidade verificar se foram corretamente empregadas.

Trataremos aqui das marcações empregadas no trabalho de processamento do Programa de História Oral do Cpdoc, que devem ser consideradas apenas como possibilidades, já que o tipo de entrevistas realizadas e os objetivos que orientam a formação de um acervo de história oral determinam em grande parte quais as marcações adequadas em cada caso.

Com a intenção de não sobrecarregar o texto escrito e facilitar sua leitura, procuramos adotar o mínimo de marcações possível, reservando às notas de pé de página (tratadas no próximo item) muitas das informações sobre como decorreu a entrevista. Outros programas, contudo, podem preferir adotar uma quantidade maior de marcações, como as usadas em peças de teatro, por exemplo, em que cada fala vem acompanhada de uma especificação sobre como deve o ator representar aquele trecho.

Convém sempre listar o tipo e a aplicação das marcações utilizadas, para orientar não só aqueles que se encarregarão do processamento, como também os pesquisadores que consultarem o depoimento em sua forma final, que podem ser informados sobre o significado de cada uma das convenções adotadas.

a) Interrupção de gravação. É comum que durante uma entrevista haja interrupções na gravação, seja porque interrompeu-se a conversa para tomar um café, para atender ao telefone ou para tratar de um assunto externo qualquer. Tais interrupções são identificadas por mudanças na gravação e devem ser marcadas no texto da entrevista. No Cpdoc marcamos a ocorrência entre colchetes, no local onde ocorrem:

[INTERRUPÇÃO DE GRAVAÇÃO]

A marcação das interrupções permite ao pesquisador que consulta a entrevista compreender possíveis mudanças de assunto ou abordagem, que geralmente ocorrem após a interrupção da conversa. Ela também demonstra o cuidado do programa com seus documentos, evitando-se suspeitas de adulteração da gravação, caso um pesquisador esteja escutando a entrevista enquanto lê sua transcrição. Se, por exemplo, o pesquisador identificar uma alteração da gravação e não houver registro correspondente na transcrição do depoimento, pode pensar que houve ali uma montagem na gravação e suspeitar da confiabilidade do documento.

b) Ênfases. É importante procurar indicar as ênfases feitas por entrevistado e entrevistador, para evidenciar o destaque que quiseram imprimir a determinado assunto ou conceito. Uma palavra proferida enfaticamente ganha um acréscimo de significado que precisa ser transmitido ao leitor de uma entrevista. A ênfase pode ser conferida a uma palavra ou expressão por elevação de voz, enunciação destacada das sílabas ou ainda acompanhamento da enunciação por movimento de mão batendo na mesa, por exemplo. No Cpdoc, marcamos as ênfases grifando em *itálico* as palavras ou trechos que receberam este tipo de destaque, como no exemplo abaixo:

Chegou um pai com um garoto sangrando, que eu tinha quebrado o nariz, e ele disse: "Olha o que o *seu neto* fez aqui para o meu filho!". Eu, agarrado nas saias da minha avó; ela disse: "Meu neto fez isso no seu filho?". "Fez, sim, senhora."

c) Silêncio. Pode acontecer, durante uma entrevista, que se estabeleça uma pausa mais prolongada entre uma frase e outra ou em meio ao próprio diálogo. Esse silêncio pode ser significativo para a análise da entrevista, indicando que houve uma reflexão prévia a determinada enunciação, ou mesmo um embaraço diante de uma pergunta. No Programa de História Oral do Cpdoc marcamos essas ocorrências para informar o leitor da entrevista a seu respeito e contribuir, portanto, com mais um dado para a interpretação do documento. Por exemplo:

Entrevistador — E como ficou seu relacionalmento com João Goulart a partir daí?
Entrevistado — Ficou... [silêncio] Não ficou estremecido; ele ficou magoado comigo, mas eu não fiquei com ele.

A marcação de silêncio deve ser feita com cuidado. Para não sobrecarregar o texto e não diluir o valor desse registro, é preciso aplicá-lo apenas nos casos em que efetivamente ocorre uma pausa prolongada, e não cada vez em que, por alguns segundos, houver uma suspensão da conversa. Pausas curtas são comuns na linguagem falada e devem ser marcadas pela pontuação usada na linguagem escrita; reserva-se a marcação [silêncio] apenas aos casos em que a duração da pausa for maior e chamar a atenção do ouvinte.

d) Risos. Para traduzir a relação e o clima de uma entrevista, marcamos também as ocasiões em que entrevistado e entrevistadores riem de determinado assunto ou palavra, fator que também pode se tornar relevante para a interpretação do documento. Distinguimos, nesse caso, duas situações de marcação: a primeira, em que ri apenas a pessoa que está falando, e a segunda, em que riem todos. Elas correspondem às formas [riso] e [risos], respectivamente. Vejamos os exemplos:

Entrevistador — Então o senhor teve apoio da UDN regional e frieza da UDN nacional.
Entrevistado — Apoio total da UDN regional, o que não impediu [riso] que muitos próceres da UDN nacional viessem me pedir coisas para eu pedir ao presidente.

Até há uma anedota muito curiosa: dois carregadores pensando e um dizendo: "Ah, se eu fosse presidente da República! Eu só acordava lá para o meio-dia, depois ia almoçar lá pelas três horas, quatro horas, depois, então, aí é que eu ia fazer o primeiro carreto". [risos] De modo que todo mundo pensa em ser o presidente da República, não é?

e) Emoção. Como o riso, as lágrimas também acrescentam significado à expressão verbal e devem ser marcadas para transmitir ao leitor da entrevista o envolvimento e os sentimentos do entrevistado em relação a determinado assunto. E não só as lágrimas expressam esse envolvimento, como também um tom de voz claramente emocionado. Em casos como esse, então, procedemos como abaixo:
O meu irmão mais velho já estava fazendo o curso da Escola Naval. Porque era uma diferença de idade muito grande. Eu fui o penúltimo. E agora sou o último a morrer porque os meus irmãos todos faleceram, fiquei só eu. [emoção]

O tratamento do acervo

Note-se que, para registrar ocasiões de emoção, o transcritor deve consultar as anotações feitas durante a entrevista, uma vez que dificilmente as lágrimas nos olhos serão ouvidas na gravação feita apenas em áudio. Caso não disponha de tais anotações, a marcação [emoção] deve caber ao encarregado da conferência de fidelidade.

f) Trechos lidos. Pode acontecer, durante uma entrevista, que o entrevistado leia um trecho de livro, artigo, poesia ou similar. Essa circunstância deve ser registrada nas anotações feitas durante a entrevista e transmitida, através de marcação própria, ao leitor da entrevista. Isso porque, em sua análise, o pesquisador que consultar o depoimento deve estar ciente de que aquele trecho foi lido, o que pode justificar um estilo de linguagem mais formal e talvez uma precisão de palavras inexistente no resto da entrevista. No Cpdoc, marcamos os trechos lidos de duas formas. Uma delas é empregada quando, pelo contexto e pelo conteúdo da entrevista, fica claro que o entrevistado está lendo. Nesse caso, usamos apenas aspas para indicar a citação. Por exemplo:

Eu tenho cópia do inquérito, autenticada até pelo escrivão, mas ele é muito grande, eu vou apenas citar algumas coisas que eu achei muito estranhas, não é? Então, por exemplo, vamos ver umas perguntas: "Teve o general Assis Brasil alguma influência na manutenção do professor Darci Ribeiro no Gabinete Civil, uma vez que constava estar ele demissionário?". Aí eu disse: "Creio que não. Esses problemas eram tratados com muita reserva, de maneira que eu não participava deles".

Nos casos em que não é possível, pela simples leitura da entrevista, perceber que o entrevistado está lendo, marcamos a ocorrência com notas de pé de página. Ocorreu-nos, por exemplo, de um entrevistado haver preparado em forma escrita uma parte do que queria dizer. Apesar de a entrevista de história oral ser essencialmente um diálogo, não nos foi possível, pela relação estabelecida, evitar a leitura de algumas páginas do discurso programado. Assim, o trecho transcrito foi tratado da seguinte maneira:

Bom, eu devo começar fazendo um retrospecto, assim, um histórico.* [Com a vitória da Revolução de 1930, assumiu o governo Getúlio Vargas, então chefe de governo provisório, em meio a uma das mais graves crises mundiais que se abateu sobre o mundo, em 1929. (...) O DASP teve também marcante influência na vida dos estados e municípios, através da Comissão de Estudos Estaduais e Municipais.] Essas são as breves notas, de início, de um trabalho que eu pretendo ainda um dia, quando tiver tempo, completar.
* Entre colchetes, trecho lido pelo entrevistado.

Mais uma vez, caso o transcritor não tenha sido informado previamente sobre o início e o final do trecho lido, será difícil que possa registrá-lo em sua versão do documento escrito. Quando isso acontecer, a marcação deve caber ao encarregado da conferência de fidelidade do depoimento.

g) Enunciados incompletos. É muito comum, na linguagem oral e no diálogo, que algumas frases permaneçam incompletas, seja porque foram interrompidas pelo interlocutor, seja porque não se concluiu o pensamento, restando o enunciado suspenso. Nesses casos, marcamos a ocorrência com reticências, como no exemplo abaixo:

E o meu pai vivia na casa do Lauro Müller. E, por causa dessa ligação... Meu pai era ligadíssimo ao Lauro Müller, tinha retrato dele lá em casa, tudo isso.

Há um caso muito comum de enunciados incompletos em entrevistas de história oral, dado pela também suspensão do pensamento, e que se pode chamar de "falso começo de frase". Ocorre quando se inicia a verbalização de uma ideia, formulando-a de determinada maneira, mas abandona-se esse "falso começo" empregando uma nova formulação, que pretende abordar aquela ideia por outro ângulo. No Cpdoc também separamos tais "falsos começos" da frase seguinte por reticências, estas últimas seguidas de letra maiúscula no início do novo período. Veja-se o exemplo:

O tratamento do acervo

Entrevistado — Ele emprestou a meu pai a importância para pagar os uniformes.

Entrevistador — É, isso era puxado mesmo.

Entrevistado — E daí, a minha... O meu pai uma vez me disse isso: que o almirante tinha emprestado dinheiro a ele para que nós pudéssemos entrar para a Escola Naval. E daí em diante eu tive uma admiração muito grande por ele.

Nesse exemplo, a ideia que começou a ser formulada em "E daí, a minha... " foi abandonada pelo entrevistado para ser retomada mais adiante, na última frase, onde foi concluída.

O uso de reticências na marcação de enunciados incompletos deve ser posteriormente verificado pelo copidesque da entrevista, a quem caberá avaliar a propriedade de sua aplicação.

Nas transcrições de entrevistas no Cpdoc, procuramos sempre seguir as "Normas para transcrição e conferência de fidelidade de entrevistas gravadas", reproduzidas no apêndice deste manual (apêndice 7).

11.2 Conferência de fidelidade da transcrição

Realizar a conferência de fidelidade da transcrição de um depoimento consiste, como diz o nome, em conferir se o que está transcrito é o que foi gravado. Dito assim, parece uma tarefa fácil e imediata, o que, contudo, não se verifica na maior parte das vezes, por melhor que seja a transcrição sobre a qual se trabalha.

A conferência deve ser realizada escutando-se o depoimento e ao mesmo tempo lendo-se sua transcrição, corrigindo erros, omissões e acréscimos indevidos feitos pelo transcritor, bem como efetuando algumas alterações que visam a adequar o depoimento à sua forma escrita e viabilizar sua consulta. Isso implica constantes pausas, retrocessos e interrupções na escuta da gravação. É por isso que o tempo de realização dessa etapa ultrapassa em muito o tempo de duração da gravação; estimamos uma média de cinco horas de trabalho de conferência de fidelidade para uma hora de gravação.

11.2.1 Quem faz e quando

A conferência de fidelidade da transcrição de um depoimento deve ser feita preferencialmente em período próximo à realização da entrevista e por um dos pesquisadores que dela participaram. Há diversas razões para isso, em especial o fato de o entrevistador, por ter participado da entrevista em momento recente, ser a pessoa mais apta a lembrar-se de seus detalhes, de palavras proferidas, do ritmo e da forma de enunciar característicos do entrevistado e de gestos e acontecimentos ocorridos durante aquele contato. É ele, portanto, que poderá realizar mais corretamente a interpretação do que foi gravado e transmitir informações e esclarecimentos sobre aquela relação para o documento escrito.

Vamos a um exemplo. Suponhamos que, paralelamente a uma entrevista realizada na casa do depoente, esteja havendo uma manifestação na rua em que mora. Digamos que, em dado momento, enquanto fala sobre determinado assunto, o entrevistado resolva emitir alguma opinião sobre a manifestação, cujo som chega a entrar pela janela, sem esclarecer, contudo, em palavras, que mudou de assunto. Na transcrição da gravação, o trecho aparecerá assim:

> Porque eu não acho que tenha sido relevante para o departamento a contratação dos responsáveis pelo setor de materiais. Isso foi outro caso; na verdade — que loucura isso, não é? — o superintendente não queria ver envolvido seu nome naqueles papéis.

A expressão "que loucura isso, não é?" é a opinião sobre a manifestação, que o entrevistado proferiu apontando para a janela, tornando a mudança de assunto inteligível apenas para seus interlocutores diretos e não para os que ouvirão a gravação ou lerão a transcrição do

O tratamento do acervo

depoimento. Cabe ao pesquisador, portanto, já que participou da entrevista e sabe o teor daquela observação, transmitir aos que vão consultar o documento as informações que detém. Assim, ele interpreta a gravação e acrescenta uma nota àquela expressão, esclarecendo que o entrevistado estava se referindo à manifestação e não ao fato de o superintendente não querer ver seu nome envolvido naqueles papéis:

> Isso foi outro caso; na verdade — que loucura isso, não é?* — o superintendente não queria ver envolvido seu nome naqueles papéis.
> * A expressão entre travessões refere-se a uma manifestação em favor da causa x, que passava naquele momento na rua onde morava o entrevistado.

Realizar a conferência de fidelidade de um depoimento logo após a entrevista permite, portanto, que o pesquisador se lembre de detalhes desse tipo e das circunstâncias em que transcorreu a entrevista. Além disso, determinadas palavras proferidas pelo entrevistado podem ser ininteligíveis para o ouvinte comum, enquanto o pesquisador, que teve contato com o entrevistado e as ouviu diretamente, tem mais facilidade de decifrá-las. Isso também se aplica a cacoetes de linguagem, entonações diferentes das usuais, nomes próprios, que podem ser ouvidos e interpretados incorretamente por quem não esteve presente à entrevista.

Tivemos, por exemplo, a oportunidade de entrevistar uma pessoa que frequentemente utilizava a expressão "et cetera", a qual muitas vezes foi transcrita como "é certo", devido à aproximação do som. Um dos entrevistadores, inteirado desse cacoete do entrevistado, pôde corrigir esse erro de transcrição, cuja manutenção implicaria uma mudança de sentido na fala do entrevistado.

Nossa experiência tem mostrado, então, que a tarefa de conferência de fidelidade deve ser uma extensão do trabalho do entrevistador, por estar mais apto a garantir a fidedignidade do depoimento produzido. Se, entretanto, não for possível ao entrevistador dedicar-se à conferência de fidelidade de uma entrevista, aquele que realizar a tarefa em seu lugar deve estar em permanente comunicação com o primeiro. Assim, cabe ao entrevistador passar ao encarregado da conferência de fidelidade todas as informações e anotações necessárias à adequação da gravação à sua forma escrita, e ficar à disposição para quaisquer dúvidas que surjam no decorrer do trabalho.

11.2.2 Procedimentos de auxílio

É bastante provável que, mesmo realizando a conferência de fidelidade em momento próximo ao da entrevista, o pesquisador não se lembre de tudo o que foi falado e de todos os detalhes e gestos que acompanharam a conversa, principalmente quando se trata de entrevista longa, com mais de 10 horas de duração, por exemplo. Nesses casos, então, convém recorrer a procedimentos que auxiliam o processamento.

Anotações durante a entrevista

Como já foi dito, é importante tomar nota, no decorrer da entrevista, de palavras, nomes próprios, acontecimentos, detalhes, gestos e expressões faciais, cujo registro escrito pode facilitar a compreensão da gravação.

Tivemos, por exemplo, ocasião de ouvir um entrevistado referir-se a outra pessoa como um sujeito que "tinha muita oportunidade" e, enquanto proferia essa última palavra, fazia o movimento indicativo de dinheiro, com os dedos polegar e indicador, o que nos levava a concluir que queria dizer que o sujeito tinha muito dinheiro, em vez de — ou então por isso mesmo — oportunidade. Esse tipo de gesto deve ser anotado durante a entrevista, para que não se perca o duplo sentido que o entrevistado quis imprimir a seu enunciado, e deve ser transmitido ao pesquisador que consultar a entrevista por meio de nota elaborada durante a conferência de fidelidade.

O tratamento do acervo

As anotações feitas durante a entrevista permitem que o encarregado da conferência de fidelidade se lembre de dados relevantes para a compreensão do depoimento; que palavras mal enunciadas e, portanto, de difícil compreensão sejam recuperadas, e que trechos não decifrados pelo transcritor sejam preenchidos corretamente.

Recorrendo a terceiros

Pode acontecer que determinadas palavras sejam difíceis de ser identificadas, ou porque foram proferidas em voz baixa ou de forma pouco clara, ou ainda em decorrência de um ruído gravado simultaneamente, e que essa ocorrência tenha passado despercebida pelo encarregado das anotações durante a entrevista. No trabalho de conferência de fidelidade, após algumas tentativas, o pesquisador pode solicitar ajuda aos outros membros da equipe, pedindo que ouçam o trecho e tentem entender o que foi dito. É possível que uma pessoa não diretamente envolvida com a entrevista, em virtude justamente desse distanciamento, tenha condições de reconhecer, no instante em que ouve o trecho, a palavra ou expressão proferida. Mais uma vez, verifica-se a necessidade de trabalho com uma equipe integrada, disposta a auxiliar-se mutuamente.

Recorrendo ao entrevistado

Durante o trabalho de conferência de fidelidade, convém anotar as dúvidas referentes a trechos ou palavras de difícil compreensão, bem como de nomes próprios de grafia desconhecida, para, se for o caso, retornar ao entrevistado e solicitar sua ajuda na identificação daquelas informações. Se for necessário, pode-se pedir ao entrevistado que ouça os trechos correspondentes às dúvidas arroladas, para que possa contribuir no trabalho de recuperação do que foi dito.

A opção por esse recurso depende da relação que se estabeleceu durante a entrevista. Se a relação de entrevista tiver sido agradável e proveitosa, muitas vezes o entrevistado tem prazer em prolongar o contato com os entrevistadores através das oportunidades oferecidas pelo trabalho de decodificação do que foi dito. Nesses casos, convém prevenir o entrevistado, ao final do depoimento, acerca dessa possibilidade. Outras vezes, contudo, o entrevistado pode não querer mais retomar o contato com os pesquisadores, seja porque a entrevista não tenha correspondido a suas expectativas, seja porque se trata de pessoa extremamente ocupada, para quem já tenha sido difícil ceder parte de seu tempo para prestar o depoimento. Nesses casos, é preciso avaliar previamente a oportunidade de incomodá-lo mais uma vez para que esclareça pontos duvidosos da entrevista.

De qualquer maneira, a possibilidade de retorno ao entrevistado é mais um motivo para que a conferência de fidelidade seja feita em momento próximo ao da realização da entrevista, evitando-se que se passem meses até que se restabeleça o contato com o depoente.

11.2.3 Pesquisas paralelas

Na realização da conferência de fidelidade de uma entrevista, é necessário estar sempre atento a fatos, nomes e outras referências e evitar que sua transcrição permaneça incorreta até o momento da consulta ao documento. Em muitos casos, é preciso realizar uma pesquisa em dicionários, enciclopédias e outras obras de referência para garantir a exatidão de palavras ou trechos de um depoimento.

Claro está que, se a conferência de fidelidade estiver sendo feita por um dos entrevistadores, o trabalho de pesquisa será reduzido e talvez inexistente, uma vez que aquele pesquisador estará inteirado das referências e nomes específicos à pesquisa e aos temas sobre os quais transcorreu a entrevista. Muitas vezes, contudo, o entrevistado pode mencionar assunto não diretamente vinculado à pesquisa, sobre o qual o entrevistador não tem conhecimento. Pode citar um nome, uma sigla, local ou órgão, cuja grafia ou significado devem ser verificados para a correta apresentação no texto da entrevista. Se for julgado conveniente,

O tratamento do acervo

essa pesquisa pode também incluir o mecanismo de retorno ao entrevistado, para que ele próprio esclareça as dúvidas encontradas.

PESQUISA SOBRE NOMES PRÓPRIOS

É muito comum, no decorrer de uma entrevista, a ocorrência de nomes de pessoas às quais o entrevistado esteve ligado ou que de alguma forma tiveram importância em sua experiência de vida. É importante que, na entrevista transcrita (assim como no sumário), esses nomes apareçam corretamente.

A maioria dos nomes provavelmente fará parte do universo de pesquisa do entrevistador, que deve saber, a partir de seu estudo e do contato com o entrevistado, qual sua grafia correta. Outros, contudo, podem ser desconhecidos do responsável pela conferência de fidelidade, sendo necessário então recorrer a fontes de consulta para verificar como são escritos.

Assim, ocorre com frequência que o transcritor escreva o nome de determinada forma e, ao fazer-se a conferência de fidelidade e eventualmente uma pesquisa sobre sua grafia, chega-se a outro resultado. Por exemplo:

Transcrito:	Correto, após a conferência:
Kropotniki	Kropotkin
Marcos Reis	Marques dos Reis
Ivo Meireles	Ilvo Meireles
Roberto Aquino	Roberto Abdenur
Tloteloco	Tlateloco
Gabriela Megides	Graciela Meijide

Eventualmente, o próprio entrevistado pode enganar-se e, mesmo que a transcrição corresponda ao que foi dito, é aconselhável conferir se aquele nome está exato, caso contrário, convém colocar uma nota ao pé da página informando sobre o engano do entrevistado e remetendo ao nome correto. Certa ocasião, por exemplo, um dos atores entrevistados pelo Programa de História Oral do Cpdoc citou o nome Dinarco Silveira e tanto o transcritor quanto o encarregado da conferência de fidelidade ouviram claramente o mesmo nome. Tratava-se, entretanto, de uma associação de dois nomes semelhantes — Dinarco Reis e Dinarte Silveira —, equívoco que foi esclarecido através de uma nota de pé de página.

Nesses casos, geralmente convém não alterar a forma que o entrevistado usou para referir-se àquela pessoa, e sim indicar o engano em nota de pé de página. Isso porque consideramos importante conservar as associações e os equívocos, que podem ser relevantes para compreender a relação daquele ator com o seu mundo a partir da forma com que se refere às pessoas que o compõem. Esse é também o motivo pelo qual conservamos os nomes tal qual proferidos, sem acrescentar-lhes prenomes ou sobrenomes que o entrevistado não tenha incluído em sua fala. Se, por exemplo, refere-se a Juscelino, em vez de a Juscelino Kubitschek de Oliveira, isso pode indicar uma tendência de geração ou mesmo de cultura política, do modo de se ver atores de relevo na história do país. Evidentemente, essas observações se justificam porque uma das especificidades da história oral é justamente o fato de se configurar em discurso oral, e não escrito. É importante preservar a linguagem oral, na qual a referência a pessoas geralmente é feita prescindindo-se do nome completo.

Ainda com relação a enganos do entrevistado na enunciação de nomes de pessoas, veja-se, por exemplo, uma passagem em que foram necessárias ao mesmo tempo uma pesquisa e uma nota para indicar o equívoco:

Transcrito:	Correto, após a pesquisa:
Um dos participantes era o Arnold [Fabai Haussmann]. Depois retornou e foi promovido por merecimento.	Um dos participantes era o Arnold Fairbaim Hasselmann.* Depois retornou e foi promovido por merecimento. * O entrevistado inverteu a ordem dos sobrenomes. O correto é Arnold Hasselmann Fairbaim.

O tratamento do acervo

Outra possibilidade a que o encarregado da conferência de fidelidade deve estar atento diz respeito a apelidos, codinomes ou pseudônimos, que podem ser empregados pelo entrevistado, sendo necessário proceder a seu esclarecimento em notas. Muitas vezes pode ser preciso realizar pequena pesquisa para identificar o nome correspondente àquele pseudônimo ou apelido, principalmente se estes últimos forem mais difundidos e conhecidos do que o próprio nome. Assim, convém proceder da seguinte forma:

> É, parece que o Paulo Lacerda e o Miranda* escreviam os relatórios dizendo que estava tudo pronto para o povo se levantar.
> * Miranda — um dos pseudônimos de Antônio Maciel Bonfim, dirigente do PCB.

Por fim, é preciso contar com a impossibilidade de conferir alguns nomes ou apelidos ligados à vida privada do entrevistado. Ele pode referir-se a um primo distante ou a uma professora de primeiras letras, nomes que dificilmente poderão ser verificados em uma pesquisa. Nesses casos, convém consultar o depoente a respeito dos apelidos e da grafia correta dos nomes. Se não for possível retornar a ele para solucionar as dúvidas surgidas durante a conferência de fidelidade, aconselha-se manter o nome escrito de forma aproximada ao que foi proferido e, se necessário, fazer uma ressalva em nota informando que não se tem certeza daquela informação. Por exemplo: "Nome sujeito a confirmação".

Além dos nomes de pessoas, os nomes próprios de cidades, ruas, bairros e outras localidades; de rios, montanhas e outros acidentes topográficos; de órgãos, instituições, embarcações etc. devem passar pela conferência de sua grafia correta em obras de referência. Convém, nesses casos, consultar dicionários, índices e enciclopédias especializados a fim de adotar uma forma unificada de referência a esses nomes e facilitar a pesquisa ao documento.

Pesquisa para esclarecer passagens obscuras

Pode haver necessidade, em determinados trechos de entrevistas, de realizar pequena pesquisa para esclarecer passagens ambíguas e fornecer ao pesquisador que irá consultar o documento informações mais claras a respeito daquele episódio ou referência. A profundidade e a extensão desse tipo de pesquisa irão depender dos critérios formulados pelo programa. Geralmente, deve-se supor que o pesquisador que consultar o depoimento tem condições de, por si só, realizar as pesquisas que achar necessárias para ampliar sua compreensão acerca do depoimento, mesmo porque é difícil estimar quais serão as dúvidas de cada um dos pesquisadores que utilizarão o documento no futuro. Uma nota esclarecedora julgada necessária pelo responsável pela conferência de fidelidade pode ser considerada redundante por uns e fundamental por outros. Será difícil atender a todas as necessidades. Ocorreu-nos, por exemplo, de um entrevistado opinar sobre o "movimento do Custódio na Marinha", menção que julgamos suficiente para identificar a Revolta da Armada (1893-95), chefiada pelo então contra-almirante Custódio José de Melo. Pelo contexto em que o entrevistado se referia a esse movimento, não seria difícil ao pesquisador que consultasse o depoimento depreender de que revolta se tratava. O mesmo não se aplica a entrevistas editadas para publicação, cujas notas são mais detalhadas e numerosas, pois o depoimento, nesses casos, se destina a um público amplo e diferenciado.

Vejamos, contudo, um exemplo em que uma nota esclarecedora foi necessária para evitar ambiguidades na interpretação da entrevista. Eis o trecho:

> Eles eram um pouco herdeiros das ideias de 35. Eles todos eram muito inspirados nas ideias de 35. Esse movimento revolucionário entusiasmou — e até hoje entusiasma — a mocidade do Rio Grande.

Se não houver outros indícios que esclareçam de que movimento fala o entrevistado, a passagem pode dar lugar a uma interpretação equivocada. O pesquisador pode pensar que se trata da revolta comunista de 1935, enquanto, na verdade, o movimento em questão é a Guerra dos Farrapos, iniciada em 1835. A passagem exige então uma nota que desfaça a ambiguidade:

> Eles eram um pouco herdeiros das ideias de 35.* Eles todos eram muito inspirados nas ideias de 35. Esse movimento...
> * 1835 — ano de deflagração da Guerra dos Farrapos (1835-45), no Rio Grande do Sul.

Esse exemplo pede um desdobramento. Pode-se objetar que, para desfazer a ambiguidade, bastaria acrescentar à data proferida pelo entrevistado a centena e o milhar correspondentes, isto é, que em vez de manter "35", a data fosse de imediato corrigida para "1835". Entretanto, do mesmo modo que para nomes proferidos sem prenome ou sem sobrenome, consideramos que acrescentar ao próprio texto da entrevista informações que o entrevistado não proferiu altera o documento e as potencialidades de sua análise. Assim, se o entrevistado não enuncia "1835" e sim apenas "35" é porque tem uma razão para isso, o que pode ser relevante para depreender suas representações sobre acontecimentos que ocorreram há mais de 100 anos, os quais talvez considere ainda próximos pela importância que tiveram em sua formação.

Além da ambiguidade, pode haver passagens que, à primeira leitura, pareçam incongruentes ou até mesmo incorretas, necessitando de esclarecimento. Veja-se, por exemplo, o seguinte trecho:

> Inclusive o pessoal do *São Paulo*, que estava exilado lá em São Paulo, oficiais de Marinha, e por aí foi, daí é que veio o levante.

Ao ler esse trecho, um pesquisador pode estranhar a dupla ocorrência da localidade São Paulo e a impossibilidade de estar-se exilado no próprio país. Uma nota suscinta pode esclarecer a passagem:

> Inclusive o pessoal do *São Paulo*, que estava exilado lá em São Paulo, oficiais de Marinha, e por aí foi, daí é que veio o levante.*

304 Manual de história oral

* Refere-se a integrantes da revolta do couraçado *São Paulo*, que, após exilarem-se no Uruguai, retornaram clandestinamente ao país, estabelecendo-se no estado de São Paulo.

PESQUISA PARA CORRIGIR ERROS DE CONTEÚDO

Algumas vezes pode acontecer que tanto entrevistado quanto entrevistadores cometam erros de conteúdo. É preciso que o responsável pela conferência de fidelidade esteja bastante atento para essa possibilidade e, caso necessite, realize uma pesquisa que forneça a informação correta acerca daquela passagem. Assim, por exemplo, no trecho:

> E aí há uma passagem que eu — eu cheguei a essa conclusão — achei muito interessante. Foi quando foi organizado o primeiro gabinete parlamentarista; o chefe do gabinete era o San Tiago Dantas, que era uma figura de um talento fora do comum.

há um equívoco que precisa ser retificado em nota:

> ...o chefe do gabinete era o San Tiago Dantas,* que era uma figura de um talento fora do comum.
> * San Tiago Dantas foi ministro do Exterior no primeiro gabinete parlamentarista (setembro de 1961 a junho de 1962) e seu nome foi sugerido por João Goulart, mas rejeitado pelo Congresso, para chefiar o segundo gabinete.

Evidentemente, o programa deve sempre considerar a possibilidade de alguns erros de conteúdo passarem despercebidos durante a conferência de fidelidade. Isso porque o entrevistado pode eventualmente falar sobre assunto não diretamente envolvido com a pesquisa, o qual a equipe de pesquisadores talvez desconheça. Assim, por exemplo, se no caso de uma pesquisa sobre partidos políticos em âmbito nacional, um dos entrevistados mencionar a atuação de um vereador de um pequeno município do interior na década de 1920, e esse assunto não tiver relação direta com o tema da pesquisa, dificilmente os entrevistadores e o responsável pela conferência de fidelidade poderão saber se há informações incorretas naquele trecho. A verificação a esse respeito deve ficar a cargo do pesquisador que consultar o depoimento e que porventura tiver interesse em certificar-se da exatidão daquelas observações. Nesse particular, uma entrevista de história oral não difere muito de outras fontes. Quem garante, por exemplo, que a informação veiculada por um jornal do mesmo município do interior no ano de 1923 acerca daquele vereador seja correta? Ou uma carta, um decreto? Será que a providência estabelecida em determinado decreto foi realmente adotada? As dúvidas que podem — e devem — surgir com respeito à veracidade do que é dito por um entrevistado são as mesmas que devem surgir na consulta de qualquer documento escrito, iconográfico etc. Em todos os casos é preciso proceder à crítica: analisar a narrativa do entrevistado, sua coerência, as hesitações e os equívocos, bem como a relação entre entrevistado e entrevistadores, e confrontar aquela versão com outras versões, documentos e registros.

PESQUISA PARA SOLUCIONAR DÚVIDAS SURGIDAS DURANTE A ENTREVISTA

No decorrer de uma entrevista, pode acontecer que tanto entrevistado quanto entrevistadores tenham dúvidas com relação a determinado assunto, as quais não chegam a ser solucionadas por nenhum deles até o final da sessão. Convém, então, reparar essa lacuna no momento da conferência de fidelidade e, após pequena pesquisa, esclarecer a questão em nota. Por exemplo:

> Entrevistador — Tem Nascimento no nome, não tem? — desse oficial que comandava a guarda de fuzileiros navais no palácio.
> Entrevistado — Ali, bom, esse era um tenente, se não me engano fuzileiro, do corpo de fuzileiros navais. Júlio... Júlio Régis... Qual era o nome? Comandava a guarda e estava acumpliciado com os integralistas...*

306   Manual de história oral

* O comandante da guarda de fuzileiros navais do palácio Guanabara, responsável pelo plano de ataque, chamava-se Júlio Barbosa do Nascimento.

PESQUISA SOBRE O SIGNIFICADO DE DETERMINADAS PALAVRAS

Pode acontecer de o entrevistado empregar palavras que fazem parte de uma linguagem muito específica, comum a sua atividade profissional, região ou geração, por exemplo, cujo significado é desconhecido fora daquele meio. Em muitos casos, tais empregos dificultam a compreensão e convém então realizar uma pesquisa para descobrir o significado daquela expressão, como forma inclusive de certificar o leitor da entrevista de que aquela palavra foi realmente enunciada e que não se trata de erro de transcrição ou de digitação. Por exemplo:

Mas saíam 60 fortalezas voadoras. Elas iam até lá, à zona da ilha de Malta, aquela zona por ali, e voltavam. E o plano era o seguinte: cada um tinha uma derrota* e tinha uma posição no espaço em relação à Rússia...
* Derrota — termo náutico, rota de embarcação em viagem por mar.

PESQUISA SOBRE TÍTULOS DE OBRAS

Em alguns casos, pode acontecer que o entrevistado cite alguma obra, seja livro, peça teatral, música, quadro, poesia, artigo, cujo título deve ser verificado sempre que possível, com o mesmo objetivo das demais pesquisas: fornecer a quem consulta o depoimento informação correta a partir da qual possa investigar outros assuntos de seu interesse.

Como no caso dos nomes próprios, os títulos de obras podem ser ouvidos erradamente pelo transcritor ou podem ser proferidos

O tratamento do acervo   307

incorretamente pelo próprio entrevistado. Nesse último caso, a correção se faz em nota de pé de página, para não alterar o que foi dito. Muitas vezes, contudo, o título transcrito parece ser efetivamente a reprodução escrita do que o entrevistado falou, mas não o é por pequenas alterações, imperceptíveis até na escuta durante a conferência de fidelidade. Por essa razão convém sempre conferir em obras especializadas se aquela informação está correta.

Veja-se o seguinte exemplo, em que a versão transcrita parecia corresponder, pelo som semelhante, ao que fora dito pelo entrevistado:

Transcrito:	Correto, após a pesquisa:
Aí aconteceu o seguinte: o dr. Epitácio, naquele livro dele, *Toda verdade,* que ele escreveu quando saiu da presidência da República, também fez umas críticas ao relatório.	Aí aconteceu o seguinte: o dr. Epitácio, naquele livro dele, *Pela verdade,* que ele escreveu...

PESQUISA SOBRE PALAVRAS OU EXPRESSÕES ESTRANGEIRAS

Em uma entrevista, é possível que sejam enunciados trechos, títulos de obras, expressões ou palavras em língua estrangeira. Nesses casos, é necessário consultar dicionários para tentar, pelo som e pelo contexto, chegar à palavra ou expressão utilizada e certificar-se de sua grafia correta, a qual deve ser aplicada no texto da entrevista. Por exemplo:

Transcrito:	Correto, após a pesquisa:
...correspondeu a uma, para usar o termo, uma consitance, tipicamente...	...correspondeu a uma, para usar o termo, uma *constituency,* tipicamente...

Pesquisa sobre siglas

Na linguagem falada, é comum referirmo-nos a órgãos, projetos e instituições apenas pelas siglas, se essas nos são mais familiares do que os próprios nomes. Em entrevistas de história oral, empregam-se siglas com certa frequência, sem que sejam informados os nomes que a elas correspondem.

O significado da maior parte das siglas que ocorrem numa entrevista provavelmente é conhecido tanto por entrevistado quanto por entrevistadores. Pode acontecer, contudo, que o depoente utilize determinadas siglas desconhecidas do entrevistador, as quais, se não esclarecidas no momento da entrevista, necessitam de pesquisa para serem decodificadas. É preferível tentar resolver tais problemas ainda por ocasião da entrevista, seja perguntando ao entrevistado o que quer dizer aquela sigla tão logo a tenha enunciado, seja aguardando o final da sessão para indagar a respeito. Se essa providência não for tomada, o significado daquela sigla só será obtido mediante pesquisa em publicações pertinentes, ou, se for o caso, retornando ao entrevistado. Mesmo a informação prestada pelo entrevistado convém ser verificada, pois ele pode se equivocar em relação a alguma palavra ou à ordem das palavras, por exemplo. Realizada a pesquisa, o nome do órgão ou instituição correspondente à sigla deve ser acrescentado à entrevista em nota de pé de página. Vejam-se alguns exemplos:

Transcrito:	Correto, após a pesquisa:
Até porque o México, que é membro da Alade...	Até porque o México, que é membro da Aladi* * Associação Latino-Americana de Integração
... em que eles se referem à Sacta...	... em que eles se referem à Safta*... * South American Free Trade Area

Podem acontecer equívocos de transcrição quase imperceptíveis devido à semelhança entre siglas. Aconteceu-nos, por exemplo, de

O tratamento do acervo

numa entrevista constar a sigla Ibre (correspondente ao Instituto Brasileiro de Economia da Fundação Getulio Vargas), mas uma leitura acurada do trecho revelou que se tratava, na verdade, do Ibri, Instituto Brasileiro de Relações Internacionais. Como ambas as siglas são pronunciadas da mesma maneira, foi preciso atenção redobrada do responsável pela conferência de fidelidade para reconhecer o equívoco.

* * *

Os itens referentes à pesquisa durante o trabalho de conferência de fidelidade arrolados acima correspondem apenas aos casos mais frequentemente encontrados em nossa prática de trabalho. Evidentemente não se pode restringir a necessidade de verificação apenas a esses casos; ela surge no decorrer do próprio trabalho e varia de entrevista para entrevista. Cabe ao responsável pela conferência de fidelidade detectar e determinar quando deve interromper a escuta da gravação para procurar em livros e fontes específicas informações que elucidem passagens consideradas obscuras e nomes, palavras e trechos de cuja exatidão não tem certeza.

11.2.4 A correção da transcrição

Trataremos agora de alguns erros de transcrição comumente encontrados no trabalho de conferência de fidelidade. Veremos como muitas vezes esses erros são pequenos em extensão, mas de peso considerável, porquanto modificam inteiramente o conteúdo do que foi dito. É por isso que toda atenção necessita ser dispensada ao trabalho de conferência de fidelidade, que deve vir acompanhado de uma atitude de estranhamento permanente do texto. Ou seja, é preciso sempre estranhar o que está escrito e questionar-se se aquilo corresponde efetivamente ao que foi dito. Isso porque pode acontecer de sermos induzidos pela leitura a considerar que determinado trecho tenha sido transcrito corretamente e terminar por confirmar erros, seja pela aproximação do som entre a palavra transcrita e a palavra proferida, seja pelo fato de a palavra transcrita, mesmo errada, fazer sentido naquele contexto.

Palavras Erradas

Algumas vezes, ocorre que o transcritor atribua ao entrevistado ou ao entrevistador palavras que eles não proferiram na entrevista. Durante a conferência de fidelidade, é preciso estar bastante atento para não deixar passar esses erros. Para detectá-los é necessário retornar à gravação algumas vezes para descobrir que a palavra proferida é outra que não a transcrita, apesar da proximidade de som entre ambas.

Vejam-se alguns exemplos (o grifo nas palavras corrigidas visa apenas a destacá-las no conjunto do exemplo).

Transcrito:	Correto, após a conferência:
E passamos num bar, tinha uns caras muito mal-encarados, estivemos jogando lá uma bisca qualquer, e o Agildo foi comprar cigarros.	E passamos num bar, tinha uns caras muito mal-encarados, *digamos*, jogando lá uma bisca qualquer, e o Agildo foi comprar uns cigarros.
Eu estava muito interessado em saber dos planos minerais lá da China.	Eu estava muito interessado em saber dos planos *quinquenais* lá da China.
Fecha-se o Atlântico Sul. A vigilância fecha, então dá um poder de Marinha nosso enorme.	Fecha-se o Atlântico Sul. A vigilância fecha, então dá um poder de *barganha* nosso enorme.
...talvez uma certa nuança, uma certa inserção...	...talvez uma certa nuança, uma certa *inflexão*...
...de modo que essas medidas todas, eu fico com grande surpresa...	...de modo que essas medidas todas *surgiram* com grande surpresa...
...e com o tempo acabou tendo que ser abandonada.	...e com o tempo acabou tendo que ser *reavaliada*.
Eu não diria que foi uma política de indefinição...	Eu não diria que foi *um período* de indefinição...
Até pelo porte dele eram incompatíveis com a tradição e a estatura dele...	Até *oferecerem postos que* eram incompatíveis com a tradição e a estatura dele...

O tratamento do acervo

Merece em termos, digamos, de conotação valorativa...	Merece *é um termo*, digamos, de conotação valorativa...
Quando soube da composição política encabeçada pelo prefeito, mandou que retornasse imediatamente à capital.	Quando soube da *oposição* política encabeçada pelo prefeito, mandou que retornasse imediatamente à capital.
...isso em 93, mais ou menos.	... isso *levou um mês*, mais ou menos.

Erros de ortografia também podem ocorrer em uma transcrição. Em sua maior parte, poderão ser corrigidos pelo copidesque. Mas há casos em que sua correção deverá ser feita ainda durante a conferência de fidelidade, quando comprometem o sentido do que foi dito. Por exemplo, onde está escrito "caçado" ao invés de "cassado", a manutenção do erro de grafia imprime outro significado ao que foi dito. Com a mesma atenção devem ser corrigidos tempos de verbo, prefixos, sufixos, preposições e desinências de gênero e número, que alteram o significado do que foi dito. Por exemplo:

Transcrito:	*Correto, após a conferência:*
Quando cheguei na Espanha, encontrei uma nova situação.	Quando cheguei *da* Espanha, encontrei uma nova situação.
Aquilo se passou mesmo com o oficial-de-gabinete, mas não podia: a gente está na chuva é pra se molhar.	Aquilo se passou mesmo com os oficiais-de-gabinete, mas não podia: a gente está na chuva é pra se molhar.

A correção deve ser feita mesmo que a versão transcrita não altere o conteúdo do que foi dito. O depoimento transcrito deve respeitar a linguagem e a escolha de palavras do entrevistado e dos entrevistadores. Assim, por exemplo, no trecho

Isso porque os padres costumavam procurar os lugares elevados. Quer dizer, é possível que eles tivessem se instalado lá, nos seus primórdios.

há um erro de transcrição que não modifica o sentido do que foi dito, mas altera a forma de expressão do entrevistado, que, na verdade, disse o seguinte:

Isso porque os padres costumavam procurar os lugares elevados. *De modo que* é possível que eles tivessem se instalado lá nos seus primórdios.

A transcrição errada de palavras não se restringe a vocábulos isolados; pode haver casos em que frases e trechos maiores sejam transcritos sem correspondência com o que foi dito. Veja-se o seguinte exemplo:

Transcrito:	Correto, após a conferência:
Até que chegou a época do Barão no Ministério do Exterior, que, tendo o problema com a Argentina, sentiu que a solução para resolver o problema das Missões era a esquadra de 1910. A Argentina também se equipou, mas não pôde fazer mais porque para evitar a crise lá.	...A Argentina também se equipou, mas não pôde fazer *nada; teve que aceitar a solução do Cleveland.*

INVERSÃO DA ORDEM DAS PALAVRAS

Pode acontecer que o transcritor troque a ordem em que palavras de uma mesma frase foram proferidas, engano que precisa ser corrigido durante a conferência de fidelidade. Algumas vezes essa inversão pode levar à mudança completa de sentido, como no exemplo abaixo:

Transcrito:	Correto, após a conferência:
O Borges deve ter ajudado, nessa hora o velho Vargas deve ter ajudado, senão ele não conseguia tirar os filhos de lá.	O Borges deve ter ajudado, nessa hora deve ter ajudado o velho Vargas, senão ele não conseguia tirar os filhos de lá.

OMISSÕES

É comum, durante a conferência de fidelidade, depararmo-nos com omissões realizadas pelo transcritor, que podem ou não alterar o conteúdo do que foi dito, e que devem ser corrigidas.

O tratamento do acervo

Algumas vezes, a omissão de palavras ou trechos compromete muito o significado do que foi dito. Por exemplo:

Transcrito:	Correto, após a conferência:
Voltando ao Júlio de Castilhos e ao Borges de Medeiros, eles eram duas pessoas muito diferentes.	Voltando ao Júlio de Castilhos e ao Borges de Medeiros, eles *não* eram duas pessoas muito diferentes.
Foi então que houve um estremecimento entre Vargas e Borges de Medeiros.	Foi então que houve um estremecimento entre *os* Vargas e Borges de Medeiros.

Muitas vezes, na linguagem falada, proferimos mais de uma vez determinada palavra ou trecho, de modo a conferir-lhes ênfase através da repetição. O transcritor deve ser alertado sobre essa possibilidade, evitando omitir palavras ou trechos repetidos. A repetição pode ser também resultado de hesitação, quando procuramos a forma adequada de exprimir determinada ideia. Durante o trabalho de conferência de fidelidade, é preciso ter bastante sensibilidade e acuidade na escuta para perceber se determinada repetição de palavras advém de hesitação ou constitui apenas titubeação comum à linguagem falada. Essas últimas, convém suprimi-las para facilitar a leitura, e falaremos delas adiante. Quanto às hesitações, cabe ao encarregado da conferência de fidelidade avaliar se sua manutenção é significativa e acrescentá-las ao texto, caso tenham sido omitidas pelo transcritor. Essa avaliação deve levar em conta o tom de voz e a velocidade de enunciação. Aconteceu-nos, por exemplo, de um entrevistado ficar realmente embaraçado em definir certo assunto e repetir seis vezes a palavra "de" antes de resolver o que iria enunciar. Nesse caso, então, convém indicar a hesitação repetindo-se a palavra por duas vezes e colocando reticências para evidenciar que naquele trecho houve dificuldade de expressão. Como proceder nos diferentes casos de repetição deve ser decidido em conjunto pela equipe de pesquisadores do programa.

Pode acontecer também de o transcritor omitir expressões atenuantes. Em muitos casos, convém mantê-las apesar de não implicarem mudança drástica de sentido, porque refletem a justa medida com a qual entrevistado ou entrevistadores resolveram tratar de determinado assunto. Vejamos alguns exemplos:

Transcrito:	Correto, após a conferência:
O marechal Lott queria manter a estabilidade. E o nosso ministro da Marinha, o Amorim do Vale, e o da Aeronáutica não queriam.	O marechal Lott queria manter a estabilidade. E o nosso ministro da Marinha, o Amorim do Vale, e o da Aeronáutica, *acho que* não queriam.
A França, nesse tempo, era muito retrógrada em relação a esses processos modernos de administração.	A França, nesse tempo, era muito, *digamos assim*, retrógrada em relação a esses processos modernos de administração.
E aí foi o maior rebu.	E aí foi o maior rebu, *como dizem*.

Outro tipo de omissão feita com frequência pelo transcritor incide sobre as interferências do entrevistador, em meio à fala do entrevistado. Pode acontecer, por exemplo, de o entrevistador tentar ajudar o entrevistado quando esse último tem dificuldade em achar a palavra adequada para qualificar determinado tema. Nesses casos, a interferência do entrevistador deve ser mantida no texto da entrevista para evidenciar que a categoria usada pelo entrevistado partiu de uma sugestão do entrevistador. Por exemplo:

Transcrito:	Correto, após a conferência:
Entrevistado — E havia o núcleo do Partido Comunista, que era o núcleo que estava, digamos, oculto, na sombra, mas que de fato era quem orientava.	Entrevistado — E havia o núcleo do Partido Comunista, que era o núcleo que estava, digamos, oculto, na sombra, mas que de fato era quem... Entrevistador — Orientava. Entrevistado — Orientava.

O tratamento do acervo

ACRÉSCIMOS INDEVIDOS

Outro erro de transcrição que ocorre com certa frequência diz respeito a acréscimos de palavras ou trechos que não foram enunciados durante a entrevista, os quais o transcritor pensou ter escutado. Aqui também devemos prestar muita atenção porque tais erros podem passar despercebidos durante a conferência de fidelidade, devido à influência que exerce o texto transcrito sobre a escuta da gravação. Mesmo que o acréscimo feito pelo transcritor faça sentido dentro do contexto, devemos ter a preocupação de respeitar o discurso tal qual se passou e não completar o pensamento ou expressão por nossa conta.

Por exemplo, na passagem "Ele chegou lá com uma tropa de fuzileiros navais e não teve força para fazer a tropa atirar", há um erro de transcrição por acréscimo indevido, porque, na verdade, o entrevistado não falou a palavra "navais", tendo proferido apenas o seguinte: "Ele chegou lá com uma tropa de fuzileiros e não teve força para fazer a tropa atirar". O acréscimo, nesse caso, não altera o significado, ao contrário, complementa a ideia. Entretanto, é preciso corrigi-lo para respeitar a forma de enunciação escolhida pelo entrevistado: o fato de referir-se aos fuzileiros navais apenas como "fuzileiros" pode indicar sua proximidade com aquele universo, por sua profissão ou experiência de vida. Pode também indicar que o entrevistado considerava seus interlocutores inteirados do assunto, o que lhe permitia abreviar sua enunciação, ou ainda que procurava acompanhar seu pensamento com expressão mais ágil, em vez de demorar-se na enunciação de mais uma palavra. A manutenção do discurso tal qual proferido é mais um dado para apreender o clima da entrevista e as especificidades do estilo de cada entrevistado.

A ocorrência de acréscimos indevidos é comum nos casos de frases incompletas, que, no texto da entrevista, devem permanecer incompletas, ao invés de procurarmos completar a ideia com palavra ou expressão que nos pareçam mais condizentes com o contexto. Por exemplo:

Transcrito:	Correto, após a conferência:
Mas o resultado foi aquele desenlace, aquela solução, que para a Marinha não foi nada bom.	Mas o resultado foi aquele desenlace, aquela solução, que para a Marinha não foi nada...
...foi muito radical e acabou caindo no descrédito.	...foi muito radical e acabou caindo...

11.2.5 A adequação do oral para o escrito

Iniciado na etapa de transcrição da entrevista, com a inclusão de marcações que acrescentam informações ao texto transcrito, o trabalho de adequação do discurso oral para o escrito prossegue durante a conferência de fidelidade. Além de ser necessário verificar a propriedade das marcações feitas pelo transcritor (interrupção de gravação, ênfase, silêncio, riso, emoção, trechos lidos), é preciso atentar para as passagens que necessitam ser trabalhadas de modo a ajustar o conteúdo do texto ao que se passou na entrevista.

Notas

Além das notas decorrentes do trabalho de pesquisa realizado durante a conferência de fidelidade, outras notas podem traduzir para a forma escrita situações percebidas no momento da entrevista, ou durante a escuta. Vejam-se alguns exemplos.

a) Quando o entrevistado não dá atenção à pergunta formulada. Algumas vezes, acontece de o entrevistado estar bastante envolvido com um assunto e não prestar atenção a uma nova pergunta feita pelo entrevistador, prosseguindo no raciocínio desenvolvido anteriormente. Essas ocorrências são geralmente identificáveis na escuta, pelo tom de voz e a forma de falar, que indicam que o entrevistado continuou falando sem atentar para a pergunta formulada. Na leitura da entrevista, contudo, não há como perceber que a fala do entrevistado não constitui uma resposta à pergunta, e sim a continuação do assunto anterior, e isso pode levar a interpretações equivocadas, como no exemplo abaixo:

Entrevistado — Essa exposição foi um pouco desconexa, mas isso não tem importância, não é?

Entrevistador — Não, é assim mesmo.

Entrevistado — Depois a gente vai alinhavando, é melhor. Agora, que outras coisas, na época da Aliança, eu posso dizer?...

Entrevistador — Quando a Aliança é fechada, como vocês continuaram?*

Entrevistado — Tive contato nessa época com o Carlos Lacerda, com o Ivan Martins, o Maurício Lacerda, figuras assim que a gente tinha contato.

* O entrevistado não registrou essa pergunta, prosseguindo no raciocínio iniciado anteriormente.

Nesse exemplo, o entrevistado não prestou atenção à pergunta formulada e continuou falando sobre a época da Aliança, lembrando-se do que poderia dizer mais sobre o assunto. A leitura do trecho, contudo, pode suscitar outra interpretação, a de que a última fala do entrevistado constitua efetivamente uma resposta à pergunta. E essa interpretação equivocada permite um erro de conteúdo: pode-se concluir que o contato com Carlos Lacerda, Ivan Martins e Maurício Lacerda se deu após o fechamento da Aliança, enquanto o entrevistado está se referindo à época em que a Aliança ainda atuava legalmente. Daí a necessidade de uma nota esclarecendo que a pergunta não foi considerada naquele momento pelo entrevistado. Conforme decisão do programa, pode-se optar também por suprimir a pergunta que não foi respondida e manter a fala do entrevistado sem interrupção.

b) Quando o entrevistado concorda com o movimento de cabeça. Pode acontecer que o entrevistado concorde com o que diz o entrevistador sem expressar essa concordância verbalmente, ou seja, acenando com a cabeça, movimento que não é registrado em gravações de áudio. Cabe ao responsável pela conferência de fidelidade, com base nas anotações feitas durante a entrevista, registrar esse dado na transcrição do depoimento, como no exemplo abaixo:

Entrevistador — O Ministério da Indústria e Comércio tinha assento nesse conselho, tanto na comissão, quanto depois, no Conselho Interministerial. E é um instrumento muito importante para a questão da inflação, conter a inflação, essa parte toda de regulação dos preços industriais também, era fundamental haver um acerto entre os ministérios.* Como funcionava, volto a insistir nisso, a representação do setor privado nesses órgãos, tanto na Comissão Nacional de Estímulo de Estabilização de Preços, quanto no Conselho Interministerial de Preços? Essa representação tinha poder de decisão?
Entrevistado — Olha, hoje gabam-se muito de aplicarem estas entidades, mas nós já o fazíamos. E eles votavam como qualquer um.
* O entrevistado concordou com a cabeça durante a formulação dessa pergunta.

c) Quando gestos acompanham a fala. Muitas vezes os gestos complementam ou modificam o conteúdo de determinada expressão verbal, devendo ser acrescentados ao texto da entrevista por intermédio de notas. Já mencionamos acima o caso de um dos entrevistados do Programa de História Oral do Cpdoc, que, ao dizer que "Fulano tinha muita oportunidade", fazia o sinal característico de dinheiro com os dedos indicador e polegar. Vejamos agora mais dois exemplos de gestos relevantes para a compreensão do que foi dito.

Inclusive a única estrada de bitola universal está lá, com 1.435 metros, feita pelo Antunes — um titã! Um homem fantástico, mas assim.*
* O entrevistado acompanhou essa expressão com o gesto de mão fechada, indicando que o Antunes era "pão-duro".

Ele tinha o hábito de fazer assim.*
* O entrevistado puxa de leve o lábio inferior com os dedos polegar e indicador.

d) Quando circunstâncias da entrevista são necessárias para compreender o enunciado. Circunstâncias que ocorrem durante a entrevista podem levar a uma observação no meio da fala, que é preciso explicar ao leitor através de notas. Já falamos disso acima, quando supusemos o exemplo em que o entrevistado fazia uma observação à manifestação que passava pela rua, intercalando essa observação à sua fala. Vejam-se outros dois exemplos em que circunstâncias desse tipo foram esclarecidas em nota:

Ele ficou uma bala comigo. Então me escreveu um bilhete que eu guardo até hoje: "Senhor ministro, não estou doente. Estou de boa saúde, posso cumprir a prisão onde V.Exa. determinar". Eu estava contando o caso que aconteceu com o meu colega Heck, que era muito vaidoso.* E então eu o prendi porque ele tinha feito umas declarações criticando o governo etc.
* A entrevistadora Z.E. retorna ao local de gravação e o entrevistado explica-lhe o assunto sobre o qual está discorrendo no momento.

Então o Teatro Municipal ficou com aquela escadaria suntuosa, bonita, agradável à vista, que depois, já no tempo dessa menina,* chegou a assistir a bailes de carnaval, tudo isso.
* Refere-se à entrevistadora S.U.

e) Quando a forma de proferir palavras é alterada propositadamente. Algumas vezes, o entrevistado pode querer imitar alguém modificando sua dicção e a forma de enunciar as palavras. Convém que essa intenção seja evidenciada em notas de pé de página, constituindo uma informação para análise da entrevista. Assim, por exemplo:

Então, ele decidiu: "O xenhor vai xer o meu minixtro".* Eu fiquei surpreso.
* O entrevistado imita o falar característico de Dutra.

Manual de história oral

f) Quando é preciso retificar enganos ligeiros. Muitas vezes, na linguagem falada, nos confundimos e enunciamos uma palavra enquanto pensamos em outra. Ocorrências desse tipo são facilmente identificáveis pelo interlocutor, mas podem confundir o leitor do depoimento, sendo necessário então corrigi-las em notas, como, por exemplo:

> Eu recordei tudo, só não recordei um ponto do exame. Pois caiu esse ponto para cima de mim, até hoje me lembro do nome: o que eles me pediam de animais era protocórdios. Era um negócio chato, eu não gostava daquilo: "Isso não vai cair". Pois eu fiz 13 pontos na loteria: caiu protocórdios. Tinha uma questãozinha de mineralogia vagabunda mas a questão básica era mineralogia.* E eu fiz a prova como a minha cara: horrorosa!
> * Certamente o entrevistado enganou-se e quis dizer protocórdios.

g) Quando as interrupções de gravação precisam ser explicadas. Já mencionamos as interrupções de gravação, que devem ser registradas pelo transcritor no corpo do texto. Pode acontecer que determinada interrupção tenha sido solicitada pelo entrevistado, com a intenção de falar alguma coisa com o gravador desligado. Em casos como este, é bom indicar essa particularidade em nota de pé de página para que o leitor da entrevista saiba que, durante alguns minutos, entrevistado e entrevistadores conversaram sobre assunto que o primeiro não quis trazer a público. Assim, por exemplo:

> Entrevistador — E como o senhor viu a decisão do governo Castelo Branco de acabar com a aviação naval do Brasil?
> Entrevistado — Eu vi muito mal.
> [INTERRUPÇÃO DE GRAVAÇÃO]*
> Entrevistador — O que eu queria saber, que da outra vez não ficou claro, é a questão dos arquiduques do início dos anos 20.
> * Por solicitação do entrevistado, que discorreu sobre o assunto em *off*.

O tratamento do acervo

No Programa de História Oral do Cpdoc explicamos a razão de interrupções de fita nos casos em que entrevistado e entrevistadores continuaram conversando sobre o tema da entrevista, para indicar que, durante aquele período, a relação de entrevista prosseguiu e que o entrevistador obteve mais informações, não disponíveis ao pesquisador que consulta o documento. Estão nesse caso não só as interrupções feitas em atenção ao desejo do entrevistado, como também aquelas decorrentes de falhas na gravação — seja porque esqueceu-se de desativar a tecla de pausa, seja porque o microfone apresentava defeitos, ou ainda por rompimento da fita. Nessas eventualidades, enquanto os entrevistadores não se dão conta do defeito de gravação, a conversa prossegue normalmente, sem que seja possível reproduzi-la para consulta posterior. Assim, para que fique claro ao pesquisador que a relação de entrevista se prolongou sem que fosse gravada, informamos a ocorrência dessas interrupções especiais. As demais não vêm acompanhadas de explicações sobre sua razão, bastando que seja feita a marcação [INTERRUPÇÃO DE GRAVAÇÃO] assim que ocorram. Isso porque não consideramos necessário indicar se a interrupção foi feita para um cafezinho, para iniciar nova mídia ou arquivo gravado ou para atender ao telefone, por exemplo. Entretanto, mesmo nesses casos, pode haver exceções, quando alguma explicação sobre a interrupção se faz necessária para que se compreenda uma referência feita adiante, na entrevista. Digamos, por exemplo, que o entrevistado mencione uma parte da conversa telefônica que manteve durante uma dessas interrupções. Se sua menção for clara apenas para seus interlocutores diretos, cumpre acrescentar uma nota ao leitor do documento explicando a que se refere o entrevistado; por exemplo:

Então, é como eu estava dizendo agora há pouco:* não se pode mais prever o rumo dos investimentos.
* Refere-se ao que disse em conversa telefônica à cunhada, durante a penúltima interrupção de fita.

Esses são alguns exemplos de ocasiões em que as notas foram necessárias para a correta interpretação do texto escrito. Evidentemente, podem acontecer outras situações, além das arroladas acima, que exijam esclarecimentos através de notas. É importante que o programa estabeleça regras gerais a respeito desse assunto para a orientação de toda a equipe.

Inaudível

Na passagem de uma entrevista para a forma escrita, podemos nos defrontar com passagens impossíveis de ser decifradas, mesmo após diversas tentativas. Nesses casos, conferimos-lhes o atributo de "inaudíveis". Empregamos a marcação [inaudível] no lugar de palavras ou trechos impossíveis de serem recuperados. Essa indicação é necessária para justificar uma possível incompreensão do texto em decorrência da falta de uma palavra ou expressão e informar o pesquisador que ele deve considerar, em sua análise, a existência daquela lacuna. De maneira nenhuma deve-se substituir uma expressão inaudível por outra que pensamos ser adequada ao contexto, atribuindo a entrevistado ou entrevistador palavras que na verdade não proferiram. No Cpdoc, empregamos a marcação entre chaves, no local onde não foi possível decifrar o que foi dito. Por exemplo:

> Houve uma solenidade muito grande, ele fez um discurso, teve o cumprimento formal de [inaudível] e pronto, vim-me embora.

> Vale mais é aqui no Rio, onde 50% são da Marinha, 20% da Aeronáutica, 20% do Exército e 10% para os [inaudível] , que usam o reembolsável nosso.

> O Resek seguiu uma linha de adesão aos países do [inaudível].

As chaves, das quais também fazemos uso em outras marcações, indicam que se trata de registro externo à entrevista, feito, portanto, durante seu processamento.

O tratamento do acervo

O uso da marcação [inaudível] é inevitável quando não conseguimos decifrar o que foi dito e sua ocorrência implica prejuízos ao documento de história oral. Para evitá-lo, devemos atentar para a qualidade da gravação, o desempenho na condução da entrevista — evitando falas superpostas e procurando esclarecer palavras mal enunciadas — e a precisão da escuta durante a conferência de fidelidade. Entretanto, mesmo com todos esses cuidados, é provável que a versão final de uma entrevista ainda contenha marcações desse tipo. Sua ocorrência rompe o encadeamento de ideias e torna nulas as possibilidades de interpretação do trecho em questão. Assim, antes de se decidir pela marcação [inaudível], o responsável pela conferência de fidelidade pode lançar mão de recursos que contornem o problema.

O primeiro deles diz respeito a ocasiões em que temos quase certeza de termos entendido determinada expressão. Nesse caso, podemos evitar a marcação [inaudível] e fornecer ao leitor pelo menos um indício sobre aquele trecho, demonstrando, contudo, nossa incerteza a respeito. Pode-se proceder da seguinte forma:

> No meu arquivo, eu tenho a exposição de motivos do almirante Guillobel ao presidente Vargas, redigida de próprio punho. [Pegou] * uma folha inteira fazendo elogio do filho dele.
> * Palavra mais aproximada do que foi possível ouvir.

> Quando é maioria, tem os dissidentes que começam a [arranjar]* daqui e dali para derrubar a maioria.
> * Palavra mais aproximada do que foi possível ouvir.

Nesses exemplos, as palavras entre colchetes são as que mais se aproximam do que foi ouvido pelo encarregado da conferência de fidelidade, mas não se pode garantir que tenham sido realmente empregadas pelo entrevistado. Essa solução só é plausível nos casos em que se tem quase certeza da correspondência entre o transcrito e o gravado — e não nos casos em que apenas supomos ou inventamos essa correspondência.

O segundo caso em que podemos evitar a marcação [inaudível] se aplica principalmente a palavras ou sons curtos, proferidos em voz muito baixa, geralmente enquanto se está pensando no que dizer ou então em finais de frase ou período. É comum, tanto em finais de frase descendentes, quanto durante a articulação de um pensamento, que entrevistado e entrevistador emitam sons que se parecem com palavras curtas, mas que não têm significado. Substituir tais sons ou espécies de palavras pela marcação [inaudível] pode sugerir ao leitor da entrevista que ali se enunciou efetivamente uma palavra significativa, a qual não foi possível decifrar. E preferível então marcar estas passagens com reticências, ao invés de usar o [inaudível].

Vamos aos exemplos:

> O presidente cortava todas as verbas do palácio. Quando chegava o ministro da Fazenda, que era o Artur Sousa Costa, e tinha que fazer corte para reduzir o orçamento... "Vamos ver o palácio." Aí cortava tudo que era do palácio, deixava o palácio à míngua de qualquer coisa.

Nesse exemplo, as reticências substituem um som curto, enunciado como para significar "dizia", o qual não deve ser substituído pela marcação [inaudível] para não dar a entender inadequadamente que o entrevistado falou mais alguma coisa sobre o corte de orçamento do ministro da Fazenda.

> Eu sabia a matéria e aguentei o Lafayette, que era um carne de pescoço: ia gente ao pau em história natural que nem ... ! Mas passei o meu grau seis e saí satisfeito.

Nesse exemplo, as reticências substituem um som proferido ao final da frase, que não constitui propriamente uma palavra. É comum, na linguagem falada, concluirmos assim rapidamente uma ideia para podermos expressar o pensamento seguinte e, nesse caso, não é próprio classificar a passagem como inaudível.

O tratamento do acervo

Trecho interditado pelo entrevistado

Pode acontecer, em uma entrevista, que o entrevistado exponha sua opinião sobre determinado assunto ou relate um caso e revele, em seguida, que não quer que aquela passagem venha a público. Ele não pediu para desligar o gravador, mas disse claramente que não quer que seja divulgada sua opinião ou seu relato. Nesses casos, a consulta à gravação deve permanecer fechada e, na versão escrita do depoimento, a ocorrência deve ser indicada. Por exemplo:

[TRECHO INTERDITADO PELO ENTREVISTADO]

Autocorreções

Na linguagem falada ocorrem com frequência momentos em que o falante se corrige imediatamente após ter enunciado uma palavra ou trecho. Isso acontece quando efetivamente se cometeu um engano, ou quando se prefere substituir a expressão usada por outra, mais adequada. Denominamos essa ocorrência de autocorreção imediata. Cabe ao encarregado da conferência de fidelidade prestar atenção para que os casos de autocorreção imediata não prejudiquem o entendimento do texto.

Veja-se, por exemplo, a passagem:

O meu avô paterno, materno, era cearense e diretor do Telégrafo em Santa Catarina.

Apesar de ter sido corretamente transcrita, ela gera dúvidas de interpretação: não se sabe, afinal, a qual dos dois avós se refere o entrevistado. Ouvindo atentamente a gravação, o responsável pela conferência de fidelidade é capaz de perceber que se trata de uma autocorreção, ou seja: que o entrevistado se enganou ao dizer "paterno" e se corrigiu imediatamente. Para não deixar passar a impressão de uma ambiguidade que na verdade não existiu, deve-se

326   Manual de história oral

suprimir a palavra que foi corrigida, respeitando a intenção do entrevistado:

> O meu avô materno era cearense e diretor do Telégrafo em Santa Catarina.

Vejamos outros exemplos de autocorreção imediata:

Transcrito:	*Correto, após a conferência:*
Tínhamos uma admiração muito grande por ele. Inclusive esse fato, que todos nós sabíamos, soubemos depois que tinha acontecido.	Tínhamos uma admiração muito grande por ele. Inclusive esse fato, que todos nós soubemos depois que tinha acontecido.
Naquela época a categoria não tinha toda aquela, todos aqueles benefícios.	Naquela época a categoria não tinha todos aqueles benefícios.

Perceber ocorrências desse tipo também requer sensibilidade e atenção durante a escuta, porque, dependendo do tom de voz e do ritmo da fala, pode-se tratar de acréscimo de uma palavra para completar a ideia desejada, e não de autocorreção imediata, como no exemplo a seguir:

> Depois, esses negócios vão para a Justiça, passam-se os anos e acaba voltando outra vez, porque aquilo tudo é apagado, anulado.

Nesse trecho, a escuta cuidadosa permitiu perceber que o vocábulo "anulado" não foi enunciado para corrigir o anterior, e sim para completar o pensamento a respeito do assunto, razão pela qual ambos devem ser mantidos.

O tratamento do acervo

PONTUAÇÃO

A pontuação, como veremos, é o aspecto mais delicado na transposição do discurso oral para o escrito e deve ser empregada com o máximo de cuidado, para tentar traduzir o ritmo da fala sem prejuízo de seu conteúdo. Erros de pontuação podem adulterar inteiramente o que foi dito e tanto o responsável pela conferência de fidelidade quanto o copidesque devem estar muito atentos para sua ocorrência. Veja-se, por exemplo, a diferença entre as duas orações abaixo:

Não fui a Recife.
Não, fui a Recife.

Nos casos de erros de pontuação que mudam o sentido de uma enunciação, cabe ao responsável pela conferência de fidelidade corrigi-los, apesar de o texto ainda passar pelo crivo do copidesque, que saberá empregar os sinais de pontuação com mais precisão. Vejam-se alguns exemplos em que erros de pontuação alteraram o sentido do discurso e foram corrigidos durante a conferência de fidelidade:

Transcrito:	*Correto, após a conferência:*
É, porque se o ministro da Marinha não estivesse em condições de saúde, ele teria que mandar um substituto à altura. Ele não esperou que o Exército tomasse a iniciativa.	É, porque se o ministro da Marinha não estivesse em condições de saúde, ele teria que mandar um substituto à altura. Ele, não: esperou que o Exército tomasse a iniciativa.
Entrevistador — E o senhor participava dos debates, das discussões? Entrevistado — Participava. Como eu falava, o inglês podia participar.	(...) Entrevistado — Participava. Como eu falava o inglês, podia participar.

| Seria impossível detalhar toda essa imensa batalha travada nesses longos anos. Agora que atingi a velhice, e que não tenho nem mais condições de rememorar tantos detalhes, meu objetivo é mais falar sobre a reforma do serviço civil brasileiro. | Seria impossível detalhar toda essa imensa batalha travada nesses longos anos, agora que atingi a velhice e que não tenho nem mais condições de rememorar tantos detalhes. Meu objetivo é mais falar sobre a reforma do serviço civil brasileiro. |
| Pensou-se em mim como elemento capaz de ir à Europa para dar conhecimento lá a pessoas, a elementos que eu não sei quais seriam. Naturalmente, na época me seriam indicados, sobre as causas da derrota do movimento de 35. | Pensou-se em mim como elemento capaz de ir à Europa para dar conhecimento lá a pessoas, a elementos que eu não sei quais seriam — naturalmente, na época, me seriam indicados —, sobre as causas da derrota do movimento de 35. |

NORMAS DE REDAÇÃO

Em geral, é ao copidesque que cabe aplicar, em uma entrevista, as normas de redação estabelecidas pelo programa. Algumas vezes, contudo, essa tarefa cabe ao encarregado da conferência de fidelidade, porque exige um conhecimento prévio do assunto. No Cpdoc, por exemplo, convencionamos usar "estado" para as unidades da federação e "Estado" quando referente à nação. Assim, em um trecho como o que se segue, no qual há referência a medidas de política agrária empreendidas por Borges de Medeiros no Rio Grande do Sul, só pode fazer a correção quem estiver inteirado do conteúdo da entrevista.

Transcrito:	*Correto, após a conferência:*
De posse, passavam também a ter a propriedade da terra e, do que sobrava, o Estado fazia a colonização.	De posse, passavam também a ter a propriedade da terra e, do que sobrava, o *estado* fazia a colonização.

O tratamento do acervo 329

Enfim, esperamos que tenha ficado claro ao longo deste item que a tarefa de conferência de fidelidade deve ir muito além de apenas conferir se o que está transcrito corresponde ao que foi gravado. Fazer a conferência de fidelidade de uma transcrição é realizar um trabalho de pesquisa, corrigir os erros cometidos durante a transcrição e adequar a entrevista gravada à forma escrita. A tarefa deve ser realizada com muita atenção, e seu resultado está diretamente condicionado pela escuta cuidadosa, a sensibilidade e o bom senso. Um programa de história oral interessado em processar suas entrevistas deve estabelecer previamente quais as regras e os procedimentos a serem adotados durante a conferência de fidelidade, aconselhando-se, para isso, que toda a equipe envolvida participe das resoluções. Essas regras devem ser flexíveis o bastante para permitir alterações à medida que forem surgindo casos não previstos e situações excepcionais.

Por fim, não custa repetir que o trabalho de conferência de fidelidade tem estreita relação com as demais tarefas envolvidas na passagem do depoimento de sua forma oral para a escrita. Isso significa que a interação entre o responsável pela conferência de fidelidade e o copidesque, encarregado do texto da entrevista na etapa subsequente, é recomendada e proveitosa.

Na conferência de fidelidade de transcrições de entrevistas no Cpdoc, também procuramos seguir as "Normas para transcrição e conferência de fidelidade de entrevistas gravadas", reproduzidas no apêndice deste manual (apêndice 7).

11.3 Copidesque

Tendo passado pela conferência de fidelidade, a entrevista ainda necessita de um último tratamento para poder ser consultada em sua forma escrita. Trata-se do copidesque, que objetiva ajustar aquele documento para a atividade de leitura. No Cpdoc, essa etapa do processamento sofreu alterações ao longo dos anos, e atualmente julgamos ter alcançado um padrão satisfatório e adequado às especificidades da história oral. O copidesque não modifica a entrevista: não interfere na ordem das palavras, mantém perguntas e respostas tais quais foram proferidas, não substitui palavras por sinônimos, enfim, respeita a correspondência entre o que foi dito e o que está escrito. A ação do copidesque sobre a entrevista limita-se a: corrigir erros de português (concordância, regência verbal, ortografia, acentuação), ajustar o texto às normas estabelecidas pelo programa (maiúsculas e minúsculas, numerais, sinais como aspas, asteriscos etc.) e adequar a linguagem escrita ao discurso oral (esforço no qual a pontuação desempenha papel fundamental).

O copidesque de uma entrevista é, portanto, diverso daquele que geralmente se faz em textos de outra ordem, como artigos de periódicos. Não se trata de aprimorar a forma de enunciar as ideias para alcançar uma linguagem mais elaborada. Ao contrário: porque o documento de história oral guarda uma especificidade que o distingue de outras fontes, convém preservar as características da linguagem falada. Assim, os critérios de "elegância" de um texto escrito não são empregados no tratamento da entrevista: na linguagem falada permitem-se repetições de palavras, frases inconclusas, expressões informais etc., que, no texto escrito, são evitadas. O copidesque mantém, na entrevista transcrita, as informações de que o pesquisador necessita para fazer sua análise daquela fonte produzida: mantém a ordem de perguntas e respostas (fundamental para a análise do documento, uma vez que a resposta do entrevistado depende da forma pela qual lhe foi feita a pergunta), mantém as categorias utilizadas pelo entrevistado na construção de seu discurso e mantém as indicações sobre como transcorreu aquela relação particular.

O mesmo princípio não se aplica aos casos em que a entrevista é *editada* para publicação. Na edição podem ser usados recursos como cortes de passagens repetidas ou pouco claras e a ordenação da entrevista em assuntos, modificando-se a ordem em que foram tratados. Entretanto, deve ser sempre mantida a correspondência entre o que é publicado e o que foi gravado, de modo que o que se lê no livro esteja sem dúvida na entrevista. Assim, caso um programa decida publicar uma entrevista, pode optar por estender a ação do copidesque para além dos limites sugeridos neste item.

O tratamento do acervo

11.3.1 Quem faz e como

Caso o programa tenha optado pelo processamento das entrevistas realizadas, pode contar em seus quadros com uma equipe de copidesques, cujo tamanho varia em função do volume de depoimentos produzidos e de sua simultaneidade. O trabalho também pode ser feito por prestadores de serviço, que devem estar afinados com as diretrizes da instituição. O profissional encarregado do copidesque necessita, antes de mais nada, de um perfeito domínio do português e de um conhecimento prático dos recursos que o registro escrito oferece para que se possa reproduzir, no papel, a entrevista. Além disso, deve estar em constante comunicação com os pesquisadores do programa, porque muitas das decisões que tomar em relação ao texto dependem de consulta prévia aos responsáveis pela entrevista. Para que possa compreender plenamente o conteúdo da entrevista, convém que esteja também inteirado do tema da pesquisa e das questões que se pretende investigar.

Para evitar o acúmulo de material a ser copidescado e dinamizar o processamento do acervo, convém que o copidesque de uma entrevista seja feito logo depois da conferência de fidelidade. Essa medida também se beneficia do fato de o pesquisador ainda ter a entrevista fresca na memória e, portanto, poder auxiliar o copidesque com maior proveito, além de evitar um lapso de tempo muito grande entre o fim da entrevista e o retorno ao entrevistado, caso este último deseje ler o depoimento antes de liberá-lo para consulta.

Para desempenhar a tarefa, é recomendado que o copidesque também escute a gravação da entrevista enquanto trabalha o texto. Esse procedimento se justifica principalmente em função da pontuação, que deve ser guiada pela entonação que entrevistado e entrevistadores imprimem ao discurso. Escutando a gravação, o copidesque certamente estará mais apto a perceber o clima da entrevista, esforçando-se para que ele seja preservado no texto, e terá menos dúvidas na correção de determinadas passagens. Além disso, ele pode funcionar como mais um elemento que confere a fidedignidade do texto

332 Manual de história oral

transcrito, podendo inclusive decifrar palavras que o encarregado da conferência de fidelidade tenha classificado como inaudíveis.

11.3.2 Normas gramaticais e de redação

O trabalho do copidesque consiste, em primeiro lugar, em adequar o texto da entrevista a um conjunto de normas preestabelecidas. Entre elas estão as normas gramaticais, que regulamentam o uso da língua, e as normas de redação adotadas pelo programa para a uniformização dos textos das entrevistas liberadas.

Quanto às normas gramaticais, cabe ao programa decidir até que ponto irá adotá-las na apresentação final de suas entrevistas. Há instituições, por exemplo, voltadas especialmente para o campo da linguística, que adotam uma forma de registro inteiramente peculiar para transcrever as palavras tal qual proferidas, orientando-se pelo som enunciado e não pelas regras de ortografia. No Programa de História Oral do Cpdoc, optamos por seguir as normas gramaticais. Assim, se um entrevistado enuncia: "Eu então disse para ele: 'Pode vim, que eu estou preparado'", corrigimos a frase para "Pode vir, que eu estou preparado". Do mesmo modo procedemos nos casos de erros de concordância e de regência verbal, muito comuns no discurso oral, em que não se está tão atento à correção da linguagem como no escrito. Erros de concordância, aliás, são plenamente justificados em construções longas da linguagem falada, nas quais a distância entre sujeito e verbo pode resultar no esquecimento do primeiro, a ponto de não se saber mais como flexionar o segundo. Ajustamos a fala de entrevistado e entrevistadores à norma gramatical porque consideramos que os "erros" cometidos na linguagem falada não têm peso equivalente aos da linguagem escrita. Mantê-los na entrevista transcrita seria conferir-lhes um destaque que não adquirem na conversa. Se, eventualmente, um pesquisador estiver interessado em pesquisar justamente a recorrência desse tipo de "erro" nas entrevistas — digamos que seja um linguista —, pode resgatá-los escutando a gravação.

O tratamento do acervo

Por outro lado, essa orientação pode ter algumas exceções. Por exemplo, quando o "erro" é enunciado propositadamente, como para caracterizar uma pronúncia específica. Por exemplo:

Ele virou-se para mim e disse: "O problema..." Aliás, o problema, não: ele sempre dizia "pobrema". "O pobrema é que eles não querem saber se isso é constitucional ou não."

Do mesmo modo procedemos nos casos de contração de palavras. Já mencionamos que, na orientação dada ao transcritor, solicitamos que escreva as palavras de acordo com sua grafia completa, evitando contrações do tipo "tô", "ta", "pra" e "né". Como regra geral, adotamos pois "estou", "está" etc., a não ser que a contração tenha função específica na frase. Em construções do tipo "a gente está na chuva é pra se molhar", preferimos manter a contração "pra", ao invés de transformá-la em "para". Esse tipo de detalhe, entretanto, deve ser decidido em função de cada caso particular.

Outra correção a que o copidesque deve estar atento diz respeito às normas de acentuação das palavras. Nos casos de palavras homógrafas, por exemplo, um erro de acentuação pode resultar em mudança de conteúdo, quando, por exemplo, se diz "pôde", mas se transcreve "pode".

Quanto às normas de redação, convém que o programa estabeleça um conjunto de regras a serem seguidas em todas as entrevistas transcritas. Entre outros aspectos, convém decidir: a) os critérios de emprego de caixa alta e caixa baixa — adotar-se-á, por exemplo, "nação" ou "Nação"?, "república" ou "República"?, "ministro" ou "Ministro"? b) a grafia e o emprego de numerais — "13" ou "treze"? Incluem-se nesse caso os numerais cardinais, os ordinais, as frações, as porcentagens, os horários, os algarismos romanos. c) a grafia dos antropônimos e topônimos — "Arthur" ou "Artur"?, "Mello" ou "Melo"?, "Nova York" ou "Nova Iorque"? d) o uso de siglas e abreviaturas — "Sudene" ou "SUDENE"?, "102 km" ou "102 quilômetros"? e) o uso de grifos — *Jornal do Brasil* ou "Jornal do Brasil"?, "encouraçado *São Paulo*" ou "São Paulo"?, *know-how* ou "know-how"? f) o uso de aspas e sua relação com a pontuação — Ele disse: "Pois então

334 Manual de história oral

vamos ver.", ou Ele disse: "Pois então vamos ver".? g) as notas virão
com asteriscos ou numeradas?

11.3.3 Adequando o texto para a leitura

Ao ouvir a gravação enquanto trabalha sobre o texto transcrito, o
copidesque deve ter em mente que sua função, além de aplicar as
normas, consiste em tornar a entrevista inteligível através da leitura.
Por isso, convém que, depois de trabalhado o texto, retire o fone de
ouvido e leia mais uma vez a entrevista, para certificar-se de que pode
ser compreendida.

Isso não quer dizer que se deva entender seu conteúdo integral.
Muitas vezes podem ocorrer trechos realmente difíceis de entender,
e mesmo o pesquisador que participou da entrevista pode não saber
ao certo o que o entrevistado quis dizer ao enunciá-los. Nesses casos,
as passagens continuarão problemáticas no texto copidescado, mas é
importante que efetivamente traduzam o que foi gravado, através de
uma pontuação correta. Veja-se, por exemplo, o trecho abaixo:

> Entrevistador — Então, eu pergunto o seguinte: por que foi escolhido
> o Bento Gonçalves para presidente, uma coisa que ninguém entende
> até hoje?
> Entrevistado — Mas isso foi no início, logo no início. Porque tudo o
> que começa começa sempre assim mesmo, não é? Ele foi no início.
> Mas sempre foi considerado durante muito período Bento Gonçalves
> na Frente Parlamentar.

Eventualmente essas passagens podem vir acompanhadas de
notas redigidas pelo entrevistador, nas quais se sugira uma possível
interpretação do trecho.

Pontuação

O principal recurso de que o copidesque dispõe para tornar o
texto legível e traduzir para a linguagem escrita o que foi gravado

O tratamento do acervo

é a pontuação. Já pudemos verificar, no capítulo anterior, como a pontuação incorreta pode alterar o conteúdo do que foi dito. Além de atentar para o conteúdo, o copidesque deve saber administrar a peculiaridade da linguagem falada, que, mais do que a escrita, pede o emprego recorrente de sinais como reticências, travessões, dois-pontos e pontos-e-vírgulas.

É comum, no discurso oral, intercalarmos ideias em uma sentença, concluindo a formulação inicial apenas adiante, ou, conforme o caso, deixando-a inconclusa para desenvolvermos outras associações. O uso de travessões — no caso de ideias intercaladas em um período — e de reticências — no caso de formulações inconclusas — geralmente se mostra adequado. Por exemplo:

> Havia o Chaves e havia outro amigo dele — que foi quem me trouxe o caso do Chaves —, cujo nome eu não me recordo agora, mas que também já exercia uma função de supervisor aí dentro da... E o Chaves estava muito perturbado por razões de vida particular. Inclusive, depois que ele teve essa suspensão revogada... Ele era um homem agitado, vamos dizer assim, do ponto de vista emocional, uma personalidade um pouco instável.

O uso de reticências nos casos de falas interrompidas, suspensas ou de "falsos começos de frase" já foi mencionado no item sobre a transcrição da entrevista. Cabe ao copidesque verificar se o transcritor as empregou corretamente, ou se deixou de aplicá-las em algumas passagens. Pode acontecer, por exemplo, de haver necessidade de reticências no interior mesmo de um período, para indicar que o entrevistado não completou seu pensamento. Por exemplo:

> Ele denunciava uma série de coisas que julgava erradas; algumas certas, outras, vamos dizer, de julgamento..., nas quais lhe faltava base profissional para entrar no mérito das coisas.

Outro recurso geralmente bem-sucedido é o emprego de dois-pontos para indicar que o que se segue é consequência do que estava sendo dito. Muitas vezes esse tipo de subordinação de uma ideia a outra não é expressa com frases do tipo "então eu pensei que", ou "o que eu quero dizer com isso é..." O encarregado do copidesque deve exercitar sua sensibilidade para reconhecer, na entonação da voz, a subordinação entre ideias. Veja-se, por exemplo, o efeito do emprego de dois-pontos no trecho abaixo, já citado anteriormente:

> Eu recordei tudo, só não recordei um ponto do exame. Pois caiu esse ponto para cima de mim, até hoje me lembro do nome: o que eles me pediam de animais era protocórdios. Era um negócio chato, eu não gostava daquilo: "Isso não vai cair ". Pois eu fiz 13 pontos na loteria: caiu protocórdios.

Nas três ocasiões em que se aplicaram os dois-pontos nessa curta passagem, tornou-se possível transmitir ao leitor a ideia de consequência entre o enunciado que se segue ao sinal e a formulação anterior. Esse efeito não teria sido alcançado se, no lugar dos dois-pontos, se empregassem apenas pontos — nesse caso, a subordinação não estaria expressamente indicada, apesar de poder ser deduzida do contexto.

O uso de vírgulas e de pontos também requer sensibilidade na tradução do que foi dito. Digamos, por exemplo, que se tivessem transcrito as primeiras frases do trecho acima do seguinte modo:

> Eu recordei tudo. Só não recordei um ponto do exame, pois caiu esse ponto para cima de mim. Até hoje me lembro do nome.

O efeito produzido seria diferente. Entre "Eu recordei tudo" e "Só não recordei um ponto do exame", marcar-se-ia uma separação que talvez não correspondesse à intenção do falante. E, inversamente, entre "Só não recordei um ponto do exame" e "pois caiu esse ponto para cima de mim", imprimir-se-ia uma relação de causalidade que não foi dada ao enunciado. O "pois", na intenção do falante, não corresponde a "porque"; ele tem uma função enfática, equivalente a "Ora!", de efeito antes adversativo do que explicativo.

O tratamento do acervo

É igualmente importante saber administrar o uso de ponto-e-vírgula para indicar a finalização de uma primeira etapa do pensamento, desdobrada na formulação seguinte. O uso desse sinal na tradução da linguagem oral não difere muito das aplicações que podem ser feitas em um texto escrito. Veja-se, por exemplo, o trecho já citado anteriormente:

> Ele denunciava uma série de coisas que ele julgava erradas; algumas certas, outras, vamos dizer, de julgamento...

Cabe ao copidesque também marcar os parágrafos do texto: quando uma resposta se estende por muitas linhas, podendo ser dividida internamente para facilitar a apreensão do enunciado, ou quando, mesmo que o parágrafo resulte breve, há clara mudança de assunto, como no exemplo abaixo:

> Entrevistado — (...) Ainda agora é um tripé, mas é todo ele voltado para... Quer dizer, não tem ninguém exclusivamente voltado para a área de administração.
> Nós estamos chegando quase em cima da minha hora. Mais alguma última pergunta, ou por hoje está encerrado?
> Entrevistador — Por hoje podemos encerrar e na próxima a gente continua. Obrigado.

SUPRESSÕES

Ao fazer o copidesque de uma entrevista, deve-se ter em mente que muitas passagens perfeitamente inteligíveis quando se ouve a fita correm o risco de prejudicar a fluidez da leitura, quando transcritas. Assim, por exemplo, a passagem

> Meu avô era... era paulistano e... ahn... funcionário da prefeitura. Minha, minha mãe era catarinense, de, de Florianópolis, e meu pai, ele, ele era primo-irmão de minha mãe.

apesar de ter sido corretamente transcrita, com todas as palavras e sons proferidos, é de difícil leitura. Cabe ao copidesque tornar trechos como esse inteligíveis à primeira leitura, suprimindo repetições, fonemas e sons que dificultem sua compreensão. Evidentemente, se as repetições forem de ênfase ou hesitação significativa, devem ser mantidas, mas não é esse o caso do trecho acima, onde elas ocorrem por titubeação comum à linguagem falada. Assim, feitas as supressões adequadas, a passagem acima se apresentaria da seguinte forma:

> Meu avô era paulistano e funcionário da prefeitura. Minha mãe era catarinense, de Florianópolis, e meu pai era primo-irmão de minha mãe.

Destacamos a seguir alguns casos mais comuns em que a supressão de palavras ou frases se faz necessária para permitir uma boa leitura da entrevista transcrita. Aconselhamos que tais supressões sejam feitas de comum acordo com o responsável pela conferência de fidelidade, para que não sejam eliminadas palavras ou expressões relevantes para a compreensão do conteúdo do depoimento. De qualquer forma, depois de copidescada, a entrevista ainda pode retornar ao encarregado da conferência de fidelidade, para revisão.

a) Supressão de titubeações. Já nos referimos à diferença entre uma titubeação e uma hesitação significativa. No trabalho do copidesque, não convém que esta última seja suprimida. Veja-se um exemplo no qual a titubeação foi mantida:

> O Eliezer me convidou para duas coisas: primeiro, para abrir uma caixa-postal, na qual deveria chegar correspondência da Europa para líderes *da ... da* Aliança — o Eliezer sempre tinha cuidado; eu não sei se ele tinha bem participação com os elementos do Partido, mas ele sempre falava "Aliança".

Muitas vezes, contudo, a repetição de palavras ou a emissão de sons isolados não significa necessariamente uma hesitação, podendo

O tratamento do acervo

constituir uma pausa ou até mesmo uma espécie de "pontuação" da linguagem falada, e nesses casos convém suprimi-los. A distinção entre mera titubeação e hesitação significativa depende, portanto, de escuta cuidadosa: é atentando para o tom de voz, o ritmo da fala e seu conteúdo que podemos perceber de que caso se trata.

Vejamos um exemplo de como o copidesque pode "limpar" o texto de suas titubeações:

Transcrito:	*Alterado pelo copidesque:*
O fuzileiro naval atirou na, na, no Ministério da Marinha, abriu dois rombos, na, na parede do Ministério da Marinha. Eu botaria ordem, não tinha medo de dar ordem para, para bombardear aquele, aquele sindicato dos, dos metalúrgicos. Avisaria antes: "Ou vocês se retiram daí, ou eu vou, vou atirar dentro de cinco minutos".	O fuzileiro naval atirou no Ministério da Marinha, abriu dois rombos na parede do Ministério da Marinha. Eu botaria ordem, não tinha medo de dar ordem para bombardear aquele sindicato dos metalúrgicos. Avisaria antes: "Ou vocês se retiram daí, ou eu vou atirar dentro de cinco minutos".

b) Supressão de cacoetes de linguagem. Muitas vezes, o entrevistado ou o entrevistador tem o hábito de repetir determinada palavra ou expressão por mero cacoete, sem utilizar-se de sua força expressiva. Na leitura do texto, caso sejam mantidos os cacoetes, fica difícil perceber que aquela expressão ou palavra não tem significação no texto e que substitui apenas uma espécie de pontuação. Isso pode confundir aquele que consulta o depoimento escrito, que pode achar que há ali uma força de expressão que efetivamente o entrevistado ou o entrevistador não conferiu ao discurso. Estão neste caso palavras ou expressões do tipo "não é?", "está entendendo?", "sabe?", "realmente", as quais muitas vezes intercalamos entre outros vocábulos sem necessariamente carregá-las de sentido. Vejamos, por exemplo, o trecho abaixo:

O que a gente tem discutido até agora é a necessidade, sabe, de talvez concentrar, não é, num lugar com devido apoio de pessoas qualificadas, não é, a memória do setor, na área, sabe, do instituto.

Neste exemplo, as expressões "não é" e "sabe", que ocorrem com frequência, prejudicam a leitura do texto, que se torna interrompida e desagradável. Convém, portanto, suprimi-las, uma vez que não têm a função de significar algo. O trecho corrigido torna-se mais leve e fácil de ler:

> O que a gente tem discutido até agora é a necessidade de talvez concentrar, num lugar com devido apoio de pessoas qualificadas, a memória do setor, na área do instituto.

Por outro lado, cacoetes desse tipo fazem parte do estilo do entrevistado e do entrevistador, o qual convém tentar manter na entrevista transcrita, evitando-se uma padronização dos discursos. Aconselha-se, pois, procurar um equilíbrio entre supressão e manutenção de cacoetes de linguagem, deixando-os aqui e ali no corpo da entrevista, em locais onde não prejudiquem a leitura.
Os cortes de cacoetes de linguagem requerem sensibilidade, pois é preciso atenção para não suprimir palavras que preenchem uma função expressiva. Veja-se o exemplo:

> O negócio é o seguinte: os franceses são muito petulantes, não é? Eu me lembro que uma deputada da Normandia declarou que estavam esperando para mandar um cruzador aqui para acabar com isso.

Neste caso, a expressão "não é?" preenche corretamente sua função e deve ser mantida, porque indica que o entrevistado supõe ou solicita a concordância de seu interlocutor, e constitui informação sobre a relação e o clima de entrevista.

c) Supressão de interrupções provocadas pelo entrevistador para auxiliar o processamento. Já mencionamos que na condução de uma entrevista o entrevistador deve ficar atento a palavras, expressões e nomes próprios proferidos de forma pouco clara pelo entrevistado, e procurar esclarecê-los no momento mesmo em que foram enunciados, se isso não prejudicar o fluxo do pensamento do de-

O tratamento do acervo

poente. Assim, na transcrição da entrevista, podem surgir palavras ou trechos que visam apenas a tornar claras tais passagens e informar sobre a grafia correta de palavras ou expressões. Para não penalizar a leitura do depoimento, convém suprimir essas palavras ou trechos, como nos exemplos abaixo:

Transcrito:	Alterado pelo copidesque:
Entrevistado — De modo que essas medidas provocaram a adversidade dos elementos que tinham interesse na exportação. Entrevistador — Provocaram o quê? A diversidade? Entrevistado — Provocaram adversidade. Entrevistador — Ah, sim. Entrevistado — Isso porque eles não viam como poder recuperar seus investimentos daquela maneira.	Entrevistado — De modo que essas medidas provocaram a adversidade dos elementos que tinham interesse na exportação. Isso porque eles não viam como poder recuperar seus investimentos daquela maneira.
Entrevistado — Eles criaram o processo de avaliação de distância, com um grupo de oficiais que faziam treinamento, que chamavam os *spotters*. O nome é inglês e nós não traduzimos. Entrevistador — Como é que se escreve, o senhor sabe? Entrevistado — *Spotter*: esse, pé, ó, erre... Entrevistador — Esse, pé, ó, erre... Entrevistado — Esse, pé, ó, tê, tê, é, erre. Entrevistador — Ah, *spotter*. Entrevistado — Esses *spotters*, a gente fazia um treinamento de avaliação da distância.	Entrevistado — Eles criaram o processo de avaliação de distância, com um grupo de oficiais que faziam treinamento, que chamavam os *spotters*. O nome é inglês e nós não traduzimos. Esses *spotters*, a gente fazia um treinamento de avaliação da distância.

342

Manual de história oral

d) Supressão de perguntas repetidas quando não foram ouvidas pelo entrevistado. Algumas vezes pode acontecer de o entrevistado não escutar a pergunta formulada pelo entrevistador, principalmente quando se trata de pessoa idosa, com dificuldade de audição. Nesses casos, para não sobrecarregar o texto escrito, convém cortar a repetição do entrevistador, como no exemplo a seguir:

Transcrito:	Alterado pelo copidesque:
Entrevistador — O senhor entrou no Ateneu aos sete anos de idade?	Entrevistador — O senhor entrou no Ateneu aos sete anos de idade?
Entrevistado — Hein?	Entrevistado — Não, não, eu entrei depois de fazer o curso da escola pública; entrei com dez anos de idade.
Entrevistador — O senhor entrou no Ateneu aos sete anos de idade?	
Entrevistado — Não, não, eu entrei depois de fazer o curso da escola pública; entrei com dez anos de idade.	

Ao proceder a supressões deste tipo, é preciso considerar a possibilidade de o entrevistado ter escutado a pergunta, mas ter procurado "ganhar tempo" para respondê-la solicitando que fosse formulada outra vez. Nesses casos, que podem ser identificados durante a entrevista observando-se o comportamento do entrevistado, convém não suprimir tais passagens do diálogo, que podem indicar o embaraço do depoente com relação a determinado assunto.

e) Supressão de expressões de acompanhamento do entrevistador. Durante uma entrevista, é comum que o entrevistador pronuncie expressões indicando que está acompanhando a fala do entrevistado. Estas expressões visam apenas a confirmar ao entrevistado que sua narrativa encontra interlocutor interessado, funcionando como estímulo para a continuidade da conversa. Na transcrição

O tratamento do acervo

da entrevista, contudo, tais expressões interrompem e interferem na leitura, podendo perfeitamente ser suprimidas, como no exemplo abaixo:

Transcrito:	*Alterado pelo copidesque:*
Entrevistado — A idade mais ou menos assim eu não lembro, porque não tenho ideia... Entrevistador — Hum, hum. Entrevistado — ...que o meu pai tivesse feito qualquer menção a isso.	Entrevistado — A idade mais ou menos assim eu não lembro, porque não tenho ideia que o meu pai tivesse feito qualquer menção a isso.

Não devem ser suprimidas, contudo, intervenções que indiquem surpresa ou espanto, porque essas são significativas para compreender a fala subsequente do entrevistado, que geralmente tende a explorar mais aquele assunto diante da reação de seu interlocutor. Por exemplo:

Entrevistador — Mas, então, durou pouco tempo, não é?
Entrevistado — Não, não foi pouco tempo, não. Creio que mais de dez anos.
Entrevistador — Ah, é?
Entrevistado — É, porque quando o departamento se instalou, nós já estávamos há três anos funcionando no escritoriozinho da rua Passos e, depois, ainda tivemos três ou quatro mudanças de estrutura interna.

Igualmente devem ser mantidas expressões de acompanhamento emitidas pelo entrevistador, quando solicitado pelo entrevistado; por exemplo:

Entrevistado — Porque aquelas esculturas são uma coisa fantástica, lindas mesmo, não é?
Entrevistador — É.

Entrevistado — Então eu resolvi tirar umas fotografias para mostrar que podia ser feita coisa semelhante aqui.

As expressões de acompanhamento, quando não indicam surpresa ou não fazem parte do diálogo, só devem ser suprimidas quando tiverem sido emitidas pelo entrevistador, e nunca pelo entrevistado. Isso porque uma expressão do tipo "hum, hum", "é", "pois é" proferida pelo entrevistado geralmente indica que está concordando com o que diz o entrevistador, sendo, portanto, dado importante para a análise da entrevista. Veja-se o exemplo abaixo:

Entrevistador — Na semana passada o senhor disse que seu pai era muito amigo do almirante Álvaro Alberto.
Entrevistado — Era.
Entrevistador — E que foi ele quem deu o enxoval para o senhor entrar na Marinha.
Entrevistado — Hum, hum.
Entrevistador — Agora, nós queríamos que o senhor nos falasse um pouco sobre as experiências dele e o trabalho na área de explosivos.

f) Supressão do vocábulo "que", quando repetido. É igualmente comum, na linguagem falada, repetirmos o vocábulo "que" em formulações de cunho interrogativo, do tipo "Por que *que o* senhor foi escolhido?", "Para que *que* serve todo esse aparato?", ou "O que *que* eu podia fazer?". Em alguns casos, convém suprimir a repetição, a fim de aliviar o texto transcrito e igualmente facilitar a leitura. Por exemplo:

Transcrito:	*Alterado pelo copidesque:*
Isso ocorreu em julho de 64, antes de sua posse, inclusive. Como se deu isso, por que que se deu isso? O que é que houve?	Isso ocorreu em julho de 64, antes de sua posse, inclusive. Como se deu isso, por que se deu isso? O que é que houve?

O tratamento do acervo

Note-se que, neste exemplo, suprimiu-se apenas o vocábulo "que" que se segue a "por que", e não aquele que se repete na última frase. Isso porque julgou-se necessário preservar o tom dado à última pergunta, na qual a repetição do "que" tem uma função enfática, que seria cancelada caso se adotasse simplesmente "O que houve?".

g) Supressão de pronomes retos que sucedem imediatamente o substantivo a que se referem. Outra ocorrência comum no discurso oral é o emprego de pronomes retos que apenas repetem o substantivo enunciado logo antes. Novamente para permitir a fluidez da leitura, pode-se suprimi-los sem prejuízo do que foi dito. Por exemplo:

Transcrito:	Alterado pelo copidesque:
Algum dia nós vamos ter que fechar totalmente o circuito da refinaria, porque essa água aberta, ela é uma agressão à ecologia. Porque quando ela volta, sempre tem algum arrasto de hidrocarboneto.	Algum dia nós vamos ter que fechar totalmente o circuito da refinaria, porque essa água aberta é uma agressão à ecologia. Porque quando ela volta, sempre tem algum arrasto de hidrocarboneto.

Note-se que neste exemplo só se suprimiu o pronome que se segue imediatamente ao sujeito "água aberta", e não aquele que se enuncia na frase seguinte — "quando *ela* volta, sempre tem..." —, indispensável para identificar sobre o que se está falando.

As supressões aconselhadas acima, se realizadas com cuidado, não alteram o conteúdo de um documento de história oral, nem retiram dele as especificidades decorrentes da linguagem falada. Suprimir cacoetes, titubeações, palavras soletradas etc. visa tão somente a limpar o texto escrito de obstáculos à leitura, sem modificar a forma de falar e muito menos o conteúdo. Pode-se objetar que, para um exame mais detalhado da enunciação, a que podem estar voltados pesquisadores do campo da linguística, por exemplo, tais supressões prejudicam a análise do depoimento. Nesses casos, aconselha-se que seja consultada a gravação da entrevista, confrontando-a com o texto escrito.

Pequenos acréscimos

Em algumas passagens, pode ser ainda conveniente que o copidesque faça pequenos acréscimos ao texto, de modo a tornar seu conteúdo mais claro ao leitor. Por exemplo, quando o vocábulo "que" é empregado como conjunção causal. Em algumas ocasiões, pode ser necessário transformá-lo em "porque", para deixar claro o sentido da enunciação. Vejam-se dois exemplos:

Transcrito:	Alterado pelo copidesque:
Tanto é que eu era o único funcionário que trabalhava de paletó e gravata. Que só o superintendente pode ser chamado a qualquer instante; os outros todos iam trabalhar, vamos dizer, com trajes esportes.	Tanto é que eu era o único funcionário que trabalhava de paletó e gravata. *Porque* só o superintendente pode ser chamado a qualquer instante; os outros todos iam trabalhar, vamos dizer, com trajes esportes.
Quando a diretoria se reunia com todos os seus órgãos — o que não era muito frequente, que os órgãos já passaram a ser muito grandes...	Quando a diretoria se reunia com todos os seus órgãos — o que não era muito frequente, *porque* os órgãos já passaram a ser muito grandes...

Podem acontecer outras situações em que o acréscimo de conjunções, preposições etc. incida positivamente sobre a compreensão do texto, sem modificar seu conteúdo. Vejamos dois últimos exemplos:

O tratamento do acervo

Transcrito:	Alterado pelo copidesque:
Teve uma hora que eu não me contive e pedi permissão para tecer alguns comentários.	Teve uma hora *em* que eu não me contive e pedi permissão para tecer alguns comentários.
Estou me lembrando de um movimento sério que o Brasil passou, no 11 de novembro de 55, que começou exatamente com o discurso do coronel Mamede.	Estou me lembrando de um movimento sério *por* que [ou "pelo qual"] o Brasil passou, no 11 de novembro de 55, que começou exatamente com o discurso do coronel Mamede.

Encerrado o copidesque, convém que a entrevista transcrita retorne ao pesquisador que fez a conferência de fidelidade, para uma última revisão antes de ser liberada para consulta. Nessa ocasião, o pesquisador deve atentar para as correções feitas e, caso não concorde com algumas delas, deverá entrar em contato com o copidesque, para discutir com ele a propriedade de suas aplicações. Pode acontecer, por exemplo, que o copidesque tenha suprimido uma palavra repetida que, de acordo com o pesquisador que fez a conferência de fidelidade, deveria ser mantida para indicar a hesitação do entrevistado naquele momento. Se isso acontecer, ambos devem expor seus motivos e resolver em conjunto que procedimento será adotado. A revisão final permite também que possíveis dúvidas do copidesque encontrem receptor indicado para resolvê-las. Digamos, por exemplo, que determinada passagem tenha parecido pouco clara ao copidesque; ele pode fazer uma anotação à margem sugerindo que o pesquisador elabore ali uma nota explicativa. Assim, a comunicação entre os responsáveis pelo processamento de uma entrevista se faz com base no próprio trabalho desenvolvido, utilizando-se como suporte a entrevista transcrita.

Apêndice — A participação do entrevistado no processamento

Alguns programas de história oral costumam incluir a participação do entrevistado no processamento da entrevista, fornecendo-lhe uma cópia da transcrição em sua forma final para que a aprove. Nessa oportunidade, o entrevistado tem a possibilidade de rever o que falou, fazer novas considerações, ampliar outras e, se achar conveniente, alterar algumas passagens. No Programa de História Oral do Cpdoc não costumamos proceder dessa forma, a menos que o entrevistado imponha a verificação da entrevista transcrita como condição para abrir o depoimento à consulta do público. Nos demais casos, até agora mais frequentes na história do programa, a entrevista é liberada ao público tão logo seja tratada.

Evitamos mostrar a entrevista transcrita ao depoente antes de liberá-la para consulta porque pode acontecer de o entrevistado alterar excessivamente tanto seu conteúdo quanto sua forma, o que implica em versões díspares do mesmo depoimento, criando uma série de dificuldades.

A primeira delas diz respeito à legitimidade do depoimento: qual das duas formas pode ser considerada autêntica, a gravação ou a transcrição alterada pelo entrevistado? Será que a gravação perde seu valor documental diante da versão escrita modificada? E se o pesquisador quiser consultar a gravação da entrevista, que também foi cedida para consulta através da carta assinada pelo entrevistado?

Nos casos em que a revisão da transcrição pelo entrevistado resultar em alterações no texto da entrevista, é preciso indicar, com notas de pé de página, os trechos que foram modificados e que, portanto, não encontram correspondência na gravação. Por exemplo:

> Porque nenhum outro partido tinha o programa do PTB, e o que interessa num partido político é o seu programa [partidário]*.
> * Acréscimo feito pelo entrevistado, não consta da gravação.

Muitas vezes o entrevistado revela-se descontente com a entrevista por causa da linguagem falada, menos formal do que a empregada em textos escritos. Deparando-se com construções que considera deselegantes, ele passa a substituir palavras, inverter sua ordem, suprimir expressões etc., a ponto de alterar o conteúdo do que foi dito. Por considerar que uma das características de um documento de história oral é justamente o fato de ser oral, optamos por resguardar ao máximo essa especificidade na transcrição do depoimento, evitando mostrá-la ao entrevistado antes de sua liberação. Isso não impede que o programa entregue ao entrevistado uma cópia do depoimento processado após ter sido liberado para consulta, como forma de retribuir o esforço despendido e o tempo cedido durante a entrevista.

Se o entrevistado se mostrar reticente em ceder o depoimento e expressar o desejo de vê-lo transcrito antes de assinar a carta de cessão, cabe aos entrevistadores tentar contornar a situação garantindo-lhe que a gravação será processada com todo cuidado e que o programa conta com profissionais competentes habituados a adequar o discurso oral à forma escrita. Pode-se também informar o entrevistado acerca da importância de manter o documento transcrito fiel ao que foi gravado, como peculiaridade do método da história oral. Se, diante de todos os argumentos, o entrevistado continuar sustentando seu desejo, é preciso respeitá-lo e só liberar o documento após ter sido por ele conferido.

É importante entregar a ele, para revisão, a versão final da entrevista processada, ou seja, o texto que passou por conferência de fidelidade e copidesque, devidamente corrigido, enriquecido com notas e correto do ponto de vista da norma culta. Se entregarmos ao entrevistado uma transcrição bruta, com erros de português, nomes incompletos ou equivocados, falhas de pontuação e revisão, ele vai se sentir mais compelido a corrigir o texto. Mas se a transcrição estiver primorosa, a tendência a alterá-la será menor.

Se o entrevistado fizer alterações, convém passar a entrevista por um novo copidesque, para adequar as modificações ao texto original e marcá-las com notas. Se as alterações forem substantivas, é preciso considerar a possibilidade de liberar para consulta apenas a versão escrita da entrevista, respeitando-se a vontade do entrevistado.

O mesmo se aplica aos casos de entrevistas com trechos embargados pelo entrevistado, cuja ocorrência, como já mencionado, deve vir indicada na versão transcrita: [trecho embargado pelo entrevistado]. Evidentemente, não se pode permitir que o pesquisador ouça a gravação dessa entrevista enquanto consulta o depoimento transcrito, pois, caso o fizesse, ficaria inteirado do conteúdo daquele trecho, à revelia do depoente. Assim, a gravação de entrevistas com trechos embargados fica fechada à consulta do público.

Para garantir o respeito a restrições e obedecer às normas de consulta específicas a cada entrevista sem perder seu controle, todos esses casos devem ser anotados no registro da entrevista incluído na base de dados do programa.

12. Liberação para consulta

Antes de liberar para consulta uma entrevista devidamente tratada, é necessário elaborar sua folha de rosto, na qual estão incluídas as normas de consulta, e sua ficha técnica, que contém informações sobre sua produção e seu tratamento. A base de dados do Programa de História Oral do Cpdoc já produz esses dois documentos em forma de relatório, bastando acionar um comando para obtê-los (cap. 9). À folha de rosto e à ficha técnica seguem-se então o sumário da entrevista e, se for o caso, sua transcrição conferida e copidescada. Nas entrevistas disponíveis para *download* no Portal do Cpdoc (seção "Acervo", em: <http://cpdoc.fgv.br/>), é possível verificar como procedemos em sua apresentação final.

Folha de rosto

No Cpdoc, incluímos na folha de rosto de uma entrevista as primeiras informações a seu respeito: o nome da instituição, o título da entrevista e a data de sua liberação, bem como as normas de consulta e a indicação correta de como deve ser citada.

Ficha técnica

Na ficha técnica são fornecidos ao pesquisador os dados necessários para a crítica ao documento: data, local e duração da entrevista, nomes dos profissionais responsáveis por etapas do trabalho, quantidade de mídias ou arquivos digitais gravados e, se for o caso, de páginas datilografadas. A ficha técnica também contém informações sobre o projeto no qual a entrevista está inserida e sobre as razões da escolha do entrevistado.

O tratamento do acervo

Exemplo de ficha técnica de entrevista liberada em texto

Ficha Técnica

tipo de entrevista: temática
entrevistador(es): Alzira Alves de Abreu; Lúcia Lippi Oliveira
levantamento de dados: Alzira Alves de Abreu; Lúcia Lippi Oliveira
pesquisa e elaboração do roteiro: Alzira Alves de Abreu; Lúcia Lippi Oliveira
sumário: Nara Azevedo de Brito
conferência da transcrição: Lúcia Lippi Oliveira
copidesque: Dora Rocha
técnico de gravação: Clodomir Oliveira Gomes
local: Rio de Janeiro — RJ — Brasil
data: 09/06/1981
duração: 3h
fitas cassete: 03
páginas: 64

Entrevista realizada no contexto da pesquisa "História da sociologia no Brasil", projeto da pesquisadora Lúcia Lippi Oliveira. A escolha do entrevistado se justificou pelo importante papel que teve na construção do pensamento sociológico brasileiro e por ter sido um intelectual dos mais destacados do Instituto Superior de Estudos Brasileiros (Iseb). A pesquisa resultou no livro *A sociologia do Guerreiro* (Rio de Janeiro: UFRJ, 1995), de autoria de Lúcia Lippi Oliveira. O livro reproduz, na íntegra, a transcrição da entrevista (p. 131-183).

temas: Alberto Guerreiro Ramos, Comissão Econômica para a América Latina, Estados Unidos, Faculdade Nacional de Filosofia, Fundação Getulio Vargas, Governo Getúlio Vargas (1951-1954), História do Brasil, Hélio Jaguaribe, Instituições Acadêmicas, Instituto Superior de Estudos Brasileiros, Intelectuais, João Goulart, Marxismo, Racismo, Religião, Sociologia.

Alberto Guerreiro Ramos

Exemplo de ficha técnica de entrevista liberada em áudio

Ficha Técnica

tipo de entrevista: história de vida
entrevistador(es): Aspásia Alcântara de Camargo; Maria Clara Mariani
levantamento de dados: Aspásia Alcântara de Camargo; Maria Clara Mariani
pesquisa e elaboração do roteiro: Aspásia Alcântara de Camargo; Maria Clara Mariani
sumário: Verena Alberti
técnico de gravação: Clodomir Oliveira Gomes
local: Rio de Janeiro — RJ — Brasil
data: 17/11/1982 a 24/10/1983
duração: 25h 45min
fitas cassete: 26

Entrevista realizada no contexto da pesquisa "Trajetória e desempenho das elites políticas brasileiras", parte integrante do projeto institucional do Setor de História Oral do Cpdoc, em vigência desde sua criação em 1975. A esposa do entrevistado, d. Anah, esteve presente em algumas sessões.

O depoimento foi editado e publicado na primeira parte do livro O intelectual e o político: encontros com Afonso Arinos (Brasília: Senado Federal, Dom Quixote; Rio de Janeiro: Cpdoc/FGV, 1983).

temas: Afonso Arinos de Melo Franco, Afrânio de Melo Franco, Alceu Amoroso Lima, Antônio Carlos Ribeiro de Andrada, Atuação Parlamentar, Benedito Valadares, Borges de Medeiros, Brasília, Campos Sales, Carlos Lacerda, Che Guevara, Colégio Pedro II, Comunismo, Congresso Nacional, Conspirações, Constituição Federal (1891), Constituição Federal (1967), Constituições, Costa e Silva, Crise de 1954, Crise de 1961, Direito, Eduardo Gomes, Eleições, Elites, Fidel Castro, Getúlio Vargas, Golpe de 1964, Governo Getúlio Vargas (1951-1954), Governo Jânio Quadros (1961), Governos Militares (1964-1985), História, Humberto de Alencar Castelo Branco, Igreja Católica, Império, João Batista Figueiredo, Juscelino Kubitschek, Jânio Quadros, Leonel Brizola, Liberalismo, Literatura, Luiz Inácio Lula da Silva, Minas Gerais, Ministério das Relações Exteriores, Modernismo, Márcio Moreira Alves, Olegário Maciel, Ordem dos Advogados do Brasil, Organização das Nações Unidas, Parlamentarismo, Partido Democrático Social, Partido Social Democrático, Pedro Ernesto, Pinheiro Machado, Plebiscito, Política Estadual, Política Externa, Prudente de Morais Neto, Regimes Políticos, Revolução de 1930, Rodrigues Alves, Rui Barbosa, San Tiago Dantas, Tancredo Neves, União Democrática Nacional, Virgílio de Melo Franco, Voto Distrital.

Afonso Arinos III

A apresentação final da entrevista liberada para consulta depende dos critérios estabelecidos por programa. É possível, por exemplo, que o tipo de entrevista, as especificidades do projeto e a demanda do público tornem indicado acrescentar uma pequena biografia do entrevistado ao corpo da entrevista, de modo a contribuir para a análise do documento. Esse é, por exemplo, o procedimento adotado pelo Cpdoc; os dados biográficos com os quais alimentamos nossa base de dados aparecem, posteriormente, na janela de informações sobre a entrevista, disponível no Portal Cpdoc. Após as informações que contextualizam o depoimento (o projeto no qual foi produzido, a forma de consulta, os entrevistadores, data, local e duração), há uma seção dedicada aos dados biográficos do entrevistado. Por exemplo:

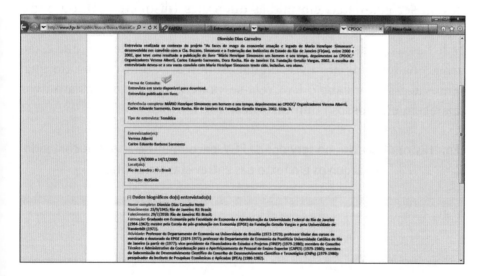

Pode-se ainda optar por fornecer ao pesquisador um resumo do caderno de campo, relatando as circunstâncias em que transcorreu a entrevista, bem como as impressões dos entrevistadores. Isso tudo deve ser determinado em conjunto, considerando-se os propósitos do programa, a disponibilidade da equipe e as necessidades do público.

Catalogação e arquivamento

A entrevista em sua apresentação final deve ser catalogada e arquivada de forma apropriada, a fim de ser agilmente localizada. Isso se aplica tanto a sua versão impressa em papel como a seu arquivo em formato digital. É preciso estabelecer com precisão onde serão arquivados, nos computadores do programa, as folhas de rosto e fichas técnicas, os sumários e as transcrições finais das entrevistas. Serão abertas pastas para cada depoimento? As entrevistas estarão arquivadas em ordem alfabética? Por projeto? Estabelecer-se-á um número para cada entrevista? Qualquer que seja o procedimento adotado, é importante não esquecer de fazer cópias de segurança de todos os arquivos, que devem ser guardadas em mídias diferentes (disquete, CD, ou outro disco rígido). No Cpdoc, guardamos as transcrições, os sumários e as fichas técnicas das entrevistas no mesmo data center em que estão armazenados seus arquivos digitais sonoros e audiovisuais, ao qual temos acesso por cabo ótico. Veja-se, por exemplo, como os arquivos aparecem em nossos computadores:

Em "Historal\dados", no servidor da FGV, encontram-se as pastas contendo os arquivos em texto das entrevistas transcritas

O tratamento do acervo

Em "PHO_Audio", no data center, encontram-se as pastas dos projetos de pesquisa, nas quais estão localizados os arquivos em áudio das entrevistas

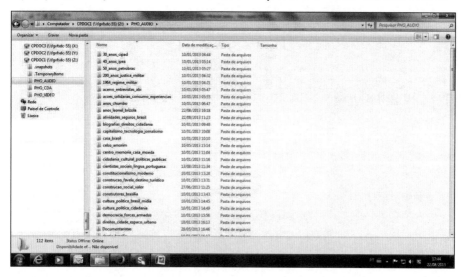

O controle sobre a consulta

O programa também deve decidir se irá adotar mecanismos de controle sobre a consulta de seu acervo. De um lado, tais mecanismos se configuram em atitude preventiva com relação a um eventual mau uso das entrevistas e, de outro, permitem a avaliação do trabalho de socialização do acervo: saber quem consulta, o que consulta, que documentos são mais procurados etc.

Pode-se solicitar ao usuário do programa que preencha formulários de controle da consulta, com campos referentes a seus dados pessoais, os dados sobre sua pesquisa e os depoimentos consultados. Caso o pesquisador venha a solicitar cópia de algumas entrevistas, pode-se pedir que assine um termo de compromisso, garantindo que o documento será utilizado apenas dentro dos limites preestabelecidos e para os fins indicados (uma dissertação, uma exposição, um livro etc.). No Cpdoc, como boa parte da consulta tem sido feita através da internet, o perfil do usuário e o termo de compromisso constam, em parte, do seu Portal, seja no cadastro de usuários, seja na janela que solicita ao internauta que concorde com as limitações de uso e a obrigatoriedade de citação da fonte. Por exemplo:

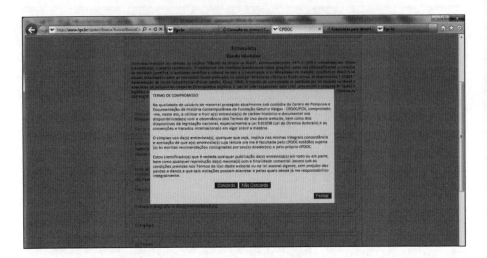

No caso de cessão de trechos da gravação para documentários ou exposições, por exemplo, solicitamos do usuário a assinatura de um termo de cessão de uso. É conveniente que esses documentos sejam elaborados com o auxílio de um advogado.

Apêndice 1

CPDOC-FGV
PROGRAMA DE HISTÓRIA ORAL

ROTINAS DE PRODUÇÃO E GESTÃO DO ACERVO

I) Realização de entrevistas

1) Providenciar material (gravador, cartão de memória, pilhas, microfones) para entrevistas gravadas fora do Cpdoc;
2) Entregar aos entrevistadores o *Guia para realização de entrevistas* (caso não tenham ainda);
3) Os entrevistadores devem preencher o *Cadastro de entrevistadores* (caso ainda não sejam cadastrados na base);
4) Entregar aos entrevistadores o formulário *Relatório de entrevista*, que deverá ser devolvido preenchido (pode ser entregue por e-mail ou impresso);
5) Após a realização da primeira sessão de gravação, criar um novo registro na base de dados com as informações disponíveis sobre a entrevista, entrevistadores e entrevistados;

358   Manual de história oral

6) Após a realização de cada sessão de gravação, alimentar a ficha de gravação na base de dados;
7) Terminada a entrevista, lembrar os entrevistadores de entregar o *Relatório de entrevista* e a carta de cessão.

II) Documentos de cessão

1) Documentos de cessão para o Cpdoc
   a) Verificar se o documento está assinado e datado pelo entrevistado ou herdeiro;
   b) Encaminhar o documento para assinatura da FGV;
   c) Alimentar a base de dados com os dados referentes ao documento;
   d) Arquivar cópia xerox do documento na pasta "Entrevistas em processo de liberação para consulta";
   e) Arquivar documento original em ordem cronológica;
   f) Enviar uma via do documento para o entrevistado.

2) Documentos de cessão para a instituição conveniada
   a) Verificar se o documento está assinado e datado pelo entrevistado ou herdeiro;
   b) Alimentar a base de dados com os dados referentes ao documento;
   c) Lembrar o coordenador do projeto de:
      i) Encaminhar as duas vias do documento para assinatura da instituição conveniada, que fica com uma delas;
      ii) Enviar a outra via do documento para o entrevistado.

III) Tratamento de entrevistas

1) Transcrição
   a) Protocolar arquivos digitais enviados para o transcritor;
   b) Arquivar entrevista transcrita (diretório dados\entrevistas transcritas\pasta nova com o nome da entrevista);

Apêndice 1

c) Encaminhar o pagamento do transcritor via e-mail para a Secretaria Administrativa do Cpdoc;
d) Alimentar a base de dados com informações referentes à transcrição.

2) Conferência de fidelidade
a) Providenciar material (gravador, fone e arquivo em áudio da entrevista) para responsáveis pela conferência;
b) Arquivar entrevista com conferência (diretório dados\entrevistas transcritas), substituindo os arquivos anteriores;
c) Alimentar a base de dados com informações referentes à conferência de fidelidade.

3) Sumário
a) Providenciar material (gravador, fone e arquivo em áudio ou transcrição da entrevista) para responsáveis pelo sumário;
b) Fazer revisão e conferência do sumário;
c) Arquivar sumário (diretório dados\sumários);
d) Alimentar a base de dados com informações referentes ao sumário.

4) Copidesque
a) Providenciar cópias da transcrição e do sumário para responsáveis pelo copidesque; se for o caso, entregar também arquivo em áudio da entrevista;
b) Arquivar entrevista e sumário (diretórios dados\entrevistas transcritas e dados\sumários, respectivamente), substituindo os arquivos anteriores;
c) Alimentar a base de dados com informações referentes ao copidesque.

IV) Liberação de entrevistas para consulta

1) Liberação para consulta em texto
a) Verificar se a entrevista possui documento de cessão;

b) Verificar se há alguma restrição expressa no documento de cessão que venha a impossibilitar ou restringir a consulta;

c) Arquivar a cópia do documento de cessão na pasta "Entrevistas liberadas para consulta em texto";

d) Verificar se a entrevista passou por todas as fases do processamento (transcrição, conferência de fidelidade, sumário e copidesque);

e) Gerar o relatório "Liberação de entrevista para consulta em texto" e anexar a ele o texto final da entrevista;

f) Encaminhar o documento criado para a webmaster.

2) Liberação para consulta em áudio

a) Verificar se a entrevista possui documento de cessão;

b) Verificar se há alguma restrição expressa no documento de cessão que venha a impossibilitar ou restringir a consulta;

c) Arquivar a cópia do documento de cessão na pasta "Entrevistas liberadas para consulta em áudio";

d) Verificar se a entrevista passou por todas as fases do tratamento (sumário e revisão do sumário).

Apêndice 2

CPDOC-FGV
PROGRAMA DE HISTÓRIA ORAL

GUIA PARA REALIZAÇÃO DE ENTREVISTAS

1. AGENDAMENTO DE ENTREVISTAS. Ao agendar uma entrevista (no Cpdoc ou externa), informar, por e-mail, o nome completo do entrevistado, o nome do projeto, a data e a hora da entrevista. Diante do volume de entrevistas realizadas pelo Cpdoc em determinadas épocas, é aconselhável perguntar à equipe do PHO como está a agenda das entrevistas antes de marcar a data com o entrevistado, para evitar gravações concomitantes.

2. CABEÇALHO DA ENTREVISTA. Toda gravação de entrevista deve começar com um cabeçalho informando: nome do entrevistado, nome dos entrevistadores, data, local, número da sessão de entrevista, projeto. Utilizamos normalmente algo como: "Rio de Janeiro, tanto do tanto de 2006, segunda entrevista com Fulano de Tal, a cargo dos pesquisadores tais e tais, para o projeto tal, desenvolvido pelo Cpdoc

da Fundação Getulio Vargas". Esse cabeçalho é importantíssimo para o controle das entrevistas em um acervo tão grande como o nosso.

3. CURRÍCULO. Quando possível, solicitar o currículo do entrevistado antes da gravação do depoimento. Além de subsidiar a preparação da entrevista, nele já podem constar muitos dos dados necessários para o preenchimento do relatório da entrevista, como data e local de nascimento, formação e atividades. Estes dados se destinam à base de dados do PHO e à janela "Informações sobre a Entrevista" do Portal Cpdoc. Além disso, o currículo também pode conter informações necessárias para o preenchimento da carta de cessão.

4. CARTA DE CESSÃO. É fundamental que o entrevistado assine a carta de cessão da entrevista. Esse instrumento permite não só que a entrevista seja aberta para consulta como também que o Cpdoc utilize o depoimento, em parte ou não, em suas produções.

▼ *Os modelos de carta de cessão.* Os modelos de carta de cessão foram referendados pelo Jurídico da FGV. Há três modelos de carta de cessão: uma para a FGV; uma para a instituição que nos contrata para fazermos entrevistas, se for o caso; e uma para ser assinada pelos herdeiros, caso o entrevistado tenha falecido. Em todos eles, há espaço para os dados do cedente e os dados da entrevista. As cartas devem ser assinadas pelo cedente e pelos representantes das instituições.

▼ *Quantas vias?* Para cada um dos modelos, é preciso preparar duas vias: uma via para o entrevistado e outra para cada instituição. É o entrevistado quem assina primeiro todas as vias. As vias do entrevistado deverão ser devolvidas a ele depois que forem assinadas pelas demais partes. Recomenda-se que tanto a via do entrevistado quanto a via da instituição conveniada, depois de assinadas, sejam encaminhadas com protocolo de entrega (quando em mãos) ou registradas (quando por correio). A via da FGV deve ser entregue ao PHO, onde ficará arquivada. Os entrevistadores são responsáveis pelo preenchimento completo das cartas de cessão.

Apêndice 2

▼ *Preenchimento dos modelos*. Por solicitação do Jurídico, o ideal é que as cartas de cessão sejam inteiramente digitadas, inclusive a data de assinatura e os dados pessoais do entrevistado (nome completo, nacionalidade, estado civil, profissão, carteira de identidade, órgão expedidor, CPF, endereço completo). Caso seja impossível digitar previamente as informações, as lacunas devem ser preenchidas com letra de forma e de forma idêntica (uma mesma pessoa deve encarregar-se do preenchimento das duas vias), porque, no final do documento, consta que ele está sendo assinado em "duas vias de igual teor e forma".

▼ *Como negociar com o entrevistado a assinatura da carta de cessão?*

a) *Aviso*. Recomenda-se avisar o entrevistado, antes do início da entrevista, da existência e da importância desse tipo de documento, para que ele não se sinta surpreendido ou enganado quando for solicitado a assiná-lo. Esse aviso com antecedência tem também a vantagem de criar certo compromisso do entrevistado, que passa a saber que terá de assinar a carta, evitando, portanto, que todo o investimento da entrevista seja em vão.

b) *Quando assinar*. Em geral, pedimos ao entrevistado que assine o documento somente ao final da última sessão de entrevista: ele dará uma cessão sobre algo que ele sabe o que é, e não sobre algo que ainda vai acontecer.

c) *Como apresentar a carta*. Recomenda-se apresentar a carta ao entrevistado e solicitar sua assinatura agindo normalmente, deixando claro que se trata de atividade rotineira do Cpdoc. A melhor coisa que pode acontecer é, portanto, o entrevistado assinar o documento logo depois de lê-lo, sem nenhum problema maior.

d) *Até onde ceder*. O entrevistado tem certamente todo direito de não assinar a carta. Mas para evitar que isso aconteça e que o investimento com a entrevista vá por água abaixo, há alguns níveis de negociação.

d_1) Se ele fizer ressalvas ao conteúdo da carta, o primeiro passo é pedir que faça essas ressalvas por escrito e à mão, ao pé da carta de cessão, antes do local da assinatura, certificando-lhe que sua vontade será observada à risca. Se ele concordar com isso, é a melhor solução, porque de todo modo terá assinado a carta.

d_2) Pode acontecer de o entrevistado querer examinar a carta de cessão para devolvê-la em outra ocasião. Nesse caso, o pesquisador deve tentar marcar um prazo para a devolução e cuidar para que a devolução ocorra realmente.

d_3) Pode ocorrer que o entrevistado resolva escrever outra carta de cessão, com base no modelo do Cpdoc. Nesse caso também é bom estabelecer prazos.

d_4) Pode acontecer de o entrevistado condicionar a assinatura da carta de cessão à leitura e à aprovação da entrevista transcrita. Nesse caso, o pesquisador deve cuidar para que, além da transcrição, a entrevista passe por conferência de fidelidade e copidesque, antes de entregar o texto ao entrevistado para exame. Isso porque em geral os entrevistados não ficam satisfeitos com "erros" da linguagem falada, o que pode ser em grande parte resolvido com um ligeiro copidesque. Se o entrevistado fizer questão de liberar apenas o texto transcrito, e não as fitas, isso deve ser avisado expressamente ao PHO.

d_5) Finalmente, há ainda a opção de o entrevistado assinar a carta de cessão autorizando a consulta e o uso da entrevista passado algum prazo: "só daqui a cinco anos", por exemplo. Esse recurso só deve ser apontado como possibilidade depois de esgotadas as demais alternativas.

▼ *Última nota sobre a importância da carta de cessão.* Pedimos que os pesquisadores invistam todos os esforços na obtenção da carta de cessão, porque essa é a única maneira de consolidarmos a importância do acervo de entrevistas do Cpdoc.

5. RELATÓRIO DE ENTREVISTA. O preenchimento do *Relatório de entrevista* é fundamental para a alimentação dos cadastros da base de dados do PHO e para o controle do acervo. Parte das informações nele prestadas será disponibilizada no Portal Cpdoc. O *Relatório de*

Apêndice 2

entrevista tem formato de formulário e será fornecido quando a entrevista for agendada. Sugerimos que ele seja preenchido paralelamente à preparação da entrevista, pois nesse momento os dados ainda estão vivos na memória. Entrevistas fechadas para consulta também devem ter seu *Relatório* preenchido, pois suas informações são indispensáveis para o controle do acervo. Se o entrevistado não assinou a carta de cessão, isso deve ser informado no relatório, acrescentando-se os detalhes necessários (não quer assinar de jeito nenhum, só assinará depois de ler a entrevista transcrita, condicionou a assinatura da cessão à publicação do livro, está sendo providenciada a assinatura da cessão por parte dos herdeiros etc.).

6. INFORMAÇÕES BIOGRÁFICAS DO ENTREVISTADO. Alguns dados biográficos do entrevistado são necessários para a base de dados (nome completo, data e local de nascimento, formação e atividades profissionais) e devem ser informados no *Relatório de entrevista*. Além disso, recomenda-se dedicar uma parte da entrevista à trajetória do entrevistado. Fazer entrevistas que integrarão um acervo de depoimentos requer esse cuidado, para situar aquele que fala — de que ponto de vista está emitindo suas opiniões e fornecendo informações —, mesmo porque outros pesquisadores podem não saber de quem se trata. Assim, convém dedicar um primeiro momento da entrevista (podem ser apenas alguns minutos) a perguntas sobre origens familiares (filiação, data e local de nascimento, atividade dos pais etc.) e formação (escolar, profissional, escolha da carreira etc.), mesmo que se trate de uma entrevista temática.

7. PROCESSAMENTO DA ENTREVISTA. Em grande parte dos projetos, há necessidade de transcrever e processar as entrevistas, seja por exigência do entrevistado, seja por interesse do pesquisador. Nesses casos, recomendamos observar as orientações a seguir.

▼ *Transcrição.* O PHO encaminha a gravação ao transcritor. Ao solicitar a transcrição, é preciso informar o nome do projeto e sob qual despesa correrá o serviço. Para facilitar a uniformização da transcrição, o PHO elaborou algumas normas para a transcrição de fitas, já divulgadas entre os pesquisadores e sempre disponíveis para os interessados.

▼ *Conferência de fidelidade da transcrição.* Recomenda-se que a conferência de fidelidade seja feita por um dos pesquisadores que participaram da entrevista. Se a tarefa for feita por estagiário, convém supervisioná-la e certificar-se de que ele sabe como fazê-la. Sugerimos que, antes de começar a conferência, o estagiário leia a parte referente ao assunto no *Manual de história oral*, adquirindo assim segurança para o desempenho da tarefa. Terminada a conferência de fidelidade de uma entrevista, o arquivo com o texto em sua nova versão deve ser encaminhado ao PHO, juntamente com o nome completo do responsável pela tarefa.

▼ *Copidesque.* Entrevistas copidescadas devem ser encaminhadas ao PHO em sua versão final digitalizada, juntamente com o nome completo de quem fez o copidesque. Convém que o encarregado pelo copidesque leia a parte referente ao assunto no *Manual de história oral*, antes de começar a tarefa.

▼ *Sumário.* Todas as entrevistas abertas à consulta são acompanhadas de sumário. É claro que uma entrevista entregue ao PHO já acompanhada de sumário será sempre bem-vinda. O sumário deve ser encaminhado ao PHO em sua versão final digitalizada, juntamente com o nome completo de quem o fez. Há duas espécies de sumário: a) para entrevistas transcritas, o sumário é feito com base no número da sessão da entrevista; b) para entrevistas consultadas na forma de escuta, o sumário é feito com base no número do arquivo sonoro. Convém que o encarregado pelo sumário leia a parte referente ao assunto no *Manual de história oral*, antes de começar a tarefa. É com base no sumário que a entrevista será indexada pelo PHO, permitindo sua recuperação por meio da consulta por assuntos. Por isso, quanto mais fielmente o sumário reproduzir o conteúdo da entrevista, mais adequada será a escolha dos temas a ela relacionados. Para facilitar a uniformização dos sumários, o PHO elaborou algumas normas para a elaboração de sumários, já divulgadas entre os pesquisadores e sempre disponíveis para os interessados.

Apêndice 2

8. ENTREVISTAS PARA INSTITUIÇÃO CONVENIADA. Nos casos de convênios que preveem que a instituição conveniada deve receber uma cópia do acervo constituído, os pesquisadores devem providenciar a *carta de cessão* para a instituição conveniada e a *cópia das entrevistas* em áudio ou vídeo e transcritas (se for o caso). Recomenda-se que o material (as cartas de cessão e as entrevistas) seja encaminhado à instituição conveniada com recibo de entrega. As cartas de cessão para a instituição conveniada também são assinadas em duas vias — uma para a instituição e outra para o entrevistado. Os pesquisadores responsáveis pelo projeto devem cuidar para que as vias dos entrevistados sejam enviadas para eles, depois de assinadas pela instituição conveniada.

9. ENTREVISTAS PUBLICADAS. O PHO precisa ter conhecimento das entrevistas publicadas em livro, para que essa informação e as referências completas sejam incluídas na base de dados. Se uma entrevista publicada (única ou em coletânea) não ficar disponível para consulta em outra forma que não o livro, essa informação deve ser transmitida aos usuários de nosso acervo. Caso o pesquisador deseje disponibilizar o texto da entrevista publicada no Portal Cpdoc via *download*, é necessário passar ao PHO os arquivos contendo a última versão da entrevista editada.

10. ENTREVISTAS FECHADAS. Solicitamos que os pesquisadores informem se uma entrevista deverá permanecer fechada para consulta, mesmo tendo carta de cessão, e por quanto tempo. Em geral, as entrevistas com carta de cessão são tratadas pelo PHO com vistas a sua liberação para consulta. Se o pesquisador considerar que o Cpdoc não deve abrir a entrevista enquanto seu projeto não se encerrar ou o depoimento não for publicado, por exemplo, deverá solicitar ao PHO que não disponibilize a entrevista. Decorrido o prazo julgado necessário, convém avisar que a entrevista já pode ser aberta.

11. ENTREVISTAS DISPONÍVEIS APENAS EM TEXTO. Solicitamos que os pesquisadores informem se uma entrevista não pode ser aberta para consulta na forma de escuta.

12. ENTREVISTAS FORA DO ACERVO. Se uma entrevista não estiver sendo gravada para fazer parte do acervo do Cpdoc, é preciso avisar o PHO a respeito, porque do contrário a gravação será duplicada e as horas gravadas farão parte da contagem geral do acervo. Encerrada a entrevista, o pesquisador deverá ficar com a gravação em seu poder.

13. OUTROS PRODUTOS. Pedimos que os pesquisadores também informem o PHO sobre outros produtos resultantes das entrevistas, como livros utilizando os depoimentos como fontes, artigos de análise das entrevistas etc. Essas informações são acrescentadas à base de dados do PHO e passam a fazer parte da ficha técnica da entrevista, ficando à disposição dos usuários do acervo.

Apêndice 3

CPDOC-FGV
PROGRAMA DE HISTÓRIA ORAL

RELATÓRIO DE ENTREVISTA

(A ser preenchido preferencialmente por um dos entrevistadores. Este relatório visa fornecer informações complementares à entrevista, de modo a situá-la no contexto de sua produção e auxiliar a crítica histórica ao documento por parte de pesquisadores não diretamente envolvidos em sua constituição.)

Relatório preenchido por:	
Data de preenchimento:	

DADOS DO ENTREVISTADO

Dados biográficos

Nome completo do entrevistado:	
Data de nascimento:	*Local de nascimento:*
Formação:	
Atividades:	

Endereço residencial do entrevistado

Logradouro e nº:	
Bairro:	Cidade:
UF:	CEP:	País:
Tel/fax/e-mail:	

Endereço comercial do entrevistado (se houver)

Instituição:	
Logradouro e nº:	
Bairro:	Cidade:
UF:	CEP:	País:
Tel/fax/e-mail:	

Outra pessoa para contato

Nome:
Qualificação (secretária, cônjuge, filhos etc.):
Tel/fax/e-mail:

ENTREVISTADORES

Nome:
Nome:
Nome:
Nome:
Nome:

Se houve participação de entrevistador que não faz parte da equipe regular de pesquisadores do Cpdoc, preencher o cadastro abaixo.

Apêndice 3

Cadastro de entrevistadores

Nome:
Logradouro e nº:

Bairro:	Cidade:

UF:	País:	CEP:

Tel/fax/e-mail:
Instituição(ões):
Área(s) de formação:
Observações:

DADOS DA ENTREVISTA

Tipo de entrevista: ( ) temática ( ) história de vida
Levantamento de dados (nome completo de quem fez):
Pesquisa e elaboração do roteiro (nome completo de quem fez):
Título do projeto e/ou contexto de pesquisa em que foi realizada a entrevista:
Período em que foi executado o projeto e/ou pesquisa:
Responsáveis pelo projeto:
Instituição conveniada:
Instituição financiadora:
Principais resultados do projeto:
Razões da escolha do entrevistado e objetivos da entrevista no contexto do projeto:

Caderno de campo

Contato (Através de quem ou de que instituições foi feito o primeiro contato com o entrevistado? Houve dificuldade em contatá-lo? Qual foi sua reação ao propósito de realização de entrevista gravada? Esboçou restrições já nesse primeiro contato?):

Local da entrevista (Onde foi feita a entrevista: na residência do entrevistado, em seu local de trabalho, nas instalações do Cpdoc?):

Observações sobre o andamento da entrevista (Observações que ajudem a esclarecer o contexto de realização da entrevista e a relação entrevistado-entrevistadores.):

Mudanças durante a entrevista (Especificar mudanças de local, de entrevistadores, ou outras.):

Interrupções (Assinalar, se for o caso, interrupções prolongadas na tomada do depoimento e especificar as razões — doença do entrevistado, impedimento por exercício de cargo público etc. Observar, se for o caso, alterações na conjuntura política durante a interrupção.):

Pessoas presentes à entrevista (Assinalar, se houve, a presença de amigos, cônjuges ou outros durante a gravação da entrevista.):

Cessão do depoimento (O entrevistado impôs restrições à cessão do depoimento? Houve ocasiões, durante a entrevista, em que esboçou restrições, como pedir para desligar o gravador, pedir para que fossem retiradas, da fita, declarações ou opiniões? Ou, ao contrário, não pareceu preocupar-se com isso?):

Outras observações (Acrescentar, se for o caso, outras observações à entrevista.):

Apêndice 4

CPDOC-FGV
PROGRAMA DE HISTÓRIA ORAL

ROTINAS DE PRESERVAÇÃO DAS ENTREVISTAS EM ÁUDIO E VÍDEO

1. Preservação dos arquivos digitais de áudio:

    a. Renomear os arquivos de acordo com os critérios de nomenclatura do Programa de História Oral do Cpdoc (p.ex.: pho_1234_nome_do_entrevistado_ 2012-11-30_01);
    b. Criação de arquivos de acesso (mp3 ou OGG);
    c. Inserção de metadados nos arquivos digitais de áudio BWF (Broadcast Wave File);
    d. Criação de *Checksums* para a verificação da integridade dos arquivos digitais;
    e. Organização dos arquivos digitais de áudio em pastas e subpastas referentes aos projetos de áudio do PHO.

2. Preservação dos arquivos digitais de vídeo:

   a. Anotar as informações sobre a entrevista nas etiquetas das fitas MiniDV (nome do entrevistado, número da fita, código do entrevistado, data da entrevista, formato de gravação);

   b. Captura das entrevistas gravadas em fitas MiniDV;

   c. Correção de eventuais erros nas capturas das fitas Mini DV (*Drop Frames*, quebra de *timecode*, áudio fora de *sync* etc.);

   d. Renomear os arquivos de acordo com a nomenclatura do Programa de História Oral do Cpdoc (p.ex.: pho_1234_nome_do_entrevistado_ 2012-11-30_01);

   e. Criação de arquivos de acesso (*flv* ou mp4);

   f. Inserção de metadados nos arquivos digitais de vídeo Quicktime do PHO;

   g. Organização dos arquivos digitais de vídeo em pastas e subpastas referentes aos projetos do PHO;

   h. Inserção de dados sobre a captura das entrevistas em tabela do Excel para que os estagiários do Programa de História Oral e o Núcleo de Audiovisual e Documentário tenham acesso às informações;

   i. Criação de DVDs para entrevistados ou instituições que solicitarem cópias das entrevistas.

3. Conservação dos suportes analógicos:

   a. Rebobinagem periódica das entrevistas gravadas em fitas rolo e cassete;

   b. Diagnóstico da qualidade de bobinamento das fitas rolo e cassete.

Apêndice 5

FICHA PARA PREENCHIMENTO DA CESSÃO DE DIREITOS SOBRE DEPOIMENTO ORAL

Nome completo do entrevistado: ....
....
Nacionalidade: ....
Estado civil: ....
Profissão: ....
Identidade nº: ....
Órgão emissor: ....
CPF nº: ....
Endereço completo (logradouro, número, bairro, cidade, estado): .....
....
....
....
Data da entrevista: ....
Local da entrevista: ....

Data de nascimento: ....
Local de nascimento: ....

Apêndice 6

CPDOC-FGV
PROGRAMA DE HISTÓRIA ORAL

NORMAS PARA ELABORAÇÃO DE SUMÁRIOS DE ENTREVISTAS

1. No início do sumário, fazer um cabeçalho informando: nome completo de quem fez o sumário, nome do entrevistado, local da entrevista, nome(s) do(s) entrevistador(es), nome do projeto. Indicar também se é "sumário de escuta" (feito a partir da gravação) ou "sumário de texto" (feito a partir da transcrição).

2. Indicar o início de cada sessão de entrevista com a data e começar o sumário na linha seguinte, com a primeira letra em maiúsculo. Os assuntos devem vir separados por ponto-e-vírgula e o texto do sumário deve vir justificado (tudo em fonte Times New Roman, corpo 12). Convém também conferir o espaçamento entre as palavras (sempre um espaço apenas). Veja-se o exemplo:

   1ª Entrevista: 2.8.1987
   Origens familiares; primeiros estudos; escolha da profissão de engenheiro nos anos 1940; o ambiente na Escola Nacional de Engenharia da Universidade do Brasil, onde ingressou em 1943...

— observar, no exemplo acima, o uso de caixa alta e baixa, itálico e notação da data;

— se houver apenas uma sessão de entrevista, a marcação da data deve ser:

Entrevista: 2.8.1987

3. No caso do "sumário de texto", deve constar, no final de cada sessão de entrevista, o número das páginas correspondentes aos assuntos listados, como no exemplo:

(...) perfil intelectual de Roberto Campos; o trabalho na Superintendência do Desenvolvimento do Nordeste (Sudene) (1959-1964); a influência dos trabalhos do entrevistado na criação da Aliança para o Progresso, pelo presidente John Kennedy..
...............p. 1-45

4. No caso do "sumário de escuta", além da divisão por sessão de entrevista, deve haver uma divisão por número de arquivo digital ou número e lado de fita gravada, como no exemplo abaixo:

1ª Entrevista: 2.8.1987
Fita 1-A: Origens familiares; primeiros estudos; escolha da profissão de engenheiro nos anos 1940; o ambiente na Escola Nacional de Engenharia da Universidade do Brasil, onde ingressou em 1943...
Fita 1-B: Comentários sobre a visão da economia da parte de advogados e engenheiros; a convocação para a Força Expedicionária Brasileira (FEB) (1944); o ingresso no Departamento Administrativo do Serviço Público (Dasp)...

5. Nomes próprios:

— na primeira vez em que aparecem, devem vir completos (quando possível). Isso vale tanto para nomes de pessoas como de instituições;

Apêndice 6

— utilizar as normas de grafia de topônimos e antropônimos do *Dicionário histórico-biográfico brasileiro* (volume 1, p. xxvi a xxviii) (isto é, Melo com um *l*; Gouveia, e não Gouvêa etc.)

6. Siglas: na primeira vez em que aparecem, os nomes correspondentes às siglas devem vir por extenso, com a sigla entre parêntesis. Em seguida, pode vir apenas a sigla, como no exemplo abaixo:

   (...) o ingresso no Departamento Administrativo do Serviço Público (Dasp), em 1951; (...) mudanças de gestão no Dasp durante...

7. Localizar o tópico no tempo e no espaço. Informar sempre que possível o local e a data do assunto, mesmo que a informação não conste da entrevista (muitas vezes é possível consultar o currículo, o verbete ou outras referências). Assim, em vez de simplesmente "o curso na Faculdade de Direito", escrever "o curso na Faculdade de Direito de Recife (1935-1939)". Para reduzir o tamanho do tópico, as datas podem vir entre parêntesis, sempre que for adequado.

8. Os tópicos devem procurar sintetizar corretamente o que foi dito, com uma linguagem clara e breve. É preciso se colocar no lugar da pessoa que lê o sumário e não conhece o conteúdo da entrevista: ela estará efetivamente obtendo informações corretas sobre o conteúdo do depoimento para decidir se quer ou não consultá-lo?

9. Outras normas. Títulos de livros e periódicos devem vir em itálico. As iniciais de cada palavra do título dos periódicos devem vir em maiúsculo (*Correio da Manhã*), mas as dos livros, não (*Os sertões*). Títulos de artigos devem vir entre aspas, e não em itálico, e apenas a primeira palavra começa com letra maiúscula ("Os rumos da dívida externa").

Apêndice 7

CPDOC-FGV
PROGRAMA DE HISTÓRIA ORAL

NORMAS PARA TRANSCRIÇÃO E CONFERÊNCIA DE FIDELIDADE DE ENTREVISTAS GRAVADAS

1. Abrir um novo arquivo em Word para cada hora do arquivo digital (ou para cada fita transcrita) e nomear o arquivo com o nome do entrevistado acrescido do número do arquivo ou da fita. Ex.: "JosedaSilva_arq1.doc", ou "JosedaSilva_fita1.doc".

2. No início de cada arquivo, fazer um cabeçalho informando: nome do entrevistado, local da entrevista, nome(s) do(s) entrevistador(es), nome do projeto, nome completo do transcritor e data da transcrição.

   Obs.: no caso de a entrevista ainda passar por conferência de fidelidade e/ou por copidesque, informar no cabeçalho o nome completo do responsável pela conferência e/ou pelo copidesque e a data de conclusão da(s) tarefa(s).

3. Iniciar todas as entrevistas com:

1ª Entrevista: 2.8.1987
— observar no exemplo acima o uso de caixa alta e baixa, itálico e notação da data;

— nas entrevistas seguintes, proceder da mesma forma:
2ª Entrevista: 10.9.1987

— se houver apenas uma sessão de entrevista, a marcação deve ser:
Entrevista: 2.8.1987

4. A identificação de quem fala deve ser feita com as iniciais (primeiras letras do primeiro e do último nome) dos entrevistadores e do entrevistado. Observe o exemplo abaixo:

L.H. — Então o senhor foi educado aqui em São Paulo? Estudou aqui em São Paulo?
S.G. — Em São Paulo, estudei aqui em São Paulo. Eu fiz faculdade de direito, fiz sociologia, fui ouvinte da Escola Politécnica...

5. No final de cada arquivo digital, ou lado da fita, anotar, pulando linha e centralizando:

[FINAL DO ARQUIVO 1]
ou
[FINAL DA FITA 1-A]

— Não é necessário anotar o início de novo arquivo ou lado de fita;
— Quando o lado da fita seguinte ao último transcrito não tiver sido gravado, usar asterisco e abrir nota de pé de página:

[FINAL DA FITA 3-A]*

* A fita 3-B não foi gravada.

Apêndice 7

— Quando o lado da fita tiver sido gravado apenas em parte, usar asterisco e abrir nota de pé de página:

[FINAL DA FITA 3-B]*

* A fita 3-B não foi gravada integralmente.

6. Quando houver interrupção de gravação, anotar, pulando linha e centralizando:

[INTERRUPÇÃO DE GRAVAÇÃO]

7. No final do depoimento, não é necessário anotar final de arquivo digital ou de fita, e sim

[FINAL DO DEPOIMENTO]

8. Em caso de trecho inaudível, anotar entre colchetes [inaudível].

9. Anotar, entre colchetes, no corpo do texto, apenas em situações que mereçam a menção:

[risos]   [riso]   [emoção]   [silêncio]

10. Grifar em itálico as palavras pronunciadas com ênfase (mas atenção: não sobrecarregar de grifos; marcar apenas quando for realmente uma ênfase). Ex: "Ele disse: 'Olha o que o *seu neto* fez aqui para o meu filho!'."

11. A ocorrência de enunciados incompletos deve vir marcada com reticências. E, nos casos em que o entrevistado(r) desistir da ou corrigir a frase, e a supressão da frase não causar perda de significado, podemos suprimi-la.

12. A numeração das laudas deve vir sempre no canto superior direito.

13. Observações suplementares:

a. Senhor e doutor só são abreviados quando antecedem nome próprio. No corpo da frase, abreviados ou não, virão em minúscula.

b. Corrigir as formas:
né? — não é?
pra — para (mas manter em expressões como "pra caramba")
tava, teve — estava, esteve etc.
o que que...? — "o que...?" ou "o que é que...?"

c. As siglas virão em letra maiúscula quando não formarem unidade semântica, ou seja, quando elas são enunciadas pela sequência de letras (ex.: FGV, DNER, BNDES). Elas devem vir em letra minúscula quando formarem unidade semântica, a partir de quatro letras (ex.: Sudene, Arena, Pnud, Fiocruz). Todas as siglas de até três letras permanecem com caixa alta. Ex: UFF.

d. Quando tiver sido enunciada a expressão "entre aspas", deve ser transcrito "entre aspas", e não colocadas aspas na palavra em questão.

Exemplo: O momento político e o projeto político do Geisel davam a limitação e a esperança, de alguma forma — quer dizer, a legitimidade entre aspas.
As aspas devem ser usadas para marcar início e fim de fala reproduzida dentro da entrevista (Então ele falou: "Nunca mais vou repetir isso."). Vale lembrar que publicações inteiras (livros, revistas, jornais), peças de teatro e filmes entram em itálico. Suas partes, capítulos e artigos, entre aspas.

e. As gírias não precisam de destaque.